Graphic text book

グラフィック
乳幼児心理学

若井邦夫・高橋道子・高橋義信・堀内ゆかり＝共著

サイエンス社

改訂版へのはしがき

　本書の前身である『乳幼児心理学』が「うぶ声」を上げたのは1994年の7月10日であった。以来、ほぼ毎年刷を重ね、2004年の1月には第9刷を数え、発行部数の累計は1万部を超えるに至った。これを多いと考えるか、少ないと考えるかは見方によって分かれるであろうが、当初、5,6千部売れれば良い方ではないかと密かに思っていた著者の立場からすれば、「万巻成就」(満願成就)を成し遂げたに似た心境である。

　本書は、「初版へのはしがき」に記したように、基本的には大学や短期大学などで乳幼児心理学または発達心理学のテキストとして用いられることを想定して著したものである。実際、出版社に聞いてみると、全国の大学や短期大学および保育や福祉関係の専門学校からの注文が多いという。中には、毎年、数十部、数百部とまとめて採用してくださる学校もあると聞く。これは、著者にとっては誠に有り難く、そして嬉しいことである。

　本書はまた、学校とは違うさまざまな場で、広く各層の人々によって読まれ、グループ学習のテキストないし参考書としても使われているようである。これまで、何人かの一般の読者の方々から大変好意的なコメントをいただいているが、大変嬉しかったのは、勤務先の大学の廊下を歩いていると、事務の職員と思われる女性の方から呼び止められ、「小さい子どもの行動や心理について勉強するサークルに入っているが、先生方の本が一番参考になった」と、お褒めの言葉をいただいた時であった。お母さん方の自主的な学習サークルにおいても選んで使っていただいているということは、何とも有り難いことである。

　さて、「十年一昔」という。本書もそろそろ改訂版を出すべき時期を迎えたようである。これまでも、誤字や脱字の訂正や読み取り困難な箇所への説明の補充など、部分的な手入れは行ってきたが、その後の研究の進展や乳幼児期の子どもを取り巻く環境の変化等を考慮し、ここに版を改めることとした。

　ただ、初版に盛られた内容と問題意識は、現在においても、また今後し

ばらくの間にあっても，十分通用するものと信じており，また，前述のように，授業のテキストとして毎年まとめて使ってくださる先生方が少なからずいらっしゃる事情も勘案し，大きく手を加えることは控えることにした。今回の改訂のポイントは，①少し古くなったと思われる図表類の差し替え・追加，②記述の簡素化・平易化，の2点である。私どもとしては，この線に沿ってできるだけの努力をしたつもりであるが，それでもなお，至らぬ点を残しているかもしれない。そうした点については読者諸賢の忌憚のないご批評を仰ぎたいと思う。

また，本書の初版は別のシリーズに含まれていたが，今回装いも新たに，2色刷の「グラフィック・ライブラリ」の一冊として出版されることになった。

本書が，初版同様，多くの読者を得ることができ，刷を増し，版を重ねることができるよう希うばかりである。

2006年夏

執筆者代表　若 井 邦 夫

初版へのはしがき

　『乳幼児心理学』と銘うつ本書は，教員養成系大学の幼児教育科や短期大学の保育科・初等教育科，または保育専門学校の学生を主たる対象として想定し編まれたものである。しかし，乳幼児心理学が発達心理学の一分野であると考え，また本書で実際に展開されている内容からすれば，発達心理学のテキストとして使う場合にも，十分その役目を果たせるはずである。そして執筆者一同が，できるだけ最近の研究成果を取り入れつつ，現実生活の実際的な諸問題に関連させて，人間発達の基本的な諸問題をわかりやすく論述しようと心掛けたことからすれば，発達研究を専門とする人々にも参考にしていただける部分が少なくないであろうし，日頃，乳幼児期の子どもの集団保育に携わっておられる教育実践家の皆さんや育児にいそしむお母さん方にも「座右の一冊」に加えていただけるものと自負している。

　ここで，本書の構成について少し注釈を加えると，第1章は，後続の諸章の導入部分として，乳幼児心理学の定義づけや領域と課題および歴史など，全般的なことがらについて述べている。第2章から第7章までは，いわゆる「発達の諸相」について各論的にまとめている。第8章と第9章は，発達研究における最近の傾向（人間発達を関係論的，相互作用的，生態学的，力動的観点からとらえようとする）を反映して，広い視野から，早幼期の子どもの生活と遊び，および社会と文化の問題に論及している。残りの第10章と第11章は，テキスト類には付きものの理論と方法について概説している。

　一般に，学問・研究というものは，これで最後という終着点がなく，常に発展・進歩しているものであり，このことは心理学研究の世界にあっても例外ではない。発達心理学の中でも，とりわけ最近の乳児研究は量的にも質的にも，まさに日進月歩の発展を遂げつつある。本書では，一方で，こうした近年の研究成果に可能な限り目配りしつつ，他方でテキストとしての性格を考えて，類書に見られる基本的な事項は盛り込むように努力し

た。本書の最大の特色は，しかし，本文を左ページに，それに対応する図表などの資料類を右ページに配置して，見やすく，読みやすく，そして使いやすい形式で組まれている点であろう。本文によって，それぞれの箇所で考えるべき内容を概括的に理解すると同時に，それと対応する研究の結果や具体的事例を即座に自分の目で確かめ自分の頭で考えて，発展的に問題をとらえることができる形式になっている。実証を重んじる発達心理学にあっては，こうした「資料に即して考える」方式がきわめて有効・適切であるといえよう。

さて，本書は，いささか文学的な表現を用いれば，数奇な運命の下に誕生した。サイエンス社から本書刊行の企画について最初にお話があったのは，10年以上も前のことである。その後，私個人の都合で1年遅れ，2年延ばししているうちに，数年が過ぎ，サイエンス社編集部の担当者の異動や分担執筆者の入れ替えがあったりして，実に10数年の「懐胎期間」を経て，今日ようやく日の目を見るに至った次第である。赤ん坊の分娩・出産を体験する母親の苦痛には比すべくもなかろうが，私としては，まさに「産みの苦しみ」の末での本書の上梓である。それだけに，本書誕生に寄せる私の喜びと期待は一入である。

ここに，各章担当の執筆者の方々に厚く御礼申し上げる。「最新の研究成果を盛り込みつつ，基本的事項は逃さず，重要な問題をわかりやすく書いてください」という，無理難題に近い私の要請に応えようとして大変な努力をしてくださった。本文から位置的にもあまりずれない形で適切な図表類を配置して欲しいという注文は，とりわけ厳しかったであろう。にも拘らず，執筆者各位には，お忙しい中，快く協力してくださった。とりわけ高橋道子先生には，本書全体にわたって内容の調整や語句の統一の面などでお力添えを頂いた。

ところで，本書は共著の形をとっているが，出版社との連絡や章建ての構想と分担執筆者の依頼，執筆者間の調整，最終的な用語統一などの役割は私が果たした。その意味で，もし本書の記述に過不足・誤りがあるとすれば，その責任は挙げて実質的編集者としての私にある。このような点にお気づきの場合は，私の方にご連絡くださるようお願い申し上げる。

最後になったが，資料の引用，転載を快くお許しくださった出版社，新聞社，個人の方々に厚く御礼申し上げたい．また，サイエンス社編集部の皆さんには大変お世話になった．衷心より御礼申し上げる．

　1994年春

執筆者代表　若 井 邦 夫

目　次

改訂版へのはしがき …………………………………………………………… i
初版へのはしがき ……………………………………………………………… iii

1　序　章　1

1.1　乳幼児心理学とは………………………………………………… 2
1.2　乳幼児期の位置づけ……………………………………………… 6
1.3　乳幼児期の心理的特徴…………………………………………… 10
1.4　発達の原理………………………………………………………… 14
1.5　乳幼児心理学の領域と課題……………………………………… 18
参 考 文 献……………………………………………………………… 22

2　身体と運動の発達　25

2.1　ヒトの発達の生物学的基礎……………………………………… 26
2.2　身体の発育過程…………………………………………………… 30
2.3　感覚機能の働き…………………………………………………… 38
2.4　運動の発達………………………………………………………… 40
2.5　運動機能の発達と認知的機能の発達の連関…………………… 44
参 考 文 献……………………………………………………………… 48

3　認知発達と学習　51

3.1　乳児期の知覚の発達……………………………………………… 52
3.2　幼児期の知覚の発達……………………………………………… 54
3.3　物の永続性と記憶の発達………………………………………… 56
3.4　概念の発達………………………………………………………… 58
3.5　知能の発達………………………………………………………… 60
3.6　思考の発達………………………………………………………… 62
3.7　幼児の抽象機能の発達…………………………………………… 64

3.8　乳幼児の特徴 …………………………………………… 66
　3.9　学習　その１ ………………………………………… 68
　3.10　学習　その２ ………………………………………… 70
　参 考 文 献 …………………………………………………… 72

4　言 語 発 達　75
　4.1　言語発達の道筋 ………………………………………… 76
　4.2　言語獲得の理論 ………………………………………… 88
　参 考 文 献 …………………………………………………… 94

5　情動の発達　95
　5.1　情 動 と は ……………………………………………… 96
　5.2　情 動 表 出 ……………………………………………… 96
　5.3　情動の役割 ……………………………………………… 100
　5.4　情動の発達 ……………………………………………… 104
　参 考 文 献 …………………………………………………… 114

6　親子関係の形成と発達　115
　6.1　子と親に準備されていること ………………………… 116
　6.2　親と子の相互作用 ……………………………………… 120
　6.3　愛着の形成と発達 ……………………………………… 124
　6.4　親の養育行動と子どもの発達 ………………………… 132
　参 考 文 献 …………………………………………………… 137

7　パーソナリティの発達　141
　7.1　気　　質 ………………………………………………… 142
　7.2　環境の影響 ……………………………………………… 150
　7.3　自己理解の発達 ………………………………………… 154
　参 考 文 献 …………………………………………………… 160

8　乳幼児期の生活パターンと遊び　163

- 8.1　覚醒・睡眠のサイクルと生活リズム …………………… 164
- 8.2　基本的生活習慣の確立 ……………………………………… 164
- 8.3　家 庭 生 活 …………………………………………………… 166
- 8.4　園 生 活 ……………………………………………………… 168
- 8.5　遊びの種類 …………………………………………………… 172
- 8.6　習いごとの種類 ……………………………………………… 174
- 8.7　安全・健康 …………………………………………………… 176
- 8.8　子どもの精神衛生 …………………………………………… 178
- 8.9　テレビとその影響 …………………………………………… 180
- 8.10　実体験の重要性 …………………………………………… 182
- 参 考 文 献 ………………………………………………………… 184

9　発達の社会・文化的要因　185

- 9.1　文化の伝達 …………………………………………………… 186
- 9.2　比較文化的研究の方法論上の問題 ………………………… 188
- 9.3　育児習慣に関する比較文化的研究 ………………………… 190
- 9.4　乳児期を対象にした比較文化的研究 ……………………… 194
- 9.5　幼児教育に関する比較文化的研究 ………………………… 202
- 参 考 文 献 ………………………………………………………… 204

10　発達の基礎理論　207

- 10.1　理論の必要性と人間存在の基本モデル ………………… 208
- 10.2　ピアジェの発生的認識論 ………………………………… 210
- 10.3　精神分析理論 ……………………………………………… 218
- 10.4　ヴィゴツキーの社会・歴史的人間発達理論 …………… 224
- 10.5　学習の諸理論 ……………………………………………… 228
- 10.6　生態システム論的人間発達論 …………………………… 232
- 参 考 文 献 ………………………………………………………… 234

11 発達研究法　237

- 11.1 「研究」のいろいろ,「方法」のいろいろ …………… 238
- 11.2 観　　察 ………………………………………… 238
- 11.3 実　　験 ………………………………………… 240
- 11.4 質 問 紙 法 ……………………………………… 242
- 11.5 テ ス ト 法 ……………………………………… 244
- 11.6 双生児研究法 …………………………………… 248
- 11.7 事例研究法 ……………………………………… 248
- 11.8 相関分析法 ……………………………………… 250
- 11.9 発達研究を支える視点 ………………………… 252
- 11.10 エピローグ ……………………………………… 258
- 参 考 文 献 …………………………………………… 266

引 用 文 献 …………………………………………………… 268
人 名 索 引 …………………………………………………… 277
事 項 索 引 …………………………………………………… 278
執筆者略歴 …………………………………………………… 283

序　章

　本章は本書全体の導入部として，第2章以下の論述の前提または基礎となるような事柄を扱う。いったい，乳幼児心理学とはどんな学問なのか。どんな問題をどこまでカバーしようとするのか。その発展の歴史はどのようなものであったのか。乳幼児期の子どもにはどんな心理的特徴があるのか。乳幼児期は人の一生の中でどんな位置にあるのか。
　本章ではこうした問題の他に，人間の発達の基本的な面についても考えてみることにする。本章の性格から乳幼児心理学全体にわたる問題を取りあげているため，他の章の論述と重複する部分があるかもしれない。しかし，特に大切な問題は繰返し考えてみることも大切であるし，それぞれの部分はその前後の文脈の中で強調されて述べられていることもあるので，そのようなものとして受けとめていただきたい。

1.1 乳幼児心理学とは
1.1.1 乳幼児心理学の定義

　乳幼児心理学はまだ若い学問である。この学問自体が，まだ「乳幼児期」「揺籃期」にあるといってよい。したがって，乳幼児心理学とは何かを明確に定義づけることは，そう簡単ではない。しかし近年の発展はめざましく，実質的には一つの独立した学問分野としての形を整えつつある。

　乳幼児心理学を一応定義すれば，「生後約 6 年間における子どもの心理的はたらきと行動の発達およびそれらと関連する諸問題を研究する学問分野」ということになろう。そして，乳幼児心理学は，児童心理学，青年心理学と並んで，発達心理学の一つの重要な下位分野である。発達心理学では心の動きや行動の発達的変化に焦点をあてて研究する。最近，母親のお腹の中の赤ん坊を対象とした研究も進み，「胎児心理学」という言葉まで使われるようになった。

　本書は乳幼児心理学のテキストであるが，人間の発達過程の連続性を重視する視点から，必要に応じて胎児研究の成果や児童期の問題にも言及するであろう。

1.1.2 乳幼児心理学の成り立ち

　乳幼児心理学がその姿を明確にしだしたのは，最近になってからのことであるが，その草分け的研究は数百年前までさかのぼることができる。そもそも，人間がいかに発生し発達するかという問題は古代ギリシャ時代以来の歴史的関心事であったといわれている。だが，乳幼児期の子どもの心理的特性に初めて科学的な光をあて，それにふさわしい教育のあり方を体系的に論じたのは，「近代教育学の父」といわれたチェコのコメニュウスであるとみられている。彼は「すべての学習や認識は感覚から始まる」という考えのもとに，乳幼児期からの感覚訓練の重要さを説いたのであった。そのほか，乳幼児心理学の歴史を考えるうえで重要と思われる事柄を年表ふうにまとめると表 1.1 のようになる。中でも特に注目したいのは，ティーデマン，ダーウィン，プライアーらの業績である。彼らの研究は自分の子どもの発育過程や特徴的行動を長期間にわたって綿密に観察し記録し

表 1.1　乳幼児心理学の発展・略年表

年	
1628	チェコのコメニュウス『幼児の学校』著す。乳幼児期の感覚訓練を強調。
1690	イギリスのロック『人間悟性論』において「白紙説」（tabula rasa 説）唱える。
1762	フランスのルソー『エミール』を書き，自然主義教育を提唱。
1787	ドイツのティーデマン，1年半にわたる自分の子の発達記録をまとめ，『子どもの精神能力の発達の観察』と題して出版。
1840	ドイツの幼児教育思想家，フレーベル，世界で初めての「幼稚園」設立。
1877	『種の起源』（1859）で有名なイギリスのダーウィン，わが子の観察記録『ある乳児の伝記的スケッチ』著す。
1879	ドイツのヴント，世界で最初の心理学実験室を作り実験心理学を興す。
1882	ドイツのプライアー，最初の体系的な乳幼児心理学書といわれる『子どもの精神』を著す。
1883	アメリカの「児童心理学の父」ホール，『児童の心の内容』出版。
1896	イギリスのサリー，『児童期の研究』著す。後に「イギリス児童学会」創立。
1905	フランスのビネー，シモンとともに初めての「知能テスト」考案。
同年	精神分析学を興したオーストリアの精神科医フロイト，『性愛理論への3つの貢献』著す。幼児期体験の重要性強調。
1911	アメリカのゲゼル，エール大学に児童発達研究所を設ける。
1914	ドイツの児童心理学者シュテルン，『幼児期の心理』著す。
1920	アメリカのワトソン，乳児に対する恐れの条件づけ実験に関する論文発表。
1923	スイスのピアジェ，『児童における言語と思考』出版。「自己中心性」について説く。
1926	ドイツの発達心理学者ウェルナー，『発達心理学』著す。
1928	ワトソン『乳幼児の心理的ケア』出版。
1934	ゲゼル『乳児行動アトラス』出版。詳細な乳幼児行動発達診断尺度を作る。
同年	ソビエトのヴィゴツキー，『思考と言語』出版。「発達の最近接領域」の概念提唱。幼児期の言語の自己中心性を強調するピアジェを厳しく批判。
1940	ゲゼル，ハルヴァーソンらとともに乳幼児心理学書『人生の最初の5年間』を出版。
同年	精神分析学派のエリクソン，『医学百科』誌に「乳幼児期の諸問題」と題する論文発表。
同年	ゲゼル，アマトルーダとともに「発達診断尺度」を体系化。
1950	エリクソン『児童期と社会』出版。
1969	ベーリー，「乳幼児発達尺度」を完成。
同年	ボウルビィ，「愛着」に関する専門書第1巻出版。続いて1971年に第2巻，1973年に第3巻を上梓。

たもので，「伝記法」的研究と呼ばれるものである。

　もう一つの注目すべき動きは，**質問紙法**を駆使して多数の子どものデータを集めたホールの研究である。ホールはアメリカの「児童心理学の父」と呼ばれた人物であるが，1893年に全米児童研究協会を興し「児童研究運動」を大々的に展開して，アメリカ国内ばかりでなく世界的にも大きな影響を及ぼした。

　20世紀に入り，フロイトによる**精神分析理論**やワトソンらによる学習研究およびピアジェによる**発生的認識論**の展開などによって，現代の乳幼児心理学の基礎ができあがった。これらの理論的立場については第10章でより詳しく述べる。

　20世紀前半におけるもう一つの見落とせない動きは，ゲゼルによる乳幼児の行動発達診断尺度作成の試みである。ゲゼルは0〜6歳頃までの子どもの行動を丹念に観察・記述し，現在でもなお利用価値のある尺度を作りあげた。乳幼児期の子どもの行動発達の研究に全精力を傾け，多くの業績をあげたゲゼルこそ，「現代乳幼児心理学の父」と呼ばれるにふさわしい研究者であったということができよう。

■1.1.3　最近の発展

　近年，乳幼児心理学は文字通り，日進月歩の急成長をとげている。そのめざましい発展ぶりは学会の研究報告の数にも現れている。**図 1.2** は日本教育心理学会の年次総会における「発達」部門での発表の中から乳児または幼児を対象とした研究の数を調べ，「発達」研究および発表総数に対する比率をみたものである。この図に示す数値は，論文集の部門区分に従った，あくまでも大まかなものでしかないが，研究の動向を知るうえで一定の手がかりにはなるであろう。1970年代に入って発達研究が急速に増えていることがうかがわれる。ただ，1970年代後半からはどちらかといえば横這いの傾向にある（ちなみに，2002年度と2004年度についても総会プログラムにより調べてみたが，2002年度にあっては発表総数663件のうち「発達研究」は183件（27.6％）であり，「乳幼児研究」は40件（「発達研究」中21.9％）であった。2004年度では発表総数は716件であった

```
With regard to the order in which the colors were rightly named up to
the thirty-fourth month, the total result is as follows:

                Judgments        Per Cent
              Right   Wrong    Right   Wrong
   Yellow      232      8       96.7     3.3
   Brown        79      8       90.8     9.2
   Red         235     36       86.7    13.3
   Violet      139     24       85.3    14.7
   Black        39      7       84.8    15.2
   Rose         76     29       72.4    27.6
   Orange       47     23       67.1    32.9
   Gray         35     33       51.5    48.5
   Green       101    123       45.0    55.0
   Blue         61    151       28.8    71.2
   Total     1,044    442       70.3    29.7

  Thus, of the four principal colors, yellow and red are *named rightly
much sooner* than are green and blue; and yellow first—brown is (dull)
yellow—then red. That the color-sensations, green, blue, and violet, exist
in very different proportions, is probably not a peculiarity of the individual.
```

図1.1 色の弁別についての観察結果をまとめたプライアーの表とそれに関する説明（Preyer, 1882；Dennis, 1972）

2歳10カ月の子どもたちが，黄，茶，赤などの色の名をどれほど正しく言えるかを調べた結果を示す表。英文の説明も含めて，各自で読みとって考えてみよう。

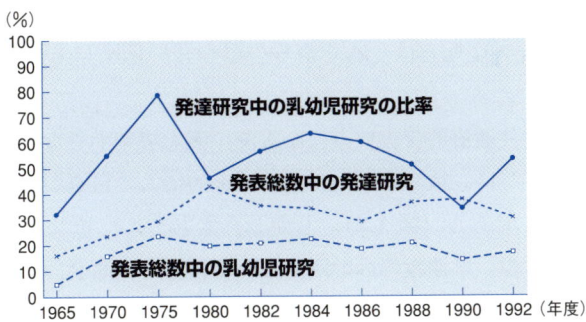

図1.2 日本教育心理学会年次総会における発達研究の動向

が，部門別セッションの形はとらなかったため「発達研究」の数そのものはつかめなかった。しかし題目を通覧しただけでも，「発達研究」がもっとも多いことがうかがわれ，その比率は例年のように全体の 30％近くにのぼるものと思われる。「乳幼児研究」にあたるものは 44 件であった)。

　大人のようには自らの体験や思いを言葉で語ってくれない幼い子どもたちを対象とした発達研究が，このように発展している一つの理由は，泣いたり，笑ったり，注視したり，驚いたりというような言葉以外の行動上の手がかりまたは指標を用いて，子どもの心の内を探りあてようとする洞察力に満ちた着想と，それを支える新しい方法・技術の開発である。

1.2　乳幼児期の位置づけ
■ 1.2.1　乳幼児期への注目

　乳幼児心理学が近年長足の進歩をとげるようになったのには，それなりの理由または背景がある。乳幼児期が人の一生のうちでもとりわけ大切な時期であることは，常識レベルでも，また学問的レベルでも，繰返し強調されてきたことである。乳幼児期の重要さを強調する考えの論拠としてはいろいろあろうが，大きくまとめれば ① 後の発達の基礎づくりの時期として，② 発達が急速に進む時期として，③ 環境の影響を受けやすい時期として，④ 特別な世話や援助が必要な時期として，の 4 点くらいになろうか。このような見方は，古くからの諺や言い伝えにも現れている（表 1.2）。

　また，かなり通俗的な言い方になるが，赤ん坊や小さな子どもは見るからにかわいらしい。彼らの顔かたちは本来的に人の目を引きつける力を備えているようである（図 1.3）。しかし，もちろん，そればかりではない。近年の学歴重視，早期教育への傾斜という社会的風潮が，乳幼児期に対する人々の関心をいやがうえにも高めている。

■ 1.2.2　発達の段階

　人の生涯における発達にはいくつかの節目がある。そうした節目が，いつ，どんな形で現れるかは，心身の構造または機能のどこに注目するかに

表 1.2　子どもまたは親子についての諺・言い伝え

1.	氏より育ち。	1.	Birth is much, breeding is more.
2.	負うた子に浅瀬を教えられる。	2.	Chick gives advice to hen.
3.	親の因果が子に報う。	3.	The father's sins are visited on the children.
4.	可愛い子には旅をさせよ。	4.	Spare the rod and spoil the child.
5.	子は親の鏡。	5.	As the old bird sings, so the young ones twitter.
6.	子はかすがい。	6.	A child is a pledge of affection.
7.	門前の小僧 習わぬ経を読む。	7.	The sparrows near the school sing the primer.
8.	三歳の習い八十に至る。	8.	As the boy, so the man.
9.	先入，主となる。	9.	First impressions are most lasting.
10.	三つ子の魂 百まで。	10.	What is learned in the cradle is carried to the grave.

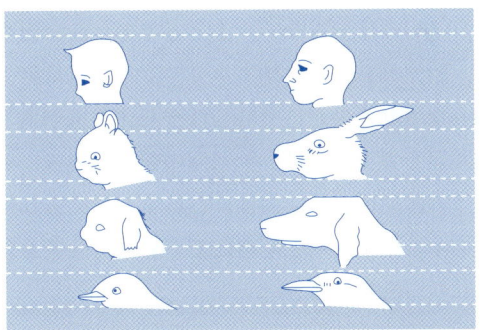

図1.3　母性反応を呼び起こす子どもの顔かたち（Lorenz, 1943）
左側の列に示す子どもの顔かたちは全体に丸味を帯びていて小さく，かわいらしさがあって母性本能に訴える刺激特性をもっている。

よって異なる。発達上の節目は心身の構造や機能の質的な転換およびその現れとしての行動上の特徴の変化によって決まるものである。そして節目と節目の間が段階と呼ばれる。多くの場合，発達の段階はそうした質的転換，特徴的行動傾向の変化に対応する年齢によって区切られる。

これまでの代表的な発達研究者による段階区分をまとめたのが表 1.3 である。基本的には，身体発育の度合いの変化とか，一般的な物の見方・考え方の変容，知能もしくは認知機能の質的変化，あるいは自我（意識）の確立・安定化などの次元に沿って段階区分が行われている。また，時には，絵本や読み物，物語などに対する興味の変化，箸を使って物をつまむ動作（用箸運動）の効率化，あるいは描画行動の発達など，特殊な心理的傾向性や運動技能の変化に着目して発達段階を設定することもある。

さて，表 1.3 にみられる段階区分では，いずれも乳幼児期を人の一生の最初の段階として位置づけている。出生によって人の一生は始まるとする従来の一般的通念からすれば，それは当然のことと思われる。母親の胎内にあって臍帯で母体と結ばれ，それを通して栄養を摂取し老廃物を送り出し，羊水の中を自由に遊泳しつつも全面的に母体に依存していた胎児が，出生によって，少なくとも生理的・肉体的には完全に母体から独立し，突如として肺呼吸を始めるという，神秘的ですらある誕生の瞬間は，人生の起点とするに何の不都合もない劇的な出来事といってよかろう。

しかしながら，いうまでもなく，人としての生命は誕生の瞬間に始まるわけではなく，胎児期にすでに始まっている。胎児は何カ月になって「一個の人間」とみなされるのかについては今なお議論があるが，少なくとも人間の発達の問題を考える時は，胎児期の発達も視野におさめておく必要があろう。最近の胎児研究の成果は，これまで考えられていた以上に胎児が「有能」であることを次々と証拠だてており，胎児と新生児の隔たりは次第に狭められつつある。

■ 1.2.3　乳幼児期の下位段階

これまで，乳幼児期とは「生後約 6 年間を指す」くらいに漠然としか述べてこなかったが，より分析的にみれば乳幼児期もいくつかの下位段階

表1.3 発達段階の区分 (梅津ら, 1989)

区分の観点	研究者 \ 年齢(歳)	0	1	2	3	4	5	6	7	8	9	10	11	12	13	14	15	16	17	18	19	20
身体発達	シュトラッツ	乳児期		第一充実期		第一伸長期			第二充実期(男) (女)					第二伸長期(男) (女)				第三1) 第三2)			成熟期	
精神構造の変化	クロー	幼児期			第一反抗期			児童期						第二反抗期			成熟期					
	シュテルン	乳児期		未分化融合期				分化統一期						成熟前期			分化統一期					
	ビューラー	第一期客観化の時期		第二期主観化の時期		第三期客観化の時期		第四期主観化の時期						第五期客観化の時期								
	牛島義友		身辺生活時代					想像生活時代						知識生活時代				精神生活時代				
特定の精神機能	松本亦太郎(用箸運動)				幼児期			児童期						青年期								
	阪本一郎(読書興味)					昔話期		寓話期	童話期		物語期			思想期 文学期								
	ピアジェ(物活論的世界観)(思考)					第一期3)	第二期4)	第三期5)		第四期6)												
		感覚運動期		前概念期		直観的思考期		具体的操作期					形式操作期									
	フロイト(リビドー)	口唇期		肛門期		男根期		潜伏期						性器期								
	エリクソン(社会化)	基本的信頼感の段階		自律感の段階		主導感の段階		勤勉感の段階						同一性の段階					親密感の段階			

(注) 1) 充実期(男)
2) 充実期(女)
3) 万物に意識ありとする時期
4) 動く物すべてに意識ありとする時期
5) 自力で動く物には意識ありとする時期
6) 動物だけに意識ありとする時期

に分けられる。いうまでもなく，乳幼児期とは乳児期と幼児期をあわせた語である。通常，乳児期は出生から満1歳になるまでの期間を意味し，幼児期は2〜6歳頃までの期間を指すものと考えられている。しかし，この区分では1〜2歳の間が空いてしまう不都合が生じるため，少し幅をもたせて乳児期は0〜1歳半，幼児期は1歳半〜6歳頃までとする場合も多い。本書での論議も基本的にはこの区分に従っている。表1.4は，「発達は流れにおいてとらえることが大切である」という観点に基づいて，胎児期を含めて乳幼児期の下位段階区分の例を示したものである。

1.3　乳幼児期の心理的特徴
1.3.1　乳幼児期の主な発達的変化

　乳幼児期の子どもには，児童期の子どもや青年期の若者にはみられないいくつかの心理的特徴がある。そして，そうした特徴は，また，下位段階ごとに異なる。新生児期とそれを含む乳児期および幼児期の前・中・後期それぞれにおける特徴または主な発達的変化をごく簡単にまとめれば次のようになろう。ついでながら，胎児期についてもふれておくことにする。

[1]　**胎児期**(受胎〜出生)：身体諸器官の発生・分化が進み，出生後の生活のための生物学的準備が整う。4カ月頃から胎動が感じられ始め，またこの頃すでに，胎児は指を吸うというような高度の行動を示し始めるなど小筋活動も巧みになっている。6カ月目の終わり頃には自由にまぶたを開閉でき，聴覚もかなり発達していて，母親のお腹の近くで大きな音をたてると驚いて激しく動くことがある。8カ月目に入れば未熟児で生まれても正常な発達をとげられるほどに成長している。

[2]　**新生児期**(生後1カ月の間)：主として**反射**その他の生得的反応様式によって外界に適応する時期である。感覚能力もかなり発達しており，生後数時間もすればガラガラや鈴の音に反応し，味覚も生後2〜3週間で急速に発達するといわれる。しかし，全般的には，やはりまだ未熟であり，親または代理者による細かい配慮と適切な介護が必要である。

[3]　**乳児前期**(生後1〜3カ月)：まだ体を動かすことは意のままに

表1.4 胎児期・乳幼児期の下位段階

	下位段階	期　　間	主な発達的変化
胎生期	卵体期	受精後約2週間	受精卵は受精後2～3時間で分割を始め倍数分裂を反復しながら約2週間で着床する。
	胎芽期	2週目から2カ月の終わり	胎芽期の成長は急速で，外胚葉，内胚葉，中胚葉の順に発達する。
	胎児期	2カ月の終わりから出生まで	胎児は2カ月目で人間の外観を示すまでに成長しており，3カ月目に入ると男女の性別がはっきりし，4～6カ月目に諸器官の発達が進む。
新生児期	反射期	出生から1カ月目の終わり	生まれながらにもっている反射的行動が優位な時期であるが，感覚の発達が著しい。
乳児期	第1次循環反応期	1～4カ月	動くものを目で追ったり，手にさわったものを口にもっていくなど，反射的行動と区別される行動が，自己目的的に繰り返される時期である。
	第2次循環反応期	4～8カ月	4カ月目頃には目と手の協応が発達し，自分の行為が対象に対してどんな結果をもたらしたかに焦点を合わせた道具化された反応が見られる。
	2次的シェマ*の協応期	8～12カ月	たとえばおもちゃについているひもを引いて，おもちゃを引き寄せるなど，間接的手段を使って目的を果たすことができるようになる時期。
	第3次循環反応期	12カ月～1歳半	自分の行為の新しい結果を積極的に求めるようになり，それを発見すると，意図的に繰返し実験してみるような行為が見られ始める。
	心的表象の発現期	1歳半～2歳	具体的行為に代わってイメージやシンボルによって物事を理解できるようになる。
幼児期	前概念的思考期	2～4歳	ごっこ遊びや見立てなど象徴的活動が活発となる。言語面の発達も著しい。
	直観的思考期	4～7歳	基本的な概念が成立し，直感的にではあるが物事の表面に現れない規則性や関係について理解するようになる。

＊「シェマ」とは行動の「下書き」または「設計図」のことであり，たとえば，新生児が唇に触れる物があると，口の中に入れ吸いつこうとする吸啜反射を起こす。反射は「シェマ」の一種である。詳しくは第10章10.2.1参照。

ならないが，視覚や聴覚などの遠感覚が急速に発達する。3カ月頃には首がすわり始める。神経学的には乳児前期は胎児期後期の延長とみられている。

[4] **乳児中期**(3～8カ月)：身体の発育が顕著で，動きも激しくなる。4カ月頃までに親や家族の顔を覚え始め，7～8カ月頃には「人見知り」する子が多くなる(8カ月危機)。

[5] **乳児後期**(8カ月～1歳半頃)：8カ月頃にはハイハイができるようになり，やがて10カ月頃にはつかまり立ちし，11カ月頃にはひとり立ちするようになり，間もなく満1歳を過ぎる頃になれば多くの子どもがひとり歩きを始めるようになる。この時期には認知面の発達も著しく，8～9カ月頃にはおもちゃを見せておいてタオルなどで隠すと，タオルを取り払っておもちゃを見つけ出そうとするような行動もみられる。これは**物の永続性**の概念ができつつある証拠である。

[6] **幼児前期**(1歳半頃～3歳)：身体・運動面の発達が引き続き急速に進むとともに，自我意識が強まって「第1反抗期」を迎える時期である。特に2歳頃は我を張ったり危険なことをして親を悩ますことが多く，「わからん人」とか「恐ろしき2歳児」("terrible two")という呼び名がつけられているくらい手のかかる時期である。

[7] **幼児中期**(3～4歳半)：探索活動が盛んになり，何にでも興味を示し，いろいろなことを聞きたがるようになる。4歳前後は親や保育者にさまざまな問いかけをする時期で，「質問期」と呼ばれる。

[8] **幼児後期**(4歳半～6歳)：4歳半の時期は幼児期の心理発達の面で一つの重要な「壁」または「峠」とみられている。この頃からかなり理屈っぽくなり，それまでの単純な比喩的説明で簡単に納得させられていた「物わかりのよさ」から，一転して理詰めの説明を要求するようになり，しばしば親や保育者をやりこめる。4歳半の頃に知的能力の重要な転換期があることを物語る証拠であろう。

1.3.2 幼児心性

以上みてきた諸特徴の他に，乳幼児期全体を通して眺めてみると，いく

表 1.5 乳児期の発達の様相 (永野・依田, 1984を一部改変)

運動の発達
- 頭をもちあげる（1〜3ヵ月）
- 腹ばいで胸をそらす（2〜4ヵ月）
- 眼の前のものに手がとどく（3〜5ヵ月）
- 支えられて座る（4〜6ヵ月）
- ものをにぎりしめる（4〜6ヵ月）
- ねがえりをうつ（6〜8ヵ月）
- ひとりで座れる（7〜9ヵ月）
- 片手で持っているものをもう一方の手でつかう（8〜10ヵ月）
- 違う、おなかがついた状態、四つばいで違う（8〜11ヵ月）
- つかまり立ちする（9〜11ヵ月）
- 二つのものを別々に操作する（10〜12ヵ月）
- 立つことができる（10〜12ヵ月）
- つかまって歩く（11〜13ヵ月）
- ひとり歩きする（12〜14ヵ月）
- ビンのふたをあけたり、ねじったりできる（13〜15ヵ月）
- 親指と人指しゆびでものをもつ（14〜15ヵ月）
- 這って階段を昇る（14〜15ヵ月）
- 指先でものをつまむ（6〜8ヵ月）

認知的発達
- 音のするほうへ向く（1〜3ヵ月）
- 動くものを眼で追う（2〜4ヵ月）
- あちこち自由に見まわす（3〜4ヵ月）
- 笑って話しかけるとほほえむ（4〜5ヵ月）
- 笑って話しかけると声を出して応ずる（5〜6ヵ月）
- 音を口にもっていく（5〜7ヵ月）
- 音を出すことに関心を示す（6〜8ヵ月）
- 急に見えなくなったものを探す（7〜9ヵ月）
- 隠されたものを探し出す（8〜10ヵ月）
- コップを手に持つ（9〜11ヵ月）
- 絵本の絵を見つめる（10〜11ヵ月）
- 絵本のページをめくる（10〜12ヵ月）
- なぐり書きをする（11〜13ヵ月）
- コップを手に持ってのめるようになる（13〜15ヵ月）

社会・情緒的発達
- 不快・空腹が続くと激しく泣く（1〜3ヵ月）
- 人の話声のするほうへ頭を向ける（1〜3ヵ月）
- 動く人を注視する（1〜3ヵ月）
- 声で気持を表す（1〜3ヵ月）
- 声を立てて笑う（3〜4ヵ月）
- 甘え泣き、要求が通らないと泣く（3〜5ヵ月）
- 初めての場所に反応する（3〜5ヵ月）
- いないいないばあに反応する（4〜6ヵ月）
- 知らない人をさける（5〜7ヵ月）
- 相手になるのを急にやめると不機嫌になる（5〜7ヵ月）
- 鏡に映った自分の像にほほえむ（6〜8ヵ月）
- 知らぬ人と顔を合わせると泣き出す（7〜9ヵ月）
- 手を伸ばして鏡のなかの自分の像にほしいものを指さして要求する（7〜9ヵ月）
- 意志表示がはっきりする（8〜10ヵ月）
- 自分のものを指させる（9〜11ヵ月）
- ボールを投げ返す（9〜11ヵ月）
- 鏡に映ったものを鏡に押しつける（10〜12ヵ月）
- マンマと言う（7〜9ヵ月）
- 言葉をまねて言う（8〜10ヵ月）
- 自分の名に反応する（8〜10ヵ月）
- 人の喜ぶことをくり返す（8〜10ヵ月）
- バイバイに反応する（9〜11ヵ月）
- 「頂戴」に反応する（9〜11ヵ月）
- 「いけません」に反応する（10〜12ヵ月）
- 「ちょうだい」といわれると手離さない（11〜13ヵ月）
- 二つぐらい言葉を話す（13〜15ヵ月）
- ものの名前が言える（13〜15ヵ月）

表 1.6 子どもの言語における自己中心性（ピアジェ, 1968）

子どもの名前		Pie	Lev
全部の言語		1500	1400
自己中心性	1 反復語	2%	1%
	2 独語	5%	15%
	3 集合的独語	30%	23%
自己中心性言語小計		37%	39%

つかの基本的な心理的特性を指摘することができる。主なものとしては**未分化性**，**アニミズム**，**自己中心性**，の3つがあげられる。これらは幼児期の心理的特性として論じられてきたものであるが，基本的には乳児期にもあてはまる。

　未分化性とは，たとえば3歳くらいの子に「片目でウィンクしてごらん」といっても両眼を閉じてしまうことにみられるように，行動や意識の分化が進んでいない状態のことである。また，アニミズムとは，すべての事象に心や感情があると考える傾向であり，自己中心性とは，判断や行動の規準を常に自分の側におく傾向のことである（表 1.6）。

1.4　発達の原理
1.4.1　人間発達の基本法則

　人間の発達はきわめて複雑でダイナミックな過程である。それを単純化した形で概括してしまうことには慎重でなければならないが，これまでの発達研究の中で共通に確認されてきた基本法則的なものもいくつかある。
(1) 発達は**個体**と**環境**との**相互作用**の過程である。すなわち，発達は個体が環境に働きかけ，また環境が個体に影響を与えるという相互作用の中で実現する。
(2) 発達には一定の**方向**と**順序**がある。もっとも基本的な方向は「頭部→尾部」と「中心部→周辺部」である。また，「這えば立て，立てば歩めの親心」という諺もあるが，発達には，「ハイハイ→ひとり立ち→ひとり歩き」のような順序がある。
(3) 発達には**段階**がある。発達の過程にはいくつかの節目がみられるのが普通であって，この節目によっていくつかの段階に分けられる。この点についてはすでに前節で，より詳しく述べた。
(4) 発達は連続的な過程である。時に非連続とも思えるほどの急激な変化を示す発達現象も，前の状態や段階があってこそ可能なのであって，実質的には連続した過程である。
(5) 発達は**分化**と**統合**の過程である。最初は混然一体となった未分化の状態から分化した状態に進み，分化したものがさらに有機的にまとめあげら

表 1.7　ジャーシルドの発達の原理　(Jersild, 1965)

1. 自発的使用の原理：発達しつつある力や技能は，強制されなくとも自然に自発的に行使・発揮されるものである。たとえば，一人立ちできるようになった赤ん坊は，何度倒れても，また周りの人が危ないからということですわらせようとしても一人で立ち上がろうとする。

2. 専心と移行の原理：子どもが発達する時は，脇目もふらずに一つのことに専心・没頭するものである。そして，そのことをやりきって満足すると自然に他の活動に移っていく。子どもはこうした形の専心と移行の中で一つのことをしっかりと身につけると同時に行動のレパートリーも広げて発達していく。

3. 発達的修正の原理：たとえば物をつかんだり，つまみ上げたりする行動一つとってみても，最初はワシづかみのようなつかみ方をしていたレベルから，やがて一部の指だけ使ってつまめるようになり，ついには2本の指でつまんだり，はしを上手に使ったりできるようになるなど，次第に修正され，洗練されて効率的となっていく。

4. 予定の原理：現在のレベルや段階は前のレベルや段階があってこそ到達できたのであり，また次のレベルや段階を予定している。発達はこのように，基本的には連続的な過程である。

表 1.8　ゲゼルの発達形態学的原理　(Ames, 1989)

ゲゼルは乳児の行動発達を詳細に観察して，次のような発達の原理を導き出した。

1. 発達方向の原理：行動の発達は「頭部→尾部」「中心部→周辺部」のような解剖学的生理学的勾配に平行して進む。

2. 反対相互交叉の原理：たとえば乳児の運動発達についてみると，手足の屈曲と伸展という反対の活動が交替しながら次第に高次の形態をとっていくというように，逆向きの機能が相互に織り合う形で発達は進行する（図 1.4 参照）。

3. 機能的非相称の原理：人間の行動発達は身体の左右の機能が相称的でなく，どちらかが優位であることが多い。たとえば，手には利き手があり，足には軸足があるように。この非相称的なものが均衡化，迅速化，適応化の基礎になる。

4. 個別化成熟の原理：行動の発達は，たとえば手は手としての機能を十分に発揮できるように成熟し，また足は足としての役割が果たせるように成熟していくというように，全体的活動体系の中の個別化的分化として進行する。

5. 自己規制的動揺の原理：行動の発達は時に不規則な動揺を示すこともあるが，一定の振幅以上には揺れさせない自己制御機能をもっている。

れて統合されていくのが発達の姿である。
(6) 発達には**個人差**がある。発達は速度もスタイルも個人によってさまざまである。平均的尺度を絶対視して個人の発達の遅速，良否を断定してしまわないように留意する必要がある。

■1.4.2　発達の要因

　人間発達の複雑さや力動性を考えれば，多種多様な発達の要因の中から特定のものだけを取り出して論じることには慎重でなければならないであろう。そのことを認めたうえで，ここではごく基本的な二，三の問題について考えてみることにしよう。

　まず，**遺伝**と**環境**の問題がある（**表 1.9**）。人間も生物の一種族として遺伝の法則による規定を免れず，親や祖先から受け継いだ一定の素質や可能性をもって生まれてくる。しかし，そうした遺伝的・生得的な素質や可能性も一定の環境条件なしには実現しない。人間の発達における遺伝的要因と環境的要因の役割について，かつては極端な遺伝説や機械的環境決定論が主張されたことはあったが，現在では両要因が相互に働きかけあって発達現象が生起すると考える「相互作用説」の立場が支配的である。

　次に，**経験**の要因を無視できない。日常生活の中で，また長い生涯にわたって，人々はさまざまな経験を積み重ねることによって人間的成長・発達を遂げる。偶然の無意識的な体験が意外に根深い影響を及ぼしていることもあるし，1回の印象的または衝撃的経験が態度や性格を一変させてしまうこともある。後者のような経験は**外傷的経験**（traumatic experience）と呼ばれる。

　さらに重要なのは，長期にわたる系統的で意図的な努力を伴う経験である。人は偶然や宿命的要素に受動的に身を任せているばかりではない。自分の意志に基づいて積極的に自分の道をきりひらいていく力ももっている。

■1.4.3　発達のメカニズム

　一般に，発達には**成熟**（maturation）と**学習**（learning）という2つの面があると理解されている。成熟とは，個体の内在的要因または可能性が一定

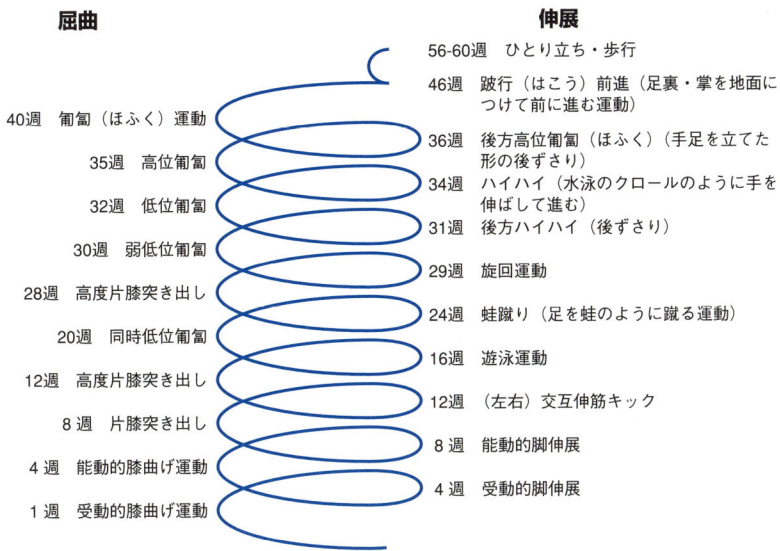

図1.4 「反対相互交叉の原理」を説明するゲゼルの図（Ames, 1989）
匍匐（creep）とハイハイ（crawl）は相互互換的に用いられることが多いが、crawlの方が体を地面により近づけた状態の匍匐運動を指して用いられる。

表1.9 「遺伝と環境」問題・略年表

年	
1809	ラマルク、『動物哲学』を著す。「獲得形質の遺伝」を提唱。
1831	フォン・ベーア、「卵細胞」を発見。「発生心理学」の始まり。
1859	ダーウィン、『種の起源』出版。生物体のすべての細胞中の目に見えない粒子が生殖細胞に集まって、それが遺伝特質を伝えるとする「パンゲン説」を唱える。
1866	メンデル、「遺伝の法則」公表。
1869	ゴールトン、『遺伝的天才』出版。双生児法、相関法の開発。
1875	ダグデール、家系研究『ジューク家』で遺伝の役割強調。
1883	「児童心理学の父」ホール、『児童の心の内容』出版。新ラマルク主義の立場をとる。
1912	ゴッダード、家系研究『カリカック家』出版。
1913	ソーンダイク、『教育心理学』第1巻出版。学習研究の立場からホールを批判。
1929	ゲゼル、トンプソンと共同で『発生心理学モノグラフ』誌に双生児法による階段登りの実験結果を発表。成熟優位説の立場をとる。
1957	ワッディントン、遺伝と環境の問題について「地形モデル」提唱。

の環境条件の中で一定の時期が来て発現・開花する比較的自然な過程であり，他方，学習は経験や訓練を通して新しい行動や能力が獲得・形成される過程のことをいう。成熟と学習とはかなり違った意味内容をもつが，しかし両者を完全に対立する概念として理解することは正しくない。成熟するためには環境からの一定の働きかけや経験が必要であるし，学習は一定の成熟レベルに基づいて行われてこそ可能である。成熟と学習の関係は，遺伝と環境の関係の場合のように，実際には重なりあって作用し，その結果として発達現象が起こるのである。

1.5 乳幼児心理学の領域と課題

1.5.1 乳幼児心理学の「六大領域」

　乳幼児心理学の領域という場合，基本的には2つのことが含まれる。一つは研究対象としての子どもの年齢の幅であり，これはいうまでもなく，赤ん坊が生まれてから小学校へ入学する頃までの期間，約6年間である。もう一つは，いわゆる問題の領域である。個別的問題をあげていけば際限がないが，多くの問題は次の6つのカテゴリーのいずれかに含まれると考えてよかろう。

(1) 身体・生理面の成長・発育および感覚・運動機能の発達。
(2) 知覚・記憶・概念・推理・想像などの認知的機能およびその動機づけ的側面である興味や関心の発達。
(3) 言語面の発達。
(4) 感情・情緒・情操，意図・意志などの情意面の発達。
(5) 自我および性格（パーソナリティ）の形成。
(6) 親子関係，兄弟関係，仲間関係を中心とする対人関係行動または社会性の発達。

　上の6つは，いわば乳幼児心理学の「六大領域」とでもいえる中心的位置を占める問題群であるが，もちろんそれらとは直接関係のない問題も多くある。また，上のカテゴリーの2つ以上のものにわたって問題とされる場合もあろう。近年盛んに研究されている主なトピックスをいくつかあげれば，新生児・乳児の知覚能力の発達，**アタッチメント**（愛着）を中

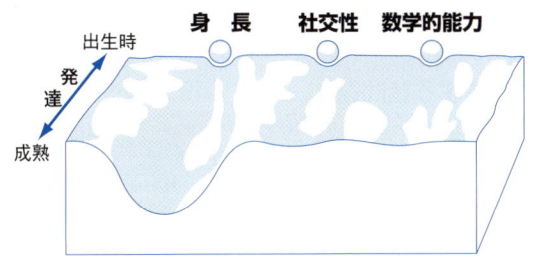

図1.5 「地形モデル」(Waddington, 1957)

ワッディントンは遺伝と環境の問題について，相互作用説的な立場から「地形モデル」を提唱した。図の上部の3つの球はそれぞれ身長，社交性，数学的能力という形質を表し，それらの成長に伴う発現形態は遺伝的基盤（図では3次元の台状の部分）の上に，環境的条件（台状の地形の上を吹く風の方向とか気圧）の作用を受けて決まると説明する。それぞれの球（形質）か割り当てられた溝に沿って転がり進むことを「水路づけ」(canalization) と呼ぶ。

表1.10 乳幼児期の発達課題 (Havighurst, 1953)

発達課題
●歩行の学習。 ●固形食を食べるようになることの学習。 ●話すことの学習。 ●体を清潔にしておくことの学習。 ●男女間の性的差異を知り性的慎み深さを保つことの学習。 ●生理的安定性の達成。 ●社会的現実，物理的現実世界についての簡単な概念の形成。 ●自己と両親，きょうだいおよびその他の人々との情緒的結びつきの形成の学習。 ●正邪（善悪）の区別の学習と良心を発達させること。

「発達課題」とは，「個人が正常な発達を遂げるうえで，それぞれの発達段階において達成されることが期待されている課題」のことである。乳幼児期の発達課題を明らかにすることも乳幼児心理学の重要な課題である。

心とする**母子関係**，親子の相互交渉過程の分析，子どもの**気質**（temperament）や活動水準などの個体的特性と**親子関係**，親子関係と子どもの知的発達，幼児期の**保存概念**の発達，乳児期の言語獲得過程などがある。

■ 1.5.2　関連する諸問題

　乳幼児心理学で扱うべき問題や課題は，研究の直接的対象である子ども自身に関するものの他に，何らかの形で子どもに関連する事柄を多く含んでいる。たとえば親子関係についてみれば，子どもに対する親の態度が問題になるが，それは伝統的な育児の習慣や理念およびその時々の社会的風潮に影響されている面が少なくない。育児の習慣の過去を探ろうと思えば歴史的観点からの問題意識（**表 1.11**）ということになるし，育児の習慣・風俗の文化による違いに目を向けて研究すれば社会学的または比較文化的アプローチとなる（図 1.6 〜図 1.8）。

　また，教育制度が高度に発達した現代社会にあって子どもの行動や発達の問題を考えようとすれば，どこかで必ず教育との関連が問題になる。こうして，乳幼児心理学は教育学の理論や教育実践と密接な関係をもち，そこから学ばねばならないことも多い。

　そもそも学問なり研究というものは，それぞれに個有の目的と課題をもち，内在的な発展の力ももっているが，しかしそれ自体の枠内で自己完結してしまうようなものでなく，絶えず領域を拡大したり隣接領域と影響しあったりしているものなのである。乳幼児心理学のような歴史の浅い学問分野では特にその傾向が強いし，またそれは望ましいことであろう。こうして，乳幼児心理学の領域は今後ますます拡大され研究の課題も次第に深まり，また新たになっていくことであろう。

■ 1.5.3　本書の構成

　最後に本書の内容構成について簡単に説明しておこう。本書は基本的には先に述べた乳幼児心理学の「六大領域」の考え方に沿って構成されている。すなわち，第 2 章から第 7 章までは先の 6 つのカテゴリーそのままの形で構成されている。しかし，それらとは相対的に独立した重要な問題

表 1.11　日本における対照的幼児観（波多野，1969）

育児観，幼児観の問題は乳幼児心理学の重要な研究課題の一つである。波多野完治氏の所論に添って江戸時代の2人の代表的学者の対照的幼児観を眺めてみよう。

貝原益軒『和俗童子訓』(1710)	中江藤樹『鑑草』巻四「教子教」(1774)
「凡そ子を教ふるには，父母厳にきびしければ，子たる者おそれ慎みて，親の教を聞きてそむかず。是を以て孝の道行はる。……婦人又は愚なる人は，子を育つる道を知らで，常に子をおごらしめ，気随なるをいましめざる故，其おごり年の長ずるにしたがひていよいよ増す。」 「小児の時より，早く父母父長に事へ，賓客に対して礼を勤め，読書，手習，芸能を勤めまなびて，悪しき方に移るいとまなく苦労さすべし。」	「童部わざ，たはぶれごとなどをば，その子の心にまかせて，あながちにいましめ制すべからず。いかんとなれば，これらのわざは年たけぬればをのづからなをるものなり。子をにしゆると言ふ事をあさく心得たる人は，心のをしへある事をわきまへずして，幼少の時より成人のもののふるまひをさせんといましめぬるによって，その心すくみ気屈していなものになるものなり。」
（同上，現代語訳例） 「だいたい，子どもの教育をするには父母が非常に厳しくなければならない。そうすれば子どもはこわがって慎み深くなり，親の言うことを聞いて孝行することにもなる。……女の人や道理のわかっていない人は子育ての方法を知らないで，いつも子どもを甘やかし，気ままを注意しないものだから，年長になるに従ってますます勝手な人間になってしまう。」 「乳幼児期から両親や年上，目上の人につかえるようにさせ，お客様にはきちんと礼をつとめられるようにし，読書や手習い事，芸能などを真剣に学ばせて，非行になど走らないよう，苦労させるべきである。」	（同上，現代語訳例） 「子どものすることやいたずらなどはある程度やりたいようにさせておいて，無理してやめさせるようなことはしない方がよい。どうしてかといえば，そうしたことは年長になるにつれ，おのずから直るものだからである。子どもの教育を浅薄にしか考えない人は，心の教えというものがあることをよく理解していないため，子どもが小さい時から大人のような振る舞いをさせようとするものだから，子どもの心がすくんでしまって，気持ちが曲がって困った人間になってしまうのである。」

もあるので，いくつか取りあげて別々の章をあてることにした。すなわち第8章では，より現実的で広い視野から乳幼児の心理と行動をとらえたいということで子どもの**生活パターン**と**遊び**の問題を取りあげ，第9章では発達の**社会・文化的要因**について論じている。そして第10章では代表的な**発達理論**を紹介し，最後の第11章で，実際に研究を手がける際の参考として**発達研究の方法**について概説している。本書を読了した時点では，乳幼児心理学の概要がつかめるであろう。

参 考 文 献

コール，M., スクリブナー，S. 若井邦夫(訳)(1982)．文化と思考――認知心
　　理学的考察――　サイエンス社
藤永　保・三宅和夫・山下栄一・依田　明・空井健三・伊沢秀而(編)(1977)．
　　テキストブック心理学3　乳幼児心理学　有斐閣
波多野完治(1969)．幼児とは何か　『思想』8月号　岩波書店
黒田実郎(監修)(1985)．乳幼児発達事典　岩崎学術出版社
マッセン，P.H., コンガー，J.J., ケイガン，J. 三宅和夫・若井邦夫(監訳)
　　(1984)．発達心理　学概論 I・II　誠信書房
永野重史・依田　明(編)(1984)．乳幼児心理学入門　新曜社
岡本夏木・三宅和夫(編)(1976)．心理学5　発達　有斐閣
ピアジェ，J. 大伴　茂(訳)(1968)．ピアジェ臨床児童心理学 I　児童の自己
　　中心性　同文書院
ピアジェ，J. 大伴　茂(訳)(1968)．ピアジェ臨床児童心理学 II　児童の世界
　　観　同文書院
澤田慶輔・滝沢武久(編)(1980)．児童心理学　サイエンス社

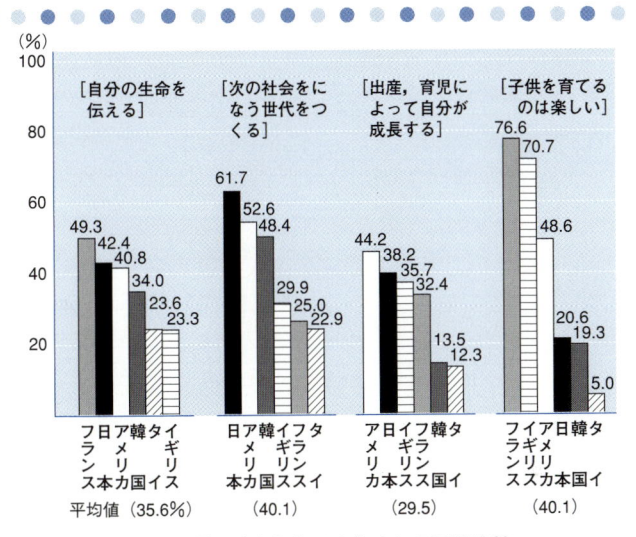

図1.6　「子どもを育てる意味」の国際比較
（総理府青少年対策本部，1981）

日本の母親は，いろいろな面で，子どもを育てる意義は認めているが，楽しいとは思っていないようである。

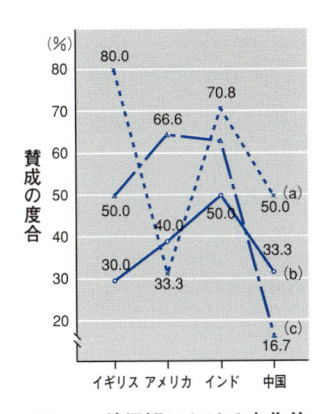

図1.7　幼児観における文化差
神戸市在住の外国人を対象に「性悪説」的幼児観(a)，「性善説」的幼児観(b)，「白紙説」的幼児観(c)のそれぞれについて「正しい」から「完全にまちがっている」までの5件法で判断させた結果。

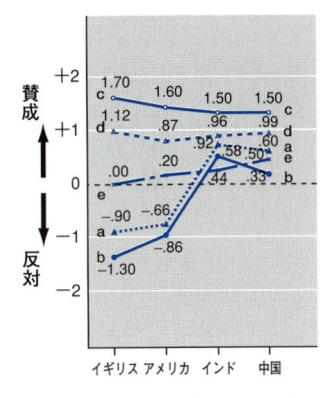

図1.8　「しつけの責任」の受けとめ方における文化差
子どものしつけの責任は「主として母にある」(a)，「父にある」(b)，「両親にある」(c)，「親以外の大人にもある」(d)，「学校の先生にもある」(e) という記述への賛否の度合。

1　序　章

身体と運動の発達 2

　ヒトの発達は受精の瞬間から進行している。母親の胎内で過ごす約40週の期間を誕生後の発達のための基礎として、この時期から乳幼児の発達をとらえるようになったのは最近になってからである。胎児は、誕生後の人やものとのかかわりに備えて、もうすでに子宮内でさまざまな準備をしている。そのことをまず、もっとも明確に示すことができるのは、身体や運動の発達、基本的な感覚機能の発達に関してである。

　ここでは、胎生期、新生児期、乳児期、幼児期という発達段階の中で、身体の構造がどのように発達し、それは運動機能と感覚機能をどのように支えているかを考える。また、自分をとりまく世界についての情報を受けとめるための器官として感覚機能が初期においてどのように働いているか、世界へと働きかけていくための器官として運動機能がどのように発達するか、そして感覚機能と運動機能は相互にどのように支えあって、乳幼児の適応的な行動を発達させるかを考える。

2.1 ヒトの発達の生物学的基礎

人間の乳児だけをみていると，自分から動くことができず，親に頼りきった状態であることが「赤ちゃんなのだから」と当たり前のように思える。しかし，視野を広げて，他の哺乳動物の赤ちゃんと比較してみると，人間の乳児の発達の進行がいかにゆっくりとしたものであるかがよくわかる。最終的に人間がすばらしい発達をとげることができるための可能性は，どうも，このゆっくりとした発達の過程にひそんでいると考えられる。

■2.1.1 身体の組織体制段階と親子関係

どんな生物にも共通しているのは，個体の生存と種の維持をはかるための生物学的仕組みを備えていることである。**系統発生**的に下位の動物では，親が子の養育をせず，産みっぱなしである。しかし，一度に出産する子どもの数を多くし，子も自らすぐに活動できるという方略で，このことを解決した。一方，系統発生的に上位の動物では，一度に出産する子どもの数は比較的少ないが，その子がある程度成熟するまでは親が養育するという方略をとった。このような2つの方略の大きな違いは，進化の過程でできあがってきた身体の組織体制段階の複雑さの違いによってもたらされたものである。そして，鳥類，哺乳類という系統発生的に上位の段階になって初めて，親が子を養育する，つまり親子関係が作られるようになったのである（図 2.1）。

■2.1.2 就巣性と離巣性

動物が胎内でどこまで発育して誕生を迎え，その後にどのように発達するかということと，親の養育の仕方には一定の関係がある。ポルトマン（1951）はこのことを，鳥類の孵化後の状態を示す**就巣性**（晩熟性），**離巣性**（早熟性）という分類概念を哺乳類にも拡大して明らかにした（表 2.1）。

あまり特殊化していない体の構造をもち，脳髄がわずかしか発達していない哺乳動物では，たいてい妊娠期間が短く，一度に生まれる子どもの数が多く，生まれた時の子どもには毛がはえていず，感覚器官はまだ閉じられており（目や耳が開いていない），体温は外部の温度に依存している。

爬虫類の子ども

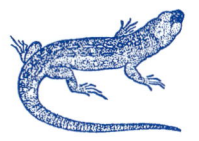

身体の割合と運動のしかたは成育した大人と同じである。

哺乳類の子ども

就巣性の状態　　　　　　離巣性の高等哺乳類

人間の新生児

すでに様々な感覚器官をはたらかせてはいるが、就巣性の状態で誕生する（二次的就巣性）。

図 2.1　生まれたての子どものさまざまな形態（ポルトマン，1961を改変）

表 2.1　就巣性の哺乳類と離巣性の哺乳類
（ポルトマン，1961を改変）

	下等な組織体制段階	高等な組織体制段階
例	多くの食虫類，げっ歯類，イタチの類，小さな肉食獣	有蹄類，アザラシ，クジラ，キツネザル，ニホンザル
妊娠期間	非常に短い（たとえば20〜30日）	長い（50日以上）
一胎ごとの子の数	多い（たとえば5〜22匹）	たいてい1〜2匹（まれに4匹）
誕生時の子どもの状態	「巣にすわっているもの」（就巣性）	「巣立つもの」（離巣性）

これらの動物では出生後しばらくは自力で移動できず，生まれおちた所（巣）に留まらざるを得ないので「就巣性（巣にすわっているもの）」と呼ばれる。したがって子の生存は全面的に親の養護に依存している。哺乳類ではモグラ，ネズミ，イタチ，ネコなどが，また，鳥類ではツバメ，スズメ，ハトなどがこのような状態で孵化する。

　これに対し，より高等な組織体制段階にある哺乳類では，まったく違った発達の様子を示す。身体構造はより特殊化し，脳髄は大きく複雑であり，妊娠期間は長く，一度に生まれる子どもの数は 1, 2 匹に減っている。生まれた時に子どもははるかによく発育をとげ，感覚機能も運動機能もよく発達し，その姿や運動の形態は親によく似ている（図 2.2）。出生後すぐに活発に動き回り，自力で乳を吸いにいくこともできるので「離巣性（巣立つもの）」と呼ばれる。哺乳類ではウマ，ウシ，ヤギ，サル，クジラなどが，鳥類ではニワトリ，カモなどがこのような状態で出生する。

　これらの動物では，子が勝手に親から離れずに，安全に親からの養護を受けることができるように，出生後の早期に子から親への結びつきを作ることが子の生存にとって重要である。このための生物学的仕組みが**インプリンティング**（imprinting；**刻印づけ**）として存在する。

■2.1.3　二次的就巣性としてのヒト

　ポルトマンは離巣性である高等哺乳類の重要な特徴は，感覚器官の胎生的発達であり，就巣性の動物の誕生時に相当する段階を，母胎内で経過していくことだという。したがって，離巣性の動物が誕生する時には，その発達は就巣性よりもはるかに進んだ段階に到達している。では，哺乳類の中でもっとも進化が進んだヒトはどのような状態で誕生するのだろうか。

　ヒトの眼瞼は妊娠 2 カ月で形成され，3 カ月で閉じられる。そして，5 カ月の終わりにまたもう一度開かれる（図 2.3）。もしヒトが，誕生時の頼りない外見通りの就巣性だとしたら，この 5 カ月目の発達段階で出生することになる。ところが実際は，ヒトは胎内でさらに離巣性の特徴をもつ成熟を続ける。このように長い発達の段階（妊娠期間は 40 週）を通りながら，それでもまだ，ヒトの新生児はあまりにも無力にみえる。

図 2.2　離巣性の動物では，子は初期から親の相似形である
（上－ヒツジ，下－シマウマ）

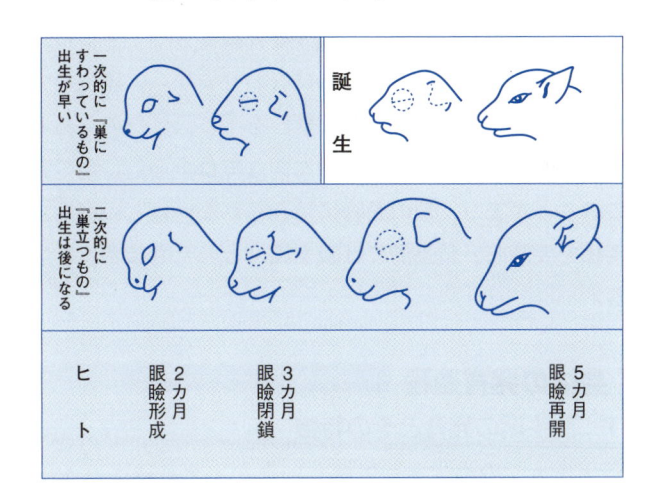

図 2.3　哺乳類における眼瞼の形成（ポルトマン，1961を改変）
中央の欄は高等哺乳類の延長された妊娠期間を，下の欄はヒトの場合の時間的経過を示す。

確かに，感覚機能は開始しているが，運動機能はまったく未成熟である。首がすわるのに 3 カ月，自力ですわるのに 6 カ月，四つん這いで移動するのに 9 〜 10 カ月，ヒトの本来の運動形態である直立歩行までに 1 年以上かかる。この矛盾こそが，人間の発達過程が特別なもので，人間に特有なものであるとポルトマンはいい，この状態を「**二次的就巣性**」と呼んだ。

■2.1.4　未完成な誕生にひそむ大きな可能性

　この人間の新生児の特殊性は，図 2.4 に示すように人間の新生児の身体発育の割合を成人の身体と比較した時に明白となる。人間では，新生児の胴・腕・脚の発育の割合が成育時に比べて極端に小さく，いわゆる頭でっかちである（図 2.2 の動物の場合と比較してほしい）。

　姿勢や運動という身体構造がヒトという種に固有な様式を示す段階に到達し，人間が真の離巣性となるのは，直立歩行と言語の使用が始まる生後 1 年目である。運動機能と感覚機能がともに成熟するまで母胎内で過ごすという方略をとらずに，感覚機能を優先させて，早々と子宮外に出されてしまったのが人間である。変化に満ちた刺激を取り入れることが可能な感覚機能と，複雑な学習を可能にする大きな大脳をもって生まれた人間は，身体と運動機能のゆっくりとした成熟に合わせながら，環境の変化に応じて行動を形成していくという大きな柔軟性を手に入れたのである。しかし，運動機能の未熟さゆえに，生命の維持に関しては全面的に親の養護を必要とする。このことがまた，他の動物にはみられないほどの密接で長期にわたる親子関係を要請し，結果的には親を媒介としたさまざまな学習を可能にしている。

2.2　身体の発育過程

■2.2.1　胎生期の発育とその特徴

　受精から出生までの過程を胎生期というが，それは次の 3 段階に分けられる。表 2.2 には胎生期における発育の過程を示す。

[1] **卵体期**（受精 〜 2 週）：受精卵が子宮壁にしっかり着床するまでの期間である。

(a)

2頭身　3頭身　4頭身　5頭身　6頭身　7頭身　8頭身

胎生2カ月　胎生5カ月　0歳　2歳　6歳　12歳　25歳

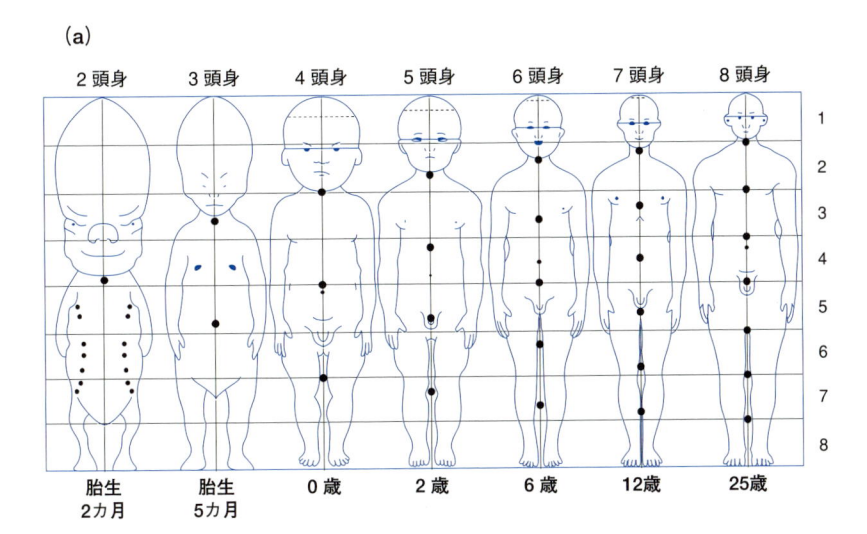

(b)

成人　新生児

図2.4　身体各部の発達の比率
（シュトラッツによる）
(b)は人間の新生児と成人の身体の割合の比較。

[2] **胎芽期**（2〜8週）：誕生時には備わっているはずのすべての器官がこの時期に分化する。この時期に異常があると臓器の発生が障害され，奇形が生じることがある。サリドマイドの服用や風疹感染の影響による奇形の発生がよく知られている異常例である。

[3] **胎児期**（9週〜出産まで）：組織，器官が形態的，機能的な成熟をとげる。通常分娩は，受精後260〜270日，最終月経第1日から計算して40週前後である。この時期には，胎児の体重は約3,000g，身長は約50cmとなっており，子宮外の生活に十分に適応できるようになる。

■ 2.2.2　身長と体重の発育曲線

発育急進期　年齢とともに身体が大きくなり，その機能は複雑になっていく。身体の形態的な変化をもたらすのは成熟要因による度合が大きいが，年齢とともに一律に変化するわけではない。受精から出生をへて成人に達するまでの発育の過程を，身長の**発育曲線**のパターンから概観してみよう（図 2.5）。

左の図は各年齢における身長をプロットした発育曲線であり，右の図は，対応する年齢段階での年間増加量を示した**発育速度曲線**である。左右のいずれの曲線からも，身長の急速な増加を示す時期が2カ所あることがわかる。最初の急増を示す時期は，胎児期の後半から出生直後にかけてであり，これを**第1発育急進期**と呼ぶ。次の**第2発育急進期**は，思春期における急増の時期であり，女子は男子よりも約2年ほど発現が早い。

発育の評価　身体の発育が順調に進んでいるかを評価することは，健康で適切な発達をとげているかを知るための目安となる。子どもの身体がその年齢集団の中でどのような位置づけにあるか，発育の異常として医学的な治療や生活指導が必要かを判断するための基準として，

図 2.5（右頁）身長の発育を示す模式図（高石，1985）
左の図は身長の変化を示す発育曲線であり，右の図は年間増加量を示す発育速度曲線である。発育曲線のパターンから次の4つの時期に区分できる。
Ⅰ：第1発育急進期を含む胎児期，乳児期および幼児期の前半
Ⅱ：発育の速度が比較的安定した時期で，幼児期の後半から学齢期の前半
Ⅲ：思春期の急増を示す第2発育急進期
Ⅳ：成人に達するまでの安定した時期

表2.2 胎児の発育と主な特徴 (マッセンら (1974), 大平 (1976), 夏山 (1985), 多田 (1992) に基づき作成)

在胎月齢	身長体重	発育の特徴
1カ月	0.5 cm	口, 胃腸, 肝臓, 心臓の原型ができる。
2カ月	2.5 cm 1 g	頭・軀幹の区別が明らかとなり, 四肢が発生。人の胎児であることがわかる。心臓は拍動を開始。目・耳・口が分化。神経系も分化する。
3カ月	9 cm 20 g	四肢の指がはっきりする。外陰が形成され, 男女の区別がつく。皮膚は透明で内部臓器が見える。
4カ月	18 cm 120 g	顔面にうぶ毛が発生し, 筋肉の発育もさかんになり, 運動を始める。指しゃぶりが現れる。胎盤が完成する。
5カ月	25 cm 250 g	全身にうぶ毛がはえ, 爪が発生し, 皮下脂肪の沈着が始まる。運動が活発となり, 母親が胎動として感じる。
6カ月	30 cm 650 g	頭髪, まつ毛, まゆ毛がのび, 皮下脂肪が蓄積する。皮膚は薄くてしわが多く, 胎脂が皮膚の表面を覆っている。目が完全に形成され, 舌に味蕾が現れる。この時期以降, 出生しても生存が可能となる。
7カ月	35 cm 1,000 g	男児は腹腔内の睾丸が陰のうへ下降し始め, 女児は陰核と小陰唇が突出してくる。味覚, 嗅覚, 聴覚, 視覚的に反応できる。眼球運動が群を形成する。
8カ月	40 cm 1,500 g	皮下脂肪組織がかなり発育し, 体形が丸くなる。眼球運動期が明確となり, レム期と見なせる。
9カ月	45 cm 2,000 g	しわが少なくなり, 顔, 胸, 腹のうぶ毛がなくなってくる。睾丸が陰のう内に下降する。レム期, ノンレム期が交互にある。
10カ月	50 cm 3,000 g	成熟児となる。皮下脂肪が発達してしわが無く, 皮膚は淡紅色。肩から, 背部, 上腕部にはうぶ毛が残っている。爪は指頭に達し, 性器も完成している。

(注) 1カ月とは4週のことである。

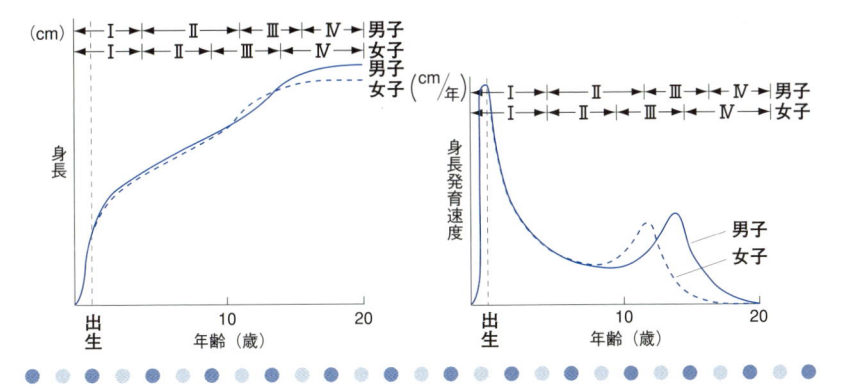

厚生労働省は10年ごとに全国調査を実施し，その結果をもとに体重，身長，胸囲，頭囲について乳幼児身体発育値を作成している（平成12年乳幼児身体発育調査が最新である）。

図 2.6 に男子の体重のパーセンタイル曲線を示すが，10 〜 90 パーセンタイルの間は生理的な変動範囲とみなしてよい。

■ 2.2.3　未熟児・低出生体重児

新生児医学の発達とともに，在胎週数 23 〜 24 週の極小**未熟児**が生存することが可能になってきた。このことにより母体保護法による人工妊娠中絶が可能な期間，つまり胎児が子宮外で生命を維持し得ない期間が妊娠 22 週未満と定義された。

体重で判定した形態的な大きさと，器官の機能的な発達は必ずしも一致しない。そこで体重のみに注目する時には，体重 2,500g 未満で出生した児を**低出生体重児**と呼ぶ。一方，未熟児とは，身体の各臓器の機能が成熟していない状態で出生した児を指す。図 2.7 からわかるように，同じ体重の低出生体重児であっても，SFD と AFD の 2 種類が区別される。**SFD**（small-for-date）児とは，在胎期間の長さに比べて，母体からの栄養供給不足などのために，体重が少ない児である。体内に蓄積されてきた栄養が十分でないので，生後に低血糖異常を起こしやすいが，呼吸機能などの成熟が進んでいるので子宮外での生活に適応しやすい（多田，1992）。

AFD（appropriate-for-date）児とは，在胎期間の短さに匹敵して体重が少ない児である。この場合体重ばかりでなく，各臓器の機能も未熟なため，未熟性が強ければそれだけ子宮外での適応が困難になる。特に，出生体重 1,000g 未満の超未熟児については，ハイリスク要因も多く，救命後の身体・心理面の発達に長期的ケアが必要である。

■ 2.2.4　胎児の発育に影響する要因

胎児の発育に影響する要因としては，胎児の性，多胎，人種，出生順位，母の年齢，母の体格，妊娠中の母体の栄養摂取量，妊娠中の妊婦の労働，喫煙，母体合併症，既往の流早産，社会経済状態などがある（多田，1992）。

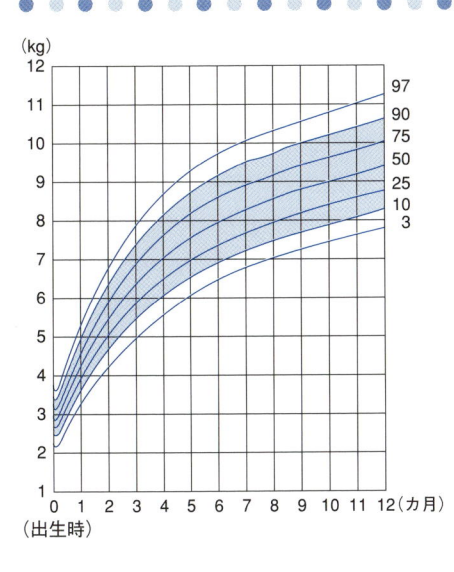

図 2.6 乳児（男子）の体重発育パーセンタイル曲線
（厚生労働省，2001）

（注）乳児期体重のパーセンタイル値について7本の線で示してある。

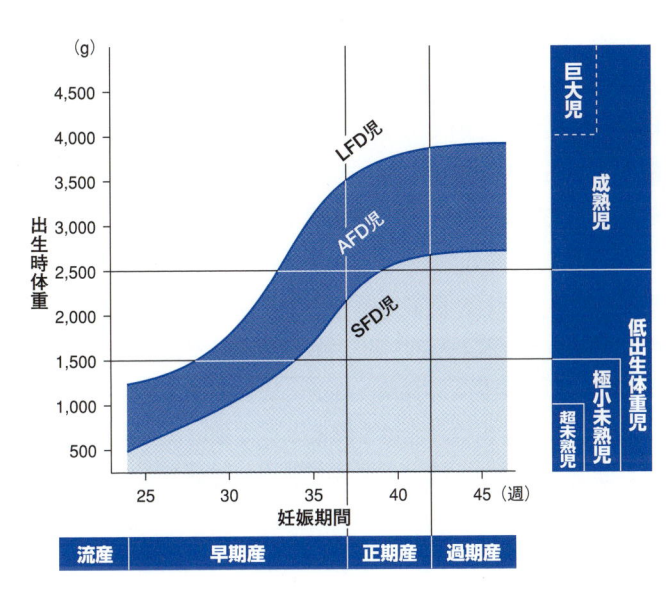

図 2.7 出生体重と在胎週数による新生児の呼び方
（多田，1992）

表 2.3 に，妊娠中の母親の喫煙本数と出生時の体重との関係を示す。喫煙本数が多いほど，出生時の体重は男女ともに低い傾向を示している（厚生労働省，2001）。

■ 2.2.5　脳と神経の発達

脳の重量の増加　ヒトの大脳の神経細胞の数は，出生時に約 140 億あり，誕生後に増加しないといわれている（ただし最近では，成人の海馬や連合野における増殖が確認されている）。脳重量の増加は胎児期で著しく，出生時には約 370 〜 400g となる。これは体重の約 10 % である。成人の脳重量が体重の約 2 % であることを考えると，いかに大きな比率かがわかる。生後 6 カ月で出生時の 2 倍，6 〜 7 歳で成人の脳重量の 90 % に達する（図 2.8）。

新皮質と大脳辺縁系　大脳は表層の**大脳皮質**（新皮質）と深層の**大脳辺縁系**（旧皮質と古皮質）の二重構造から成り立つ。**古皮質**と**旧皮質**は系統発生的にみて早くから発達している皮質であるが，同時にまた個体発生的にみてもその発達は早い。古皮質や旧皮質は胎児期の初期には表面に出ていたのであるが，**新皮質**がどんどん発達することによって**大脳半球**の底面や内側面に押しやられたり，中につつみかくされてしまう。そして，完成したヒトの大脳半球では，表面はすべて新皮質である（時実，1962）。

図 2.9 でわかるように，動物の脳の大きさはかなり違っていても，大脳辺縁系の範囲はあまり変わらない。大脳辺縁系は個体の生命維持と種の保存にかかわる活動を推進し，食欲，性欲，快，不快，怒りなどの情動反応と関係する。一方，新皮質は記憶や判断という知的な精神活動と関係する。新生児から幼児への発達とは，衝動的な欲求が行動として即座に表出されるのではなく，新皮質の統制を受けた適応的なものへと統合化されてゆく過程といえよう。

髄鞘化　神経線維は，細胞体から伸びた**軸索**を芯としてできているが，初めのうちは裸であり，胎児期後半から出生後にかけて次第に**髄鞘**で覆われていく（図 2.10）。これを**髄鞘化**と呼ぶが，軸索の中を

表2.3 妊娠中の母親の喫煙本数と新生児の出生体重
(厚生労働省, 2001)

妊娠中の喫煙率は平成2年の5.6％と比較して10.0％と大きく増加していた。1日の喫煙本数が多くなるほど，出生時の体重（kg）は低い傾向を示している。

	男　子			女　子		
	標本数	平均体重	標準偏差	標本数	平均体重	標準偏差
0本	4,612	3.10	0.43	4,312	3.02	0.42
1～2本	44	3.00	0.39	36	2.99	0.42
3～5	150	2.97	0.39	164	2.95	0.36
6～10	181	3.03	0.37	193	2.91	0.42
11本以上	117	2.97	0.46	99	2.90	0.38

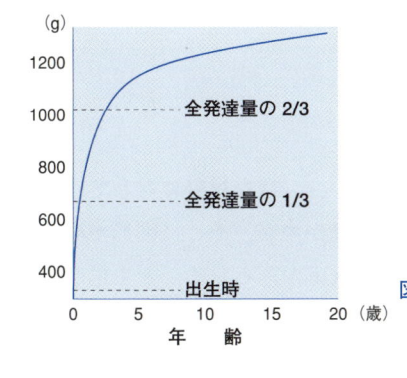

図2.8 脳の重量の増加
（ビューラーによる）

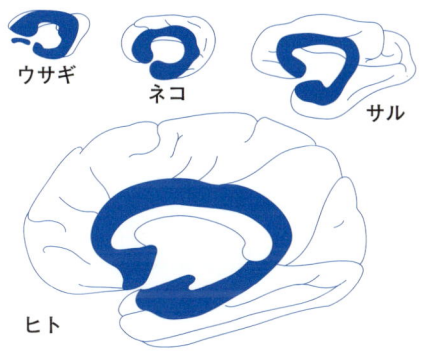

図2.9 いろいろな動物の大脳辺縁系の範囲（時実, 1962）
ウサギ，ネコ，サル，ヒトの大脳半球の内側面を同じ縮尺で描き，大脳辺縁系の範囲（主として中間皮質）を青色で示したものである。動物の脳の大きさはかなり違っていても，大脳辺縁系の範囲はあまり変わらない。ヒトをはじめあらゆる動物に共通な心の働きがあるとすれば，その座は，共通構造の大脳辺縁系に求むべきであろうことが示唆される。

走る興奮が他にもれないように絶縁体の役をし，伝達速度を速くすると考えられる。基本的生命活動を営むために必要な脳幹や小脳では髄鞘化の時期がもっとも早く，大脳皮質でも感覚や運動を司る場所では比較的早いものの，高等な精神活動が営まれる連合野では遅い（時実，1962）。まさに，ヒトの脳は社会的なインプットを受けながらさらに発達していくのである（レスタック，1989）。

2.3 感覚機能の働き

出生直後から，すべての基本的感覚は働いているし，胎児期においてすでに，その機能を開始しているものもある。新生児は，この基本的な感覚機能を通して，人やものからなる環境に対して，能動的，選択的に働きかけ，またそのための運動的な調整を通して，環境への認知を発達させていく（詳しくは次の第3章で取りあげる）。

2.3.1 視　覚

部分から全体への視覚活動

パターンが何もない，一様な視野に対しては，新生児は眼球を水平方向に動かすが，そこに図形が現れると，それへと眼を向ける反応がみられる。新生児が図形に対してどのように眼球を動かすかという視覚的走査を調べることで，視覚情報を取り入れる方略を知ることができる（図2.11）。図形があれば，その特徴を検出しようとする反応は生後1日でもみられるが，まだ特定の部分に固定しており，図形全体の特徴を連結するような，広範囲の組織的な視覚的走査は生後2カ月になってからである（Salapatek & Kessen, 1966；Salapatek, 1975）。

視　力

新生児の視力は0.03, 6カ月で0.2, 12カ月で0.4というように遠くのものはよく見えない（下條，1983）。しかし，30〜50cmの距離内にあるものに対してはよく識別ができる。この距離は，親が乳児と目と目を合わせようとしたり，話しかける時に，無意識のうちにとっている距離である。

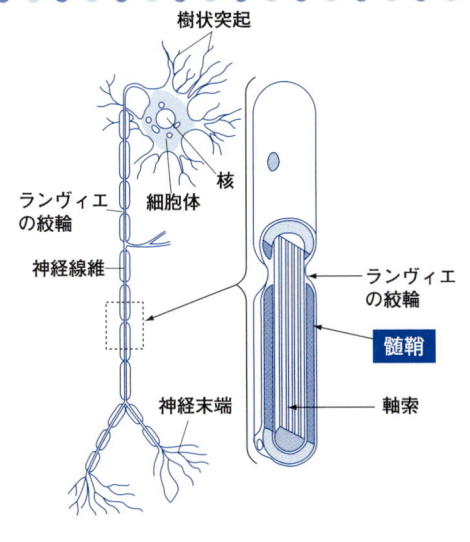

図 2.10 ニューロンの構造
（時実，1962 を改変）

ニューロン（神経細胞）は細胞体と，それから出る1本の長い突起（神経線維）と多数の短い突起（樹状突起）からなる。神経線維は細胞体から伸びた軸索を芯としてできている。神経線維の中心部を見たのが右図であるが，軸索を髄鞘が覆っていることがわかる。髄鞘は胎児期後半から乳児期にかけて次第にでき上がっていくが，この過程を髄鞘化と呼ぶ。

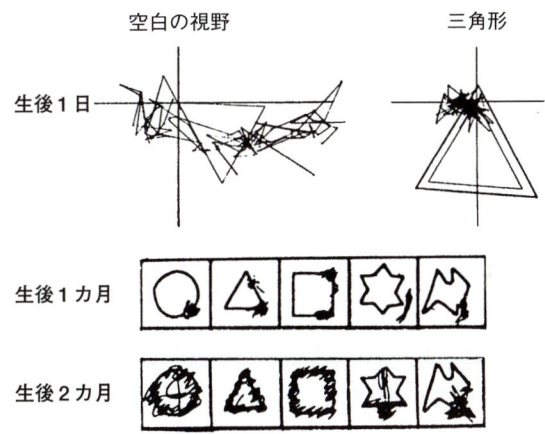

図 2.11 乳児の視覚的走査の発達 （Salapatek & Kessen, 1966 と Salapatek, 1975 に基づき作成）

生後1日の新生児に三角形の図形を見せると，その頂点の一つをとらえて，そこへの集中的な注視を行う。図形の特徴への選択的走査であることは，図形が何もない空白の視野の時には，水平方向への広範囲な走査があることとの比較からわかる。ただしまだ，図形の一つの特徴をとらえてしまうとそこに注意が固定されてしまうという限界があり，1カ月でもそうである。図形すべての特徴にわたる広範な走査ができるのは，2カ月以降のことである。

2 身体と運動の発達

■2.3.2 聴　　覚

　在胎 24 〜 25 週頃になると，胎児は音刺激に対して眼瞼を閉じたり，心拍数の変化や胎動で反応する。また，新生児は音の高さや強さ，持続時間などの識別もできる（加我，1990）。さらに図 2.12 に示すように，人が話す声を聞く時には，1 カ月児でさえも，大人がそれを聞いているのと同じように，[b] と [p] の音素を区別している（Eimas, 1975，第 4 章図 4.2 も参照のこと）。

■2.3.3　味覚・嗅覚・皮膚感覚

味　　覚　甘味，酸味，塩味，苦味，うま味の基本味覚物質を新生児は識別している（片岡ら，1990）。また，甘酸苦の各味に対しては，大人がその味に対するのと同じような異なった表情を新生児が示したり，味が何もしない水よりも甘味のある水溶液の方を好んで吸飲する（Ganchrow et al., 1983）。このように，味への好みや表情には生得的なものがある。

嗅　　覚　強い不快な刺激に対してはそれを避けようとする反応がみられたり，新しいガーゼよりも，母乳の匂いがするガーゼの方へ顔を向けるなど，新生児に嗅覚は働いている。

皮膚感覚　痛覚や温度の変化に対する反応も出生直後からある。触覚は身体の全表面にみられ，その中でも唇の粘膜部分が鋭い。

2.4　運動の発達
■2.4.1　運動発達の順序

2つの方向性　運動機能の発達の時期にはかなり個人差がある。しかし発達は一定の順序にしたがって進行し，そこには「頭部から尾部へ」と「中心部から周辺部へ」の 2 つの方向性がある（図 2.13）。首のすわり→支えなしでのおすわり→ハイハイ→つかまり立ち→ひとり歩き，という姿勢の制御と移動運動に関するものは「頭部から尾部へ」の勾配によるものである。肩や腕，股や脚の粗大運動（手を伸ばす，脚をける）から手足の指先による微妙な運動調整（把握，操作）への発達に関するも

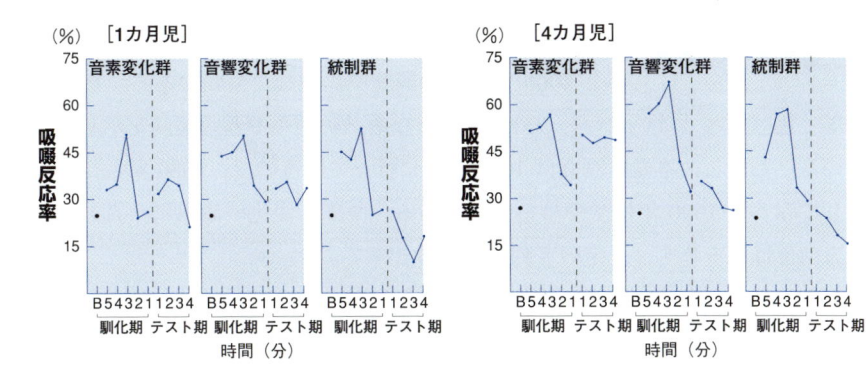

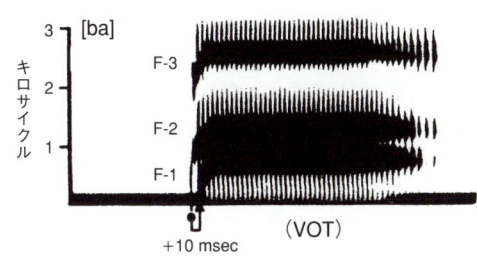

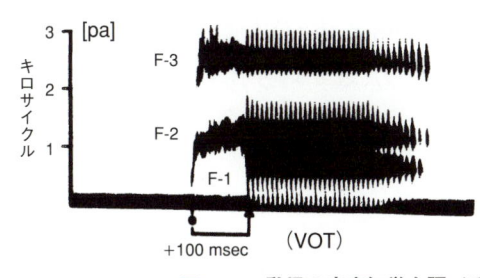

図 2.12　乳児の音声知覚を調べる実験（Eimas, 1975）

[ba]と[pa]の違いは有声音か無声音かの違いであり，左図のスペクトログラムで示したVOT（voice onset time）が+25msec以下の音響はすべて[ba]に，以上だと[pa]に聞こえることをもって，同一の音素としてカテゴリー化しているという。この実験では，音素変化群は，VOT値として（+20, +40）を，音響変化群では（−20, 0）または（+60, +80）を使用している。

馴化期では繰返し，同じ音を乳児に聞かせ，1分間におしゃぶりを吸う率（吸啜反応率）が減退した時（点線の区切り）に，別の音に切り替えて聞かせる（テスト期）。横軸の数値は，切り替え直前の5分間と切り替え直後の4分間を示す。B（図中の・印）はベースラインにおける吸啜反応率を示し，この時にはまだ音が聞こえていない。音素変化群では［pa, pa, pa,……］→［ba, ba, ba,……］という切り替え，またはこの逆の順で音を聞かせるが，音響変化群では［pa］または［ba］という同一音素内での音響を変化させる。統制群では，テスト期でも馴化期と同一の音を聞かせる。4カ月児の方が顕著であるが，1カ月児でも音素［ba］と［pa］を区別していることがわかった。

②身体と運動の発達　　**41**

のは「中心部から周辺部へ」の勾配によるものである。

運動機能の発達　図 2.14 は，姿勢の制御と移動運動の通過率を 1990 年と 2000 年の一般調査で比較したものである。1990 年と比べると「はいはい」以外は可能となる月齢がやや遅い傾向を示している。しかし，本発育調査は 10 年ごとに行っているので，1980 年と比較してみると 1990 年はやや早い傾向がある。つまり変化の傾向に一貫した方向性はみられず，一定の変動内にあるとみてよい。

2.4.2　原始反射から随意運動への発達

乳児が自分の意志で，一定の目的に沿った適応的な行動（**随意運動**）をすることができるようになるには，図 2.14 に示したようにかなりの期間を要する。しかし，出生時には，生命の維持に関する行動や後の適応的な行動と原型を同じくする行動が**原始反射**として存在する（表 2.4）。

ほとんどの原始反射は生後 1 〜 2 カ月のうちに消失してしまう。そして，反射の消失後，次に随意運動として行動が可能になるためには，大脳皮質と神経系の成熟を待たなければならない。物に手を伸ばして握るには生後 4 〜 5 カ月，歩行するには 12 〜 15 カ月というようにである。したがって，適切な時期に原始反射が消失し，適切な時期に随意運動が可能となることは，脳神経系の正常な発達を示す指標として発達診断において重要な意味をもつ。

2.4.3　成熟と練習

運動機能の発達は，それを司る脳神経系の発達を基礎として進行する。したがって，脳神経系の成熟の時期を無視して早すぎた練習を行っても効果はない。**双生児統制法**を用いて一卵性双生児の T と C についてゲゼルら（1941）が行った階段のぼりの実験を取りあげてみよう（図 2.15）。

T は生後 46 週から 6 週間，毎日階段のぼりの練習を受けたが，C にはこの間，練習はなかった。52 週に両者を比較すると，練習を受けた T の成績は確かによかった。しかし，その後に C が 2 週間の練習をしただけで，C は T に追いついてしまったのである。

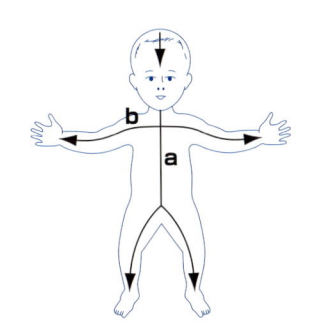

図 2.13　運動発達の進行方向
運動発達は矢印の方向に沿って進む。
a は頭部から尾部への勾配を，b は中心部から周辺部への勾配を示す。

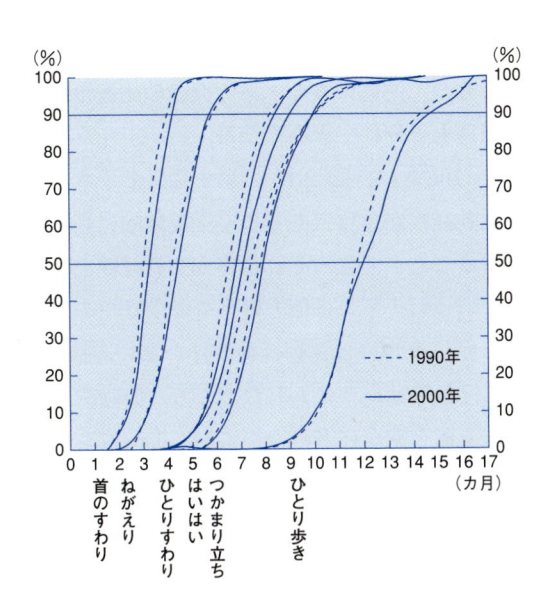

図 2.14　乳幼児の運動機能通過率 (厚生労働省，2001)
1990年と2000年の通過率を比較すると，「はいはい」以外は可能となる月齢がやや遅い傾向を示している。「はいはい」については，「できる」とする基準が変更され，腹をするなどして這って移動できる場合でも可能に含めるようになっている。

２身体と運動の発達

成熟を考えない早期練習は無駄であり，子どもに不要な負担をかけることをこの実験は教えてくれる。ただし，注意しておきたいのは，C がこの間，何もしないで放っておかれたわけではなかったことである。階段のぼりの練習そのものはしなかったが，階段のぼりの基礎となる能力（脚の屈伸や突っ張り，目と手や足の協応など）を日常生活での遊びや運動で十分に発揮し，発達させることができたからこそ，適切な時期の練習が効果的だったのである。

2.5 運動機能の発達と認知的機能の発達の連関
2.5.1 能動的な知覚経験と受動的な知覚経験

乳児期は運動機能に急激な発達が起こる時期である。そして，ある機能の発達は，各々の機能内だけの発達で完結するのではなく，他の機能の発達と相互に関係をもつ。逆にいうと，ある機能の発達が抑えられてしまうと，他の機能の発達も十分にできなくなる。

ヘルドとハイン（1963）は，図 2.16 に示す装置で子ネコを育て，知覚系の発達にとって運動経験が重要であることを実験的に証明した。一方のネコは自由に運動することができ，それに伴う知覚経験をもつことができる。他方のゴンドラにのった子ネコは他方のネコが受けたのと同じだけの視覚経験を受容できるが，それには運動経験が伴わない。後に視覚的断崖（図 2.17 を参照）で奥行き知覚をテストしたところ，能動的に動くことができたネコは深く見える側を完全に避けたのに対して，ゴンドラにのっていたネコは，避けることができなかった。視覚行動の発達には，自らが生じさせた運動とその結果についてのフィードバックが必要なのである。

2.5.2 移動の発達と奥行き知覚

では，乳児がハイハイや歩行によって自由に移動できることは，どのような発達的意味をもつのだろうか。このことを図 2.17 に示す視覚的断崖を用いた研究から考えてみよう。ハイハイが可能な乳児は視覚的断崖の深い側を恐れて避けることはよく知られている（Gibson, 1967）。また，深さの知覚そのものは生後 2 カ月には成立していることもわかっている

表 2.4　後の適応行動と新生児期の原始反射との対応

■乳を飲む行動	○口唇探索反射——口元を軽くつつくと，さわった方向に頭を向ける。 ○吸飲反射——口の中に指を入れると吸う。
■危険なものから身を守る行動	○引っ込み反射——足の裏をピンでつつくと，足を引っ込める。 ○瞬目反射——物が急速に迫ってきたり，まぶしい光を急に当てるとまぶたを閉じる。
■抱きつく行動	○モロー反射——仰向けに寝かせ，頭の支えを急にはずすと，両腕を広げ，誰かを抱きしめるかのように腕をもどす。
■物をつかむ行動	○把握反射——手のひらに指を入れ，押すと，その指を握りしめる。
■歩く行動	○歩行反射——わき下で身体を支え，床に立たせると，律動的なステップ運動が起こる。
■泳ぐ行動	○泳ぎ反射——うつ向けて水につけると，腕と脚を使った泳ぐような運動が起こる。

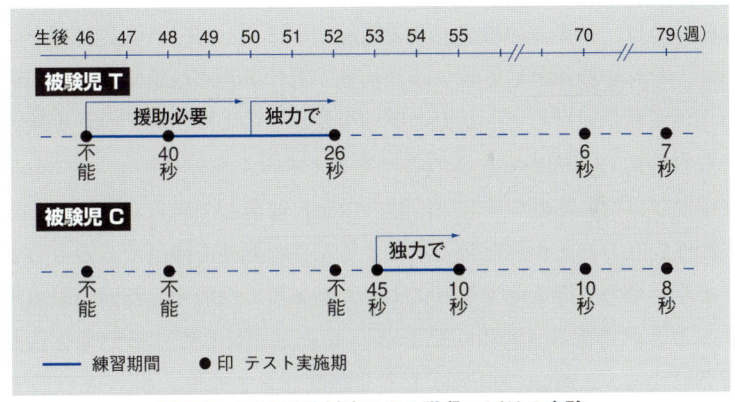

図 2.15　双生児統制法による階段のぼりの実験
（Gesell & Thompson, 1941に基づき作成）

一卵性双生児のTには生後46週から6週間，毎日階段のぼりの練習を行った。初めのうちは援助が必要だったが，50週からは独力でのぼり始め，練習終了の52週には26秒でのぼることができた。Cはこの間練習を受けず，52週でもまだ階段をのぼれないが，53週の練習開始時には独力で45秒かけてのぼることができ，2週間の練習で急速な進歩をとげた。その後，TもCも特別な練習は行わなかったが，70週，79週のテストでは2人の成績に差はほとんどない。

2 身体と運動の発達

(Campos, 1970)。つまり,「深い側が危険である」という意味を学習するには,移動運動の発達が必要らしい。

そこで,バーテンサールら(1984)は,断崖に対する恐れが移動能力の出現とどのように関係しているのかを調べるために,子どもが自分で動き始めたら直ちに連絡をとってくれるように,あらかじめ母親に協力を依頼した。図 2.18 に示すように,断崖の深い側を避ける割合は,開始から 11 日後のテストでは,移動開始の月齢に関係なく 30 ～ 50 ％である。一方 41 日後のテストでは 60 ～ 80 ％であった。つまり,自分で積極的に移動できるという経験が,視覚的な断崖を回避する行動と関係していたのである。この結果は,乳児の諸機能がたいへんうまく影響しあって,全体としての適応行動を形成していることを示している。

■ 2.5.3　幼児期における運動の発達と言語による調整

運動機能の発達には,筋肉などの効果器の発達とともに,その動作の表象を形成する脳の皮質中枢などの分析器の発達も関係する。特に幼児期の課題動作では,効果器の機能しうる限界の中にあって,さらに課題を受けとめて,それを動作として表す認知活動が動作発現を決定する。立幅跳びという課題動作に対して,幼児の調整機能がどのように働くかを実験した岩田ら(1979)の研究から,このことを考えてみよう。

立幅跳びは,2 歳頃から言語活動の開始と前後して現れる動作であるため,動作成立の初期から言語指示による動作の発達を検討できるものである。また,全力発揮を促すことにより,効果器の機能する範囲の限界を推定することができる。岩田らは 2 歳～ 5 歳児に対して,モデルを見せて練習させた後,2 種類の指示による立幅跳びをさせた。指示 A は言葉だけの指示で「できるだけたくさん跳びなさい」である。指示 B は目標線の明示と言葉の指示であり「この線を飛び越しなさい」といって,身長を基準として決めた距離(3 段階を短い距離から長い距離へと順に)を床にテープをはって示した。

図 2.19 は,指示 A, B による跳躍距離を示したものである。どの年齢でも,指示 B は指示 A よりも跳躍距離を増加させている。つまり,指示 B

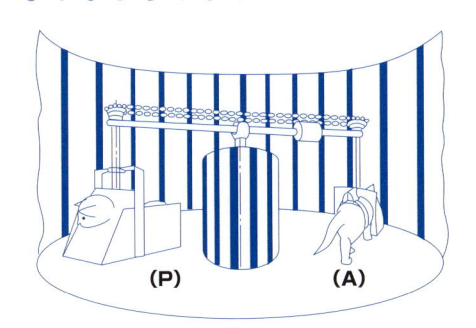

図 2.16 能動的に動くネコと受動的に動かされるネコ（Held & Hein, 1963）
ネコを12週まで暗室で育て，自ら移動できるようになったところで，図の装置に入れた。能動群のネコ（A）は自由に動くことができる。ゴンドラにのせられた受動群のネコ（P）は，能動群のネコが動いた時にそれと同じだけの視覚経験を受けることができる。

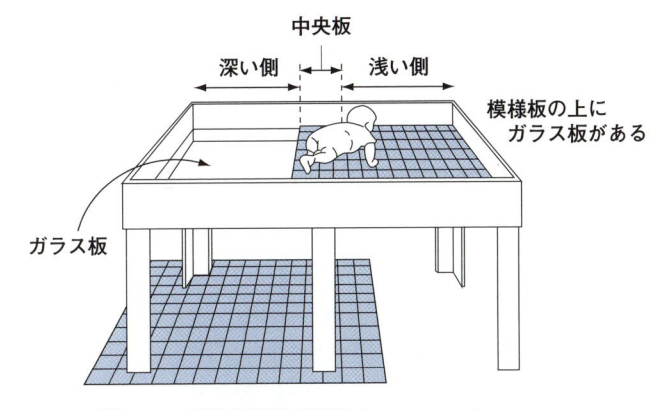

図 2.17 視覚的断崖の装置（Gibson, 1967）
透明なガラス板が張られているので，乳児は浅い側と深い側のどちらにも移動可能ではあるが，乳児が見ることができる床の模様板までの距離が異なる。このような奥行き（深さ）の違いを乳児は知覚できるかどうかを調べるために，この装置は考案され，深さを知覚できるなら深く見える側へと移動することはしないはずだと考えた。

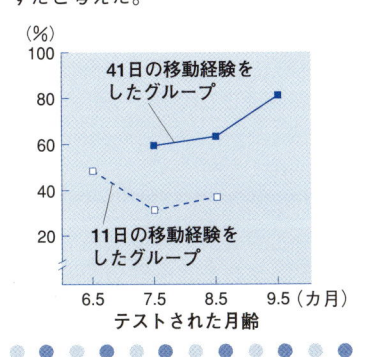

図 2.18 断崖を回避した子どもの割合（Bertenthal et al., 1984）

２身体と運動の発達

の目標線によって跳躍のための空間的イメージが与えられると，それによって効果器機能をより有効に作動しうる調整機能が形成されると考えられる。また，指示 A, B 間の差異は年齢に伴い減少していることから，言語だけの指示によっても動作調整が可能になっていく過程を示しているといえる。

参考文献

小林　登・小嶋謙四郎・原　ひろ子・宮澤康人（編）（1985）．新しい子ども学　1巻　育つ　海鳴社
近藤四郎（1981）．足のはたらきと子どもの成長　築地書館
香原志勢（1980）．手の動きと脳のはたらき　築地書館
久保田　競（1981）．脳の発達と子どものからだ　築地書館
マウラ，D., マウラ，C. 吉田利子（訳）（1992）．赤ちゃんには世界がどう見えるか　草思社
大藪　泰（1992）．新生児心理学　川島書店
産経新聞「新・赤ちゃん学」取材班（2003）．赤ちゃん学を知っていますか　新潮社
サモンズ，W. A. H., ルイス，J. M. 小林　登・竹内　徹（監訳）（1990）．未熟児──その異なった出発──　医学書院
内田伸子（編）（2006）．発達心理学キーワード　有斐閣

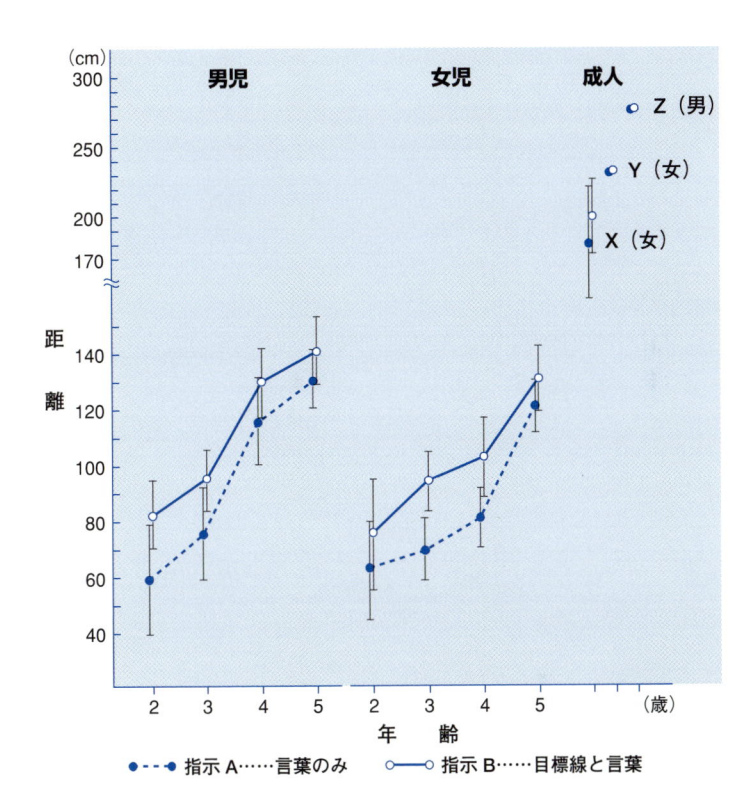

図 2.19 立幅跳びにおける跳躍距離の年齢別平均（岩田ら，1979）

2〜5歳までの幼児について，性，年齢別に，2種類の指示A，Bによる跳躍距離を示す．どの年齢でも指示Bの方が距離が大きいので，目標線で跳躍のための空間的イメージが与えられた方が，効果器を有効に作動するよう調整機能が働くと考えられる．しかし，加齢とともに，言語だけでも動作調整が可能になってくる．右端には比較のために，体育専攻の女子学生5名（X），陸上競技部の跳躍選手（Y）女子1名，（Z）男子1名の結果を示した．エキスパートとなると，指示条件によらない随意的な全力発揮の調整機能が獲得されていることがわかる．

2 身体と運動の発達

認知発達と学習 3

　われわれは，日常数々の判断を繰り返して生活している。たとえば，手紙を書こうとするときにペンを手にする行動は，それが字を書くことのできるペンであるという判断から起こるのである。このような判断は，われわれの身の周りにある種々の刺激を的確にとらえる知的な力によるものであり，このような知的な作用を心理学では「認知」と呼んでいる。

　一見して無目的で受動的にもみえる乳児の行動は，その後の判断力になくてはならないもので，しかも，実際には乳児は能動的に周りの刺激にかかわろうとしていることが近年の研究によってわかってきた。

　さて，本章では，乳幼児期の認知活動について考えてみることにしよう。

3.1　乳児期の知覚の発達

　知覚とは，周囲の刺激から感覚器官を通して情報を得たものである。たとえば，目や耳や舌や鼻や皮膚にある感覚器官を通して情報を得た，いわゆる五感と呼ばれる**視覚**，**聴覚**，**味覚**，**嗅覚**，**皮膚感覚**などに代表されるものだ。近年の研究では，すでに胎児期からかなりの知覚機能が認められることが知られてきている。

　味覚・嗅覚　母親の母乳のしみこんだパッドに頭をふり向けることができたり，少量でもコーヒーのような苦味を嫌がり，砂糖水のような甘味を好むという結果などは，味覚，嗅覚が新生児期から発達していることを示している。

　聴覚　聴覚は，まだ研究資料は少ないものの，胎児期 8 カ月からその機能が認められるという。図 3.1 は，新生児に異なる音声を与えた時の吸啜反応を調べた結果である。d という音のあとに t という音を与えられた乳児と，d という音だけ与えられた乳児とでは，吸啜反応が異なっていることがわかる。この結果から，生後 1 〜 2 カ月ですでに音声を弁別できるといえるのである。

　視覚　乳児の視覚能力は，以前の考えよりかなり早期から発達しているようである。生後 4 日目で 30cm の距離から視力 0.04 を測定できたという研究もある。図 3.2 は，ファンツによる研究結果であるが，2 〜 6 カ月で人間的対象にもっとも関心を示していることは興味深い。また，模様に対して注視時間が長いことは，パターンの弁別ができることを意味している。その後の研究から，無地よりも輪郭がはっきりしているもの，パターンが複雑なもの，そして，形が整っているものに対して順に注意が引きつけられるようになることがわかっている。

　奥行き知覚　ギブソンの**視覚的断崖**装置による実験（第 2 章図 2.17 参照）では，6 カ月頃から断崖を恐れるようになることが示された。彼らによれば，その手がかりは奥行き知覚を司る運動視差であると推測されている。すなわち，6 カ月頃から奥行き知覚ができると考えられるのである。

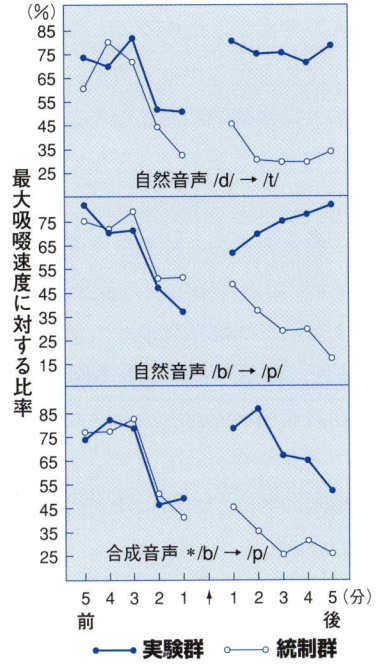

図 3.1　新音声を与えたときの乳児の吸啜反応の変化（Trehub & Rabinovitch, 1972）

1〜4 カ月の乳児を用いた結果である。吸啜反応で弁別能力を測定した。実験は全体で 10 分間とした。実験群に対しては，前半の 5 分である音声（たとえば /d/）を聞かせ，後半の 5 分では別の音声（たとえば /t/）に切り替えた。統制群に対しては，音の切替えを行わず，同じ音を 10 分間与えた。その結果，統制群は同じ刺激に対して吸乳反応は次第に弱まった（馴化）が，実験群は 5 分後の新しい刺激に対して吸啜速度がいちじるしく増加した。つまり，乳児は前後して与えられた 2 種の子音を明らかに弁別したといえる。

＊談話合成器（speech synthesizer）によって人工的に合成された音声。

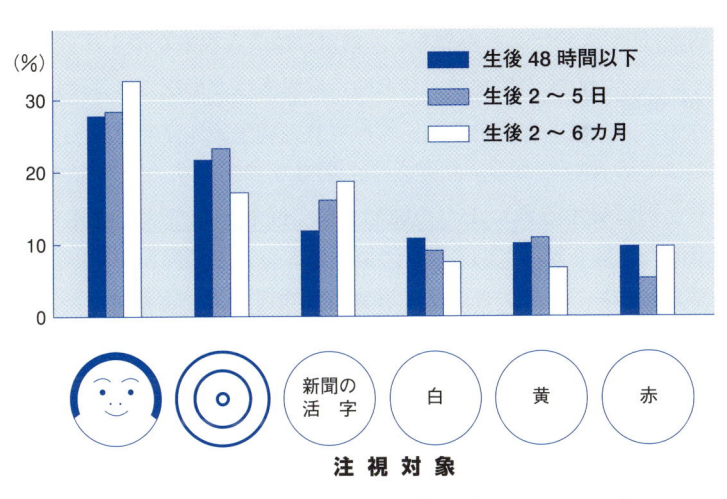

図 3.2　図形パターンに対する乳児の好み（Fantz, 1961）

3.2 幼児期の知覚の発達

相貌的知覚　幼児は自分の世界と他人の世界を区別することができないために，主観的で感情的な見方をしがちである。このような主客未分化な知覚の特徴を，ウェルナーは**相貌的知覚**と呼んだ。この特徴は，たとえば，割れたビスケットに対して「ビスケットかわいそう」などと発話することにみられる。

部分と全体の未統合　図形を記憶する教示を与えた時の眼球運動を測定器（アイカメラ）で記録すると，3歳児では輪郭をとらえようとしていないのに対し，6歳児では輪郭を追って全体をとらえようとすることがわかる（図 3.3）。また，図 3.4 に示される図形を 4〜9 歳の幼児童に提示したところ，8〜9 歳の子どもは，たとえば，(2) の絵を「果物でできた人間」と答えるが，4 歳では，「リンゴ，ブドウ，ナシ」か「人間」のどちらかだけ答える傾向にある。これらは，部分と全体が未統合な幼児期の知覚の特徴を示している。

共感覚　音を聞くと匂いがする，といった現象を**共感覚**と呼ぶが，別の感覚器官の知覚が生じるのは，**感覚モダリティ**（感覚印象の差によって分類された感覚，視覚，聴覚，嗅覚，味覚，温覚，冷覚，圧覚，痛覚）間が未分化なためである。幼児にはこの現象が多くみられる。

方位知覚　方位の知覚は，幼児期には成人ほど形成されてはいない。絵本をさかさまに読んだり，絵や字をさかさまに書いたりするのはそのせいである。たとえば，図 3.5 にあるような 8 つの図形の中から，別に提示された 1 つの図形と同じ図形を探させた研究では，方位の混同の程度を調べている。その結果は，上下の混同は少ないが左右の混同が多いこと，方位知覚は 7〜8 歳頃に完成することを示した。

大きさの知覚　大小や長短を区別する力は，1 歳頃からみられるようになる。田中ビネー式知能検査の課題（大小の円を用いた大きさの比較判断課題）では，2 歳で半数以上の子どもが，3 歳を過ぎるとほとんどの子どもが正解する。

恒常性　物体が近くにあろうと遠くにあろうと，同一のものであれば同一に知覚する傾向のことを，知覚の**恒常性**と呼ぶ。大きさ

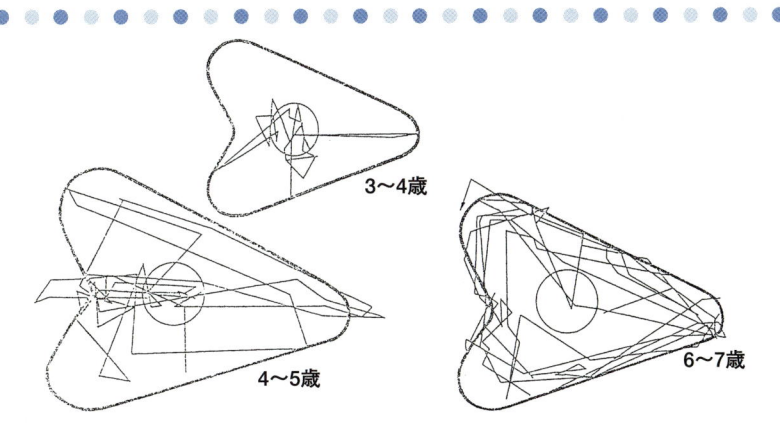

図 3.3　視覚的な形を走査している時の，眼球運動のパターンの年齢変化
（Zaporozhets, 1965）

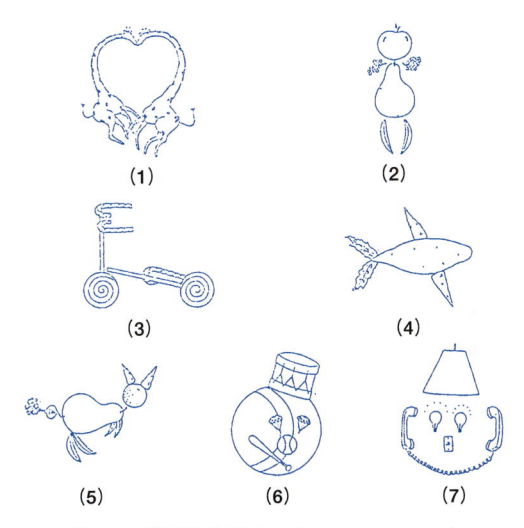

図 3.4　絵画統合テスト　（Elkind et al., 1964）

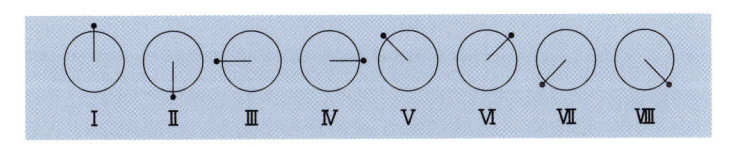

図 3.5　方位知覚実験に用いられる図形のセット　（勝井，1971）

の恒常性は，2歳児でもかなり獲得されている。形，色，明るさの恒常性の獲得は，幼児期を過ぎてからである。

3.3 物の永続性と記憶の発達

過去に経験したことを必要に応じて想起する機能を，記憶という。記憶の過程は，**記銘**（覚える段階），**保持**（記銘内容を保つ段階），**想起**（再認や再生などにより思い出す段階）に分けられている。情報処理モデルでは，符号化，貯蔵，検索と呼ばれる過程である。

再　認　再生が行われるためには，そこに存在しないことに対してイメージや言葉を用いる必要がある。したがって，それらを使いこなせない乳児にとってはほとんど**再認的記憶**ということになる。

慣　れ　**慣れ**（habituation）の現象は，見たものを記憶していると解釈することができる。同じ物に対しての注視時間と，異なる物を与えた時の注視時間を比較することで慣れを測定することができるが，2カ月頃からそれはすでにみられるという。

対象の永続性　生後6カ月頃までの乳児には，物体が視野から消えても，それを探そうともしない様子が観察される。これは，**対象の永続性**（知覚の場に存在しなくても対象は存在し続けるという信念）が形成されていないからと考えられる（図3.6）。対象の永続性はやがて日常経験とともに形成される（表3.1）。イナイ・イナイ・バーを喜ぶ乳児は，対象の永続性が成立しているからともいえる。

再　生　生後半年頃から，再生もできるようになる。母親がいなくなった時に後追いしたりすることなどは，そこにないものを想起できるという意味で再生的記憶の現れである。乳児期同様まだ再認が中心ではあるものの，幼児期には言葉が発達するにしたがい**再生的記憶**も発達させているのである。

記憶方略　効率的に記憶するため，大人になると，記憶しようとする事象を自発的に繰り返したりするが，5歳児ではこのような**リハーサル**を行えないし，たとえ訓練しても記憶が長続きしない。幼児がリハーサルなどの記憶方略をうまく使えないのは，脳が未発達であると

1. 物が隠れている左の
カップを見ている。

2. それを取り出すこと
ができる。

3. また物が隠れている
左のカップを見ている。

4. また，それを取り出
すことができる。

5. 今度は物が隠れてい
る右のカップを見てい
る。

6. 左のカップを探して，
空っぽなので驚く。

図 3.6　6カ月までの乳児は隠れている物はいつも同じ所にあると思っている
（バウアー，1979）

表 3.1　対象概念の発達段階（バウアー，1979）

段階	年齢* （月）	成　功	失　敗
Ⅰ	0〜2	物を隠しても反応として特別な行動はみられない。	
Ⅱ	2〜4	物が動いてスクリーンの後ろにはいっていくのを追跡。場所から場所へと物を追跡することを学習できる。	動いていく物を停止してからも追跡しつづける。物が新しい場所へ動いているのを見てもその物を前に見ていた場所で捜す。
Ⅲ	4〜6	もはや第Ⅱ段階の追跡の誤りをおかさない。一部分が布で覆われた物を見つける。	布で完全に覆われてしまった物を見つけることができない。
Ⅳ	6〜12	布の下に完全に隠された物を見つけることができるようになる。	物が隠された場所を見ていたにもかかわらず以前に見つけたことのある場所を捜す。
Ⅴ	12〜15	もはや第Ⅳ段階の場所の誤りをおかさない。	見えないところでなされた物の置換えに対処できない。
Ⅵ	15〜18	完全に成功——物がどこにどのように隠されようと見つけることができる。	

＊これらの年齢はおおよそであり，かなりの個人差がみられるようである。

いうよりむしろ脳の機能を使いこなす手段（メタ記憶）が未熟なためと考えられている。したがって幼児の記憶はほとんどが無意図的，偶発的記憶といえる。

3.4 概念の発達

カテゴリー化　幼児がお弁当の時間に弁当箱と箸の両方を用意できたり，男の子と女の子のグループに分かれたりすることができることは，何らかの基準をもとに，分類する力が形成されているからである。**概念**は，このように何らかの基準に基づいて**カテゴリー化**（範疇化）し抽象化することによって形成される。概念形成は，情報処理上効率的な過程である。たとえば，初めて出会う犬であっても，それまでに見たことのある犬の基準をもとに犬と判断できるからである。前述した対象の永続性が形成されることは，同じ物体であると判断する基準を形成したということであり，その種の研究からは，生後9カ月頃からカテゴリー化が始まるといわれている。

分類行動　分類行動はカテゴリー化の指標でもある。スターキーは，たとえば，色，形，手触りの異なる物をいくつか幼児に提示し，分類する様子を観察した。彼の研究結果は，12カ月児でも何らかのまとまりによって分類できること，不完全ながらも自発的な分類行動が6カ月〜9カ月頃からみられることを示していた。

分類行動の基準は発達的に異なる。たとえば，ピアジェは，バラの分類の発達を検討している（図3.7）。彼によれば，バラと他の花を分けることができるようになるのは5〜7歳くらいであるという。そして，バラを赤いバラと他の色のバラとを分けることができるようになるのは，7歳以降である。さらに，具体的事物が目の前になく，抽象的判断もできるようになるのは，児童期以降であるという。

幼児が特定の特徴を基準にできないために概念形成が未熟とは言い切れない。近年の研究では，実際の概念はそれほど特定の特徴を基準としているわけでなく，もっと曖昧なこともあることが指摘されてきている。ネルソンは，図3.8のテスト用図形が医者と警官のどちらに属するかを課題に

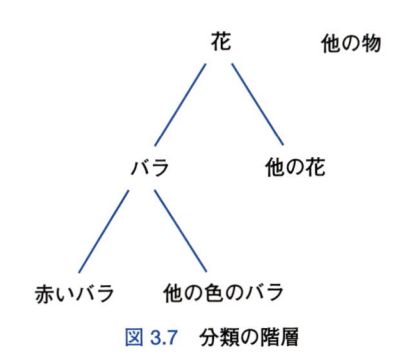

```
        花        他の物
       /  \
     バラ    他の花
    /    \
  赤いバラ  他の色のバラ
```

図 3.7　分類の階層

学習用図形

医　　者　　　　　　　　　警　官

テスト用図形

図 3.8　実験に用いられた顔図形（Nelson, 1984）

した。年長児や成人は，図形の鼻の形に注目して，上の顔を医者，下の顔を警官と分類することができる。注目する基準が異なるものの，年少幼児でも髪型，耳の大きさ，髭の形から全体の「らしさ」に注目して，上の顔を警官，下の顔を医者と分類することができるのである。

3.5 知能の発達

知能 知能を表示するのによく用いられるのは**精神年齢**である。そして，**生活年齢**との比によって**知能指数**や**知能偏差値**として数的に表示することができる(**表3.2**)。この精神年齢を測定するのに，これまで数々の測定法の開発とそれに基づく研究が繰り返されてきた。知能は，かつては変動しない能力と仮定されたこともあったが，これまでの研究は，さまざまな要因によって変動することを示している。ウェクスラーの定義「知能とは，目的的に行動し，合理的に思考し，環境を効果的に処理する総合的，あるいは全体的能力」は広く受け容れられているところであるが，一般的には，適応する能力，抽象する能力，判断する能力と考えてよいだろう。

知能の構造 知能がどのような要因からなっているかについては，種々の議論がある。ヘッブは，生得的能力である**知能A**と経験や学習によって形成される**知能B**に分け，スピアマンは，共通一般因子(G)と特殊因子(s)の2因子説を唱え，サーストンらは，知覚，空間，数，言語，記憶，言語流暢性という7つの因子からなる多因子説を唱えるなどである。ギルフォードは因子分析により立方体モデルによって知能構造を示した(**図3.9**)。

知能検査 大きく分けて**集団検査**と**個別検査**がある。それぞれが長所・短所をもっているので，目的に応じて使用することが望まれる。乳幼児に用いられる代表的な個別検査としては，鈴木・ビネー式知能検査，田中・ビネー式知能検査，WPPSI知能検査，WISC-R知能検査，マッカーシー知能検査などがあげられる。

知能の発達 知能については，その生得性を仮定していたことから，双生児研究が数々行われたが，実証的データはむしろ家庭や

表 3.2　知能を測定する指標

精 神 年 齢……前もって各年齢別の問題群を設定しておき，生活年齢のいかんを問わず，合格した問題群の水準によって，精神年齢を決定するもので，知能検査の歴史とともに古くから使用されている。

知 能 指 数……次式によって求める。

$$\text{知能指数 (IQ)} = \frac{\text{精神年齢}}{\text{生活年齢}} \times 100$$

知能偏差値……次式によって算出する。

$$\text{知能偏差値 (SS)} = 10 \left(\frac{X - \bar{X}}{SD} \right) + 50$$

X：個人の得点
$\bar{X}$：集団の平均点
SD：集団の得点の標準偏差

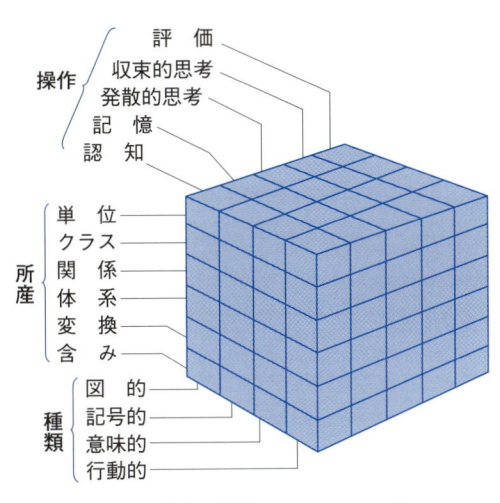

操作
- 評　価
- 収束的思考
- 発散的思考
- 記　憶
- 認　知

所産
- 単　位
- クラス
- 関　係
- 体　系
- 変　換
- 含　み

種類
- 図　的
- 記号的
- 意味的
- 行動的

図 3.9　知能の構造　(Guilford, 1967)

社会などの環境の影響も示した。今日では，遺伝的要因と環境的要因が相互的に知能の発達に作用しあっていると考えられている。ここで特記すべきは，乳幼児期の極端な刺激剝奪や虐待が知能の発達を阻害し，逆に人を介した豊かな環境が知的発達を促したという証拠である。このことは，特に発達初期における人とのかかわりを含んだ環境的要因が知能の発達にとって重要であることを示している。

3.6　思考の発達

　ピアジェ（第 10 章 10.2 参照）は，現在もっている枠組み（シェマ）に外界を取り込み**同化**させる機能，現在もっている枠組みを外界に合わせて**調節**する機能，そしてそれらの交互作用としての**均衡化**を繰り返しながら思考は発達すると考えた。彼が区分した思考の発達段階は以下の通りである（表 3.3）。

[1]　**感覚運動的知能の段階**（誕生から 2 歳頃）：もっぱら感覚と運動によって外界とのかかわりをもつ段階。吸乳行動のように生まれつき備わっている**反射**（第 I 段階），足を蹴りあげるなどの単純な動作の繰返し・**第一次循環反応**（第 II 段階），足で物を蹴ったら物が動いたことに気づく・身体と環境とのかかわり・**第二次循環反応**（第 III 段階），タオルの下にある物を取ろうとタオルを払いのける・**目的―手段の関係づけによる行動**（第 IV 段階），タオルを払いのける別の手段をみつける・新しい手段の発見（第 V 段階），行動する前に結果を予期する様子がある・**洞察の現れ**（第 VI 段階），の六段階をへて外界とかかわる。

[2]　**前概念的思考の段階**（2 ～ 4 歳）：外界の対象を，**表象作用**を用いてとらえることができるようになる。言葉の獲得とともに**象徴的遊び**が増加する。推理行動はみられるが，この段階での推理は，演繹的推理でも機能的推理でもなく，「テレビね，生きてるの。音がするから」という発話からみられるような，特殊の事象から特殊の事象を導く**転導的推理**である。

[3]　**直観的思考の段階**（4 ～ 7 歳，8 歳）：言葉が使いこなせるようになり，概念化や分類行動などが発達する。その段階の判断は，主観的で直感的であり論理性にはまだ欠けるものの，前段階より論理的思考の兆しが認めら

表3.3 ピアジェによる思考の発達段階

			（年齢）	
感覚運動的知能期	第Ⅰ段階		1カ月	新生児期
	第Ⅱ段階		4カ月	乳児期
	第Ⅲ段階		8カ月	
	第Ⅳ段階		1歳	
	第Ⅴ段階		1歳6カ月	
	第Ⅵ段階		2歳	
表象的思考期	前操作期 （自己中心的思考期）	前概念的思考段階	4歳	幼児期
		直観的思考段階	6歳 7歳	
	操作期	具体的操作期	12歳	児童期
		形式的操作期		青年期

れる。太さの違う容器に入った同量の水も，水面の高さが異なるために量が異なると判断したりする (図 3.10)。

[4] **具体的操作の段階**(7, 8 歳～11, 12 歳)：具体的な事象や経験に基づいて論理的操作をすることができる。A＞BかつB＞CならばA＞Cという**推移律**も，大きさや長さなど具体的な事象からは理解できるようになる。

[5] **形式的操作の段階**(11, 12 歳～青年)：仮説演繹的に，抽象的な事象などに基づいて論理的操作ができる。

3.7　幼児の抽象機能の発達

　前節で紹介した思考の発達は，抽象機能の発達とも言い換えられる。本節ではいくつかの抽象的概念の発達にふれてみよう。

空間概念　知覚を通して形成される概念であるから知覚の発達と密接である。視野や行動の範囲によるところが大きいので，乳幼児期の空間概念はそれほどしっかりしているとは考えにくい。部分と全体が未統合なので，位置関係の把握も未熟である (図 3.11)。

時間概念　現在・過去・未来について，「きょう・きのう・あした」という言葉の現れから推測すると，2～3歳頃からおおよそ理解していると思われる。時間概念は，その抽象度から空間概念より曖昧であると考えられるが，生活のリズムと関係が深く，日常の経験の積み重ねにその発達が期待できる。

数の概念　生後2年もたてば，1つや2つの数の判断はできる。しかし，数の概念というよりむしろ**量の概念**としてとらえられていると考えられる。3が1より大きいとか5より10が大きいなどという順系列の理解ができるようになるのも3歳頃からである。幼児期には，同じ数の白黒の碁石の数を同じ間隔で並べておいたものを目の前で動かしてしまうと，違う数になったと答える子どもが多い (図 3.12)。幼児期はむしろ，具体物を通して数の具体的特質を学ぶ時期である。

量の概念　同じ重さの粘土を幼児の目の前で，一方はソーセージ状，他方は球形に変形する時，それらが同じ量だとはまず答え

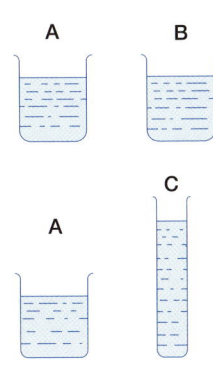

幼児にA，B2つのコップの水量が等しいことを確認させる。

幼児の見ている前でBのコップの水を背の高い細いCのコップに移しかえて，AとCは「どちらが多いか，同じか」を問う。

図 3.10　量の保存問題

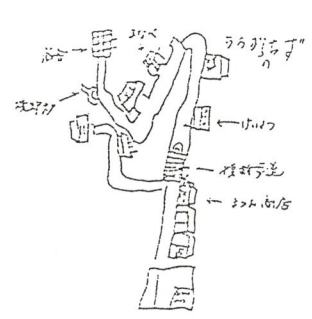

（a）H児が5歳4カ月に描いた地図　（b）H児が7歳2カ月に描いた地図

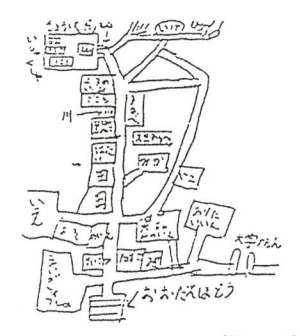

図 3.11　生活空間の認知地図　（田崎ら，1978）

られない。これも外面にとらわれる幼児の心性の現れである。体積の概念にも同様のことがいえる。

ふり遊び　ふり遊びは，実際に存在する対象をそうでないものにみたてる抽象機能の現れを示す。物質ばかりでなく，人間，時には自らを現実とは異なるものにたとえて遊ぶことができる。また，現実と虚構を単に混同しているかにもみえる空想も，意図的な虚言とは異なる。むしろ，願望や欲求を空想の中で実現することによって満足を得ることで情緒的に安定したり，繰返し経験することが自己中心性から脱することにつながったりしている，と考えられる点で，抽象機能の発達にとって大切なプロセスである。

3.8　乳幼児の特徴

自己中心性　乳幼児の知覚の発達の節でふれたように，乳幼児は自分の世界と他人の世界を区別できないために，自分以外の立場に立つことができない。「三つ山課題」（図3.13）と呼ばれる模型の周囲を歩いていろんな角度から見せた後，Aの場所にいる幼児にいろいろな角度からの見えが描かれた絵の中から，Bの場所にいる実験者が見ている景色を選ばせると，幼児がAの場所から見た絵を選ぶのである。ピアジェが名づけた自己中心性という言葉は，幼児の特徴を表す言葉としてよく用いられる（第1章1.3.2参照）。

アニミズム　石や机などにも命があると考えるなど，客観的なことを主観視する傾向のことをいう。相貌的知覚が生じるのもこの特徴から理解できる。

実念論　主観的なことを客観視しようとすることで，イメージした事象，夢の中にでてきた架空の物も，実際に存在すると考える傾向を指す。

人工論　山は人が物を積んでできたとか，川は人が掘って水を流している，というように自然界のすべてを人がつくったと信じる傾向を指す。

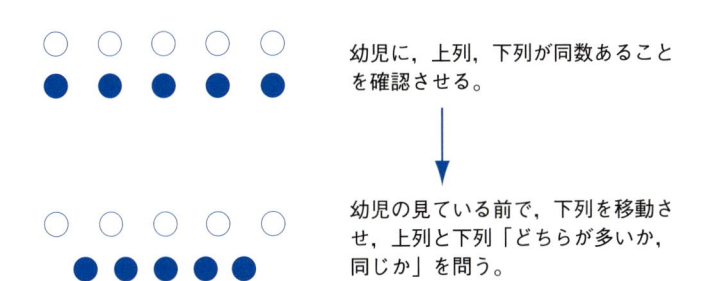

幼児に，上列，下列が同数あることを確認させる。

幼児の見ている前で，下列を移動させ，上列と下列「どちらが多いか，同じか」を問う。

図 3.12　数の保存問題

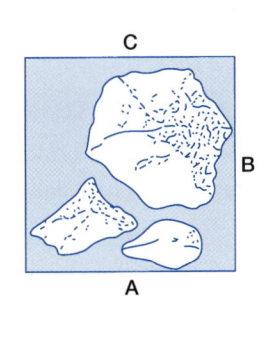

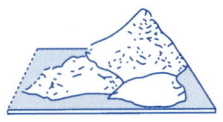

図 3.13　三つ山課題の立体模型　(Piaget & Inhelder, 1956)

フェノメニズムと知的リアリズム　たとえば，甘いジュースのように見えるが実際には絵の具を溶かした液のように，見かけと現実が異なる課題を提示された時の幼児の反応は特徴的である。現実を知っているにもかかわらず見かけに惑わされる傾向は**フェノメニズム**と呼ばれ 3 歳頃に多くみられる。また，現実に惑わされるために見かけについて正しく反応できない傾向は**知的リアリズム**と呼ばれ，4 〜 5 歳に多くなる（**図 3.14**）。机の足を放射状に出して 4 本とも描こうとする幼児の絵は知的リアリズムの一つである。これらは，2 つ以上の事象を同時に表象できない幼児の特徴と考えられる。

心 の 理 論　他者の知識などを推測することができることは，「心の理論」をもっているからと考えることができる。この立場では，ふり遊びにみられるように自分と他者を区別できる芽生えの段階から，他者の知識などの内容を正しく推測できる段階をへて，ほぼ幼児期に形成されると考えられている。**図 3.15** の男児は他者の知識と自分の知識をまだ区別できないために正しく推測していない例である。

3.9　学習 その1

「経験の結果，行動が比較的持続的な変容をとげること」を**学習**という。日常的な言葉として用いられる，いわゆる勉強だけでなく，人のさまざまな行動が学習される。人の発達に経験の積み重ねが大きく関与していることは，人の発達について考える時に学習が重要であることを意味している。これまでの節でふれてきた知覚や記憶など，精神機能にかかわるものの発達にも学習との関係を切り離すことはできない。

学習のもっとも基本的な形は，条件づけと呼ばれ，外界からの刺激と個体の反応の連合によって新しい行動が獲得される過程である。この節では条件づけに関して紹介しよう。

古典的条件づけ　パブロフによる古典的条件づけ（**レスポンデント条件づけ**）の研究はあまりにも有名である。彼は，犬に餌を与える前にベルを鳴らすということを何度か繰り返した結果，その犬がベルの音だけで唾液を分泌するという新しい行動の学習過程を発見した

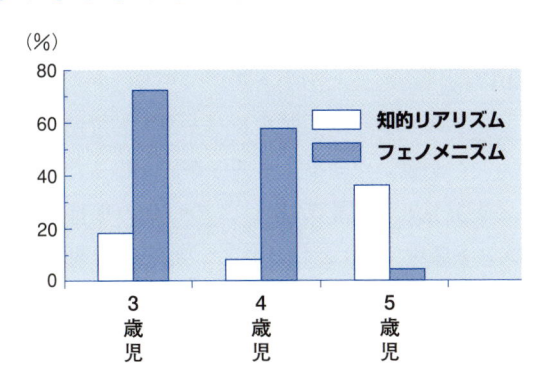

図 3.14　知的リアリズムとフェノメニズム（城谷，1989）

図 3.15　スマーティの箱の中の鉛筆（フリス，1991）
　　　　「スマーティ」とはお菓子の固有名詞。

(図 3.16)。梅干しを見ると唾液が分泌されるようになったり，新生児がある特定の対象に恐怖感を示したりするようになるのも古典的条件づけの例である (図 3.17)。

道具的条件づけ　スキナーは，偶然レバーを押して餌を得るという経験が続いた結果，ネズミが餌を得るためにレバーを押すようになることを発見した (図 3.18)。この行動の獲得過程は，道具的条件づけ (**オペラント条件づけ**) と呼ばれる。乳児が母親を呼ぶために泣いたり，音の鳴るおもちゃを自分で鳴らして遊び続けたりするのも，その例である。

強　化　古典的条件づけでは，**条件刺激**と**無条件刺激**を対提示することを指す。道具的条件づけでは，条件づけられる反応の後に，**報酬**や**罰**になる**強化因子**を与えることによって，その反応の生起を増加させることをいう。たとえば，幼児がお手伝いした後ほめることによってその行動は強化される。

消　去　強化されないで，条件づけられた行動の生起が弱まることを**消去**という。

般　化　条件づけられた反応が，条件刺激と類似した刺激に対しても生起するようになることを**般化**という。たとえば，ウサギに対して生じていた恐怖反応が，フサフサした対象や白い対象にも生じるようになることである (図 3.17)。

3.10　学習 その2

　学習の形成される過程についての理論は多々あるが，現在の学習理論の主流は，**刺激**と**反応**の連合に，ある**媒介**を仮定するものである。学習の過程に媒介を仮定することは，その媒介に教育可能性を見出せるという点で重要である。

　たとえば，ケンドラーは学習の関数として言語的な媒介を仮定している。彼は，ネズミや3〜4歳以下の幼児では**非逆転移行**が容易であり，年齢が増加するにしたがって**逆転移行**が容易になっていくという実験結果を示した。そして，年少児ほど刺激—反応の条件づけが単純であるのに対して，

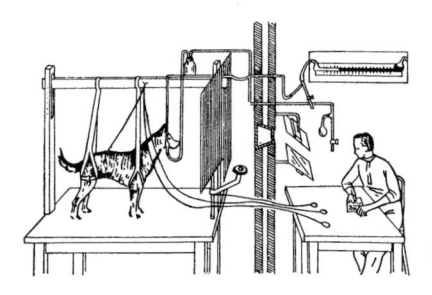

図 3.16　古典的条件づけの実験

(1) 最初は乳児は白ネズミ，白ウサギや毛皮，綿，毛髪，サンタクロースのお面には恐怖感はない。

(2) 白ネズミを見せると同時に大きな金属音を聞かせる。

(3) 白ネズミを見せると逃げまどい，白ウサギに対しても同様となる。

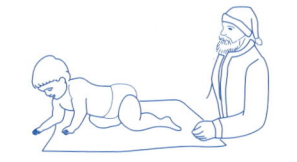

(4) さらに毛皮，サンタクロースのお面に対しても恐怖反応を示す。

図 3.17　乳児の恐怖条件づけ（ワトソンとレイナーによる；Munn, 1956）

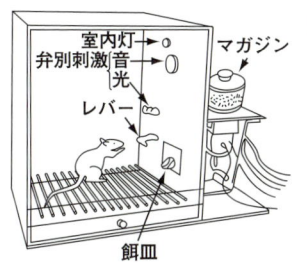

図 3.18　スキナーの考案したオペラント条件づけの装置（スキナー箱）

レバーを押し下げるとマガジンが作動して餌皿に食物（ペレット）が与えられる。被験体がハトの場合は，レバーの代わりに半透明のペッキング・パネルが壁にはめこまれていて，その裏側から照射される色光が弁別刺激として用いられることが多い。

3 認知発達と学習

年齢に伴って言語的媒介による手がかりの分析が高度になっていき，逆転移行が可能になっていくと考えたのである。その後の実験では学習の方法は被験者によって多少異なることが示されたが，学習における発達差を説明する理論として注目される（図 3.19）。

　バンデューラは，攻撃行動の多いビデオを見た後の幼児の攻撃行動が，そのビデオを見ない幼児の攻撃行動より多いというような実験結果から，直接に経験しなくても学習や消去が起こることを示した（図 3.20）。

　このような学習は，**観察学習**，**代理的学習**，**モデリング**，**社会的学習**と呼ばれている。実際，お手伝いをほめるなどのような直接強化をしなくても，他の子どもを観察することによってお手伝い行動は促進される。同様に，罰を受ける行動を観察することで，その行動は負に強化される。養育者の行動を模倣して学習することも日常的にみられる。この場合の学習は，モデルの行動を見ることによってその行動に対する知覚的表象が形成され，さらに言語的表象による媒介をへて形成されると考えられている。

　また，学習は，個体の意志と無関係に無意図的にばかり起こるわけでなく，発達とともにむしろ意図的に起こる。**外発的動機**によって，たとえばごほうびが欲しくて強化される行動もあれば，**内発的動機**によって，たとえば進歩したくて練習するため強化される行動もある。このように，学習の過程に心的過程を仮定した理論も多い。

参考文献

バウアー，T.G.R. 岡本夏木ほか（訳）（1979）．乳児の世界――認識の発生・その科学――　ミネルヴァ書房

バウアー，T.G.R. 鯨岡　峻（訳）（1982）．ヒューマン・ディベロプメント――人間であること・人間になること――　ミネルヴァ書房

藤永　保・高野清純（編）（1975）．幼児心理学講座 1　発達と学習　日本文化科学社

藤永　保・高野清純（編）（1975）．幼児心理学講座 2　認知の発達　日本文化科学社

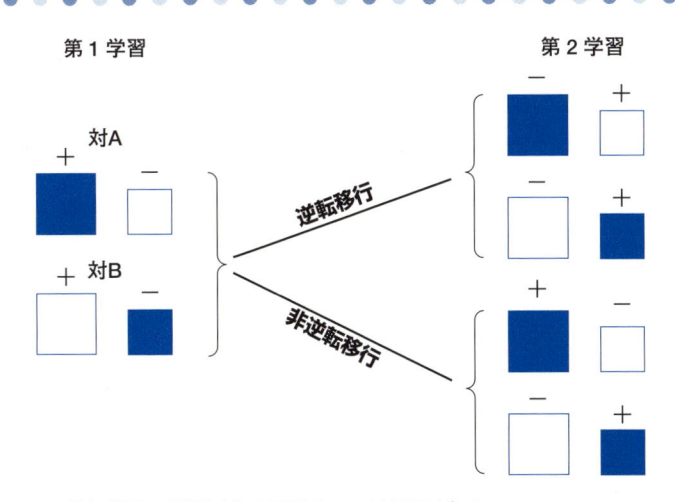

図 3.19　移行学習の種類（＋は正反応，－は誤反応）（Kendler & Kendler, 1962）
逆転移行とは，第1学習と第2学習で正刺激と負刺激が同一次元内で変化する移行である。図の場合，第1学習では「大」が正で，第2学習では「小」が正になっている。非逆転移行は，第1学習で「大」が正であるのに第2学習では「青」が正であるような移行のことである。

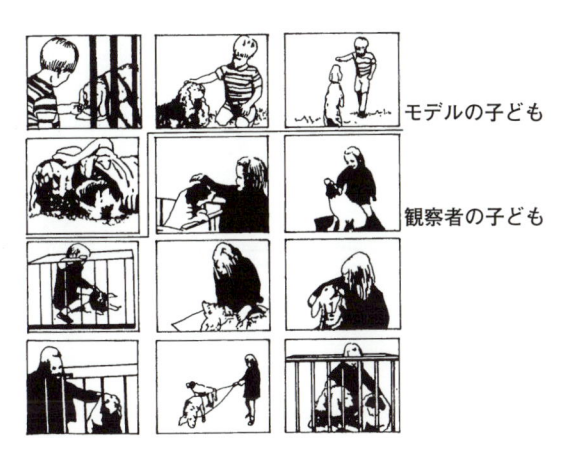

図 3.20　観察によるイヌ恐怖の消去の事例（Bandura & Menlove, 1968）
イヌと遊べる仲間（モデル）の様子を見ただけでも，イヌ嫌いな子どももイヌに近づくことができるようになる。

3 認知発達と学習

ハント，J.McV. 波多野誼余夫（監訳）（1976）．乳幼児の知的発達と教育　金子書房
無藤　隆（1992）．子どもの生活における発達と学習　ミネルヴァ書房
園原太郎（1980）．認知の発達　培風館
高野清純・深谷和子(編)（1981）．乳幼児心理学を学ぶ　有斐閣

言語発達 4

　言葉の発達は乳児期から幼児期にかけてもっともめざましいものの一つである。本章では初めにその言語発達がどのような道筋をへていくものなのかを取りあげる。言語にはさまざまな面があるが，ここでは文法の獲得が中心となっている。さらに後半では言語獲得の理論について取りあげる。どのように子どもが短期間に言語を修得するのかということはいまだに大きな謎なのであるが，学習理論と生得理論という対照的な2つの理論を対比することにより，言語発達だけではなく発達全体に関する2つの大きな考え方を理解してもらいたい。

4.1 言語発達の道筋

　英語で乳児のことを「infant」というが，この言葉のもとの意味は「話せないもの」である。確かに生後1年をへるまでは，大多数の乳児は一つの単語を満足に発することもできない。にもかかわらず，それから数年もしないうちに，その文化での言葉のしくみをかなり修得し，大人に対して生意気な口をきくようにさえなるのである。これは言語というものが，複雑で抽象的なシステムであるということを考えると驚くべきことといわざるを得ない。言葉の修得というものがいかに困難なものかは，外国語を学んだことのあるものならわざわざ説明する必要もないことである。しかし，どんなに外国語の苦手な人であっても，母国語は簡単に修得したことを思い出せば，乳幼児が言葉を修得していく過程は，言葉に関心をもつ者にとって興味深いものといえるであろう。

■4.1.1　最初の1年

　生まれてから最初の数週間は，新生児が発する音といえば，泣いたり，ぐずったり，咳をしたりする際に出る音であり，これらは空腹，痛みや何らかの不快なことによって引き起こされる反射的なものである。これらの音に言葉特有の特徴を認めることはできない。新生児が言葉に似たような音を出せない主な理由は，新生児の声道の形態と構造に求めることができる（図4.1）。新生児の声道は，どちらかといえば人間の大人のものよりチンパンジーのものに似ていて，喉頭が喉の中の比較的高い位置にあり，舌が口腔内を垂直に塞いでいる。そのため，新生児の口腔は非常に小さく，あまり調整ができず，さまざまな音を出せないのである。しかし，このような構造は母乳を飲むのに非常に適しているのである。新生児の舌や喉頭や喉頭蓋の形態は鼻だけで呼吸するのに適し，喉頭蓋は口から摂取した母乳が気道に入ってこないようになっている。つまり，新生児は栄養を摂取するということを優先し，発声するということは後回しにしているのである。

　一方，新生児の音を聞き分ける能力はきわめて高いことが知られている。エイマスら（1971）は，馴化法という実験手続きによって［pa］と［ba］

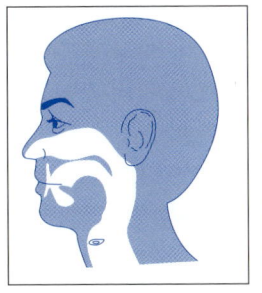

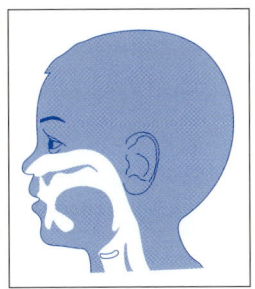

図 4.1　大人と乳児の声道の比較
左図は大人の典型的な声道を示している。大人の口腔はより大きく，その形や大きさは舌の周辺が動くことによりかなり大きく変化させることができる。
右図は新生児の典型的な声道を示している。新生児の口腔は，舌によって大きな空間を占められ，喉頭の位置が喉の高いところにあるために狭いものとなっている。声道はほとんど変化することができず，さまざまな音声を出すことができない。

表 4.1　言語発達の道筋（レネバーグ，1977より作成）

経過時間	発声と言語
12 週	8週間時点よりも泣くことが顕著に少なくなる。周囲から話しかけられたり，うなずかれたりすると，ほほえみ，通常喉音と呼ばれる喉を鳴らすような音を発する。これは母音に類似し，高さを変化させることができ，15から20秒間持続する。
16 週	人間の音声に明確に反応する。声の方に顔を向け，目は，話し手を探し求めるように見受けられる。時に，くすくす笑うような声を発する。
20 週	母音のような喉音の間に，より子音に近い音が混じり始める。口唇摩擦音，摩擦音，および鼻音が多く発せられる。音響学的には，すべての音は周囲の成人の言語とはまったく異なっている。
6 カ月	喉音は1音節の喃語に近い音に変わる。母音も子音も，まったく同じ音を反復することはできない。通常発せられる大部分の音は，ma, mu, da, di に幾分類似している。

→79ページに続く

の音を生後1カ月の新生児が区別できることを見出している（図 4.2）。この結果をもとに，エイマスらは，新生児は言語音のある種の聴音上の特性に反応する特別な特徴検出器をもって生まれてくるのではないかと推測している。このような言語音を聞き分ける能力が初めからあるからこそ，その後のすばやい言語発達が可能になるのであろう。

　生後6週目頃から，［ooo（オーオーオー）］といった音を，おむつを変えるとか入浴時の母親の話しかけに対して発するようになる。これは言葉を伴わない会話ともいえるものであり，このような母と子のやりとりが後の発話の獲得の基礎となると考える研究者もいる。

　4カ月目頃になると，乳児の声道は言葉を発するのに適した形態に成熟し，言葉に似たさまざまな音を発することができるようになる。しかし，このような言語に適した形態への成熟は，呼吸や食べ物を飲み込んだり噛んだりする機能を犠牲にして行われるのである。食べ物を喉に詰まらせて窒息死するということは他の動物とは異なり，人間にとって珍しいことではないが，これは人間が言葉を発するために払わなくてはいけない代償なのである。この時期は発声の仕方を練習しているかのように，一時に1つあるいは2つの音を繰返し発するということがしばしばみられる。またこの時期は，大多数の両親にとってやっと自分の子どもが言葉を発するようになったと感じることができるようになる時期でもある。

　そして，6カ月頃になると言葉に似たひと続きの音を発するようになる。典型的なものとしては，［dadada］や［mamama］などがあるが，このような発声を**喃語**（babbling）と呼ぶ。抑揚なども母国語のそれに似たものとなるが，喃語自体には意味を含んでいるわけではない。喃語に含まれる音は，その母国語にかかわらず，非常に似ている。つまり，日本の乳児でも，アメリカの乳児でも，同じような喃語を発するのである。

　以前は，乳児はめちゃくちゃな仕方でありとあらゆる音を出しているに過ぎないと考えられてきたが，最近の研究は，喃語に含まれる音は比較的少数の，発達初期によく発する音からなっており，決してランダムに音を出しているのではないことを示している。また，以前は喃語は言葉をしゃべり始めるとともに，発せられなくなるといわれていたが，そのようなこ

表 4.1　言語発達の道筋（続き）（レネバーグ，1977より作成）

経過時間	発声と言語
8カ月	重複（またはより継続的な繰返し）がひんぱんとなる。イントネーションパターンが明確になり，発声は強調や情緒を表すことができる。
10カ月	発声行動と，うがいやシャボン玉吹きのようにして音を出すなどの音遊びとが入り混じっている。周囲の人々の音声を真似ようとしているように見受けられるが，成功しない。周囲から発せられた単語に応じて異なった反応を行い，それらを区別し始める。
12カ月	同音の連続が他の発話に比べより多く繰り返され，単語（mamma, dadda など）が出現する。若干の単語および単純な命令（オメメ見せてごらん，など）を理解しているきざしが明確に認められる。
18カ月	3以上50以下の単語のレパートリーをもつ。喃語を発するが，複雑なイントネーションパターンが見られ数音節から成る。しかし，情報を伝達する試みは見られず，理解されない場合にも欲求不満には陥らない。発せられる単語には "Thank you" や "Come here" などが含まれるが，語を組み合わせて自発的な2語句を形成する能力はほとんど認められない。理解は急速に進歩する。
24カ月	50項目以上の語彙をもつ（環境内のすべてのものの名称を言うことができる幼児もいるようである）単語を自発的に組み合わせて，2語句を作り始める。すべての句は，幼児自身の創造したもののように見受けられる。伝達行動，および言語への関心が明らかに増す。
30カ月	語彙の増加がきわめて著しく，月ごとに多くの新しい語が加わる。喃語はまったく見られない。発話には，伝達の意志が認められ，成人に理解されない場合には欲求不満が生じる。発話は少なくとも2語で構成され，多くは3語，5語になることもある。文および句は，特徴的な幼児文法をもち，成人の発話の逐語的な模倣であることはまれである。しかし，幼児により大きな個人差はあるが，いずれもあまりよく了解はできない。幼児に向かって言われた言葉は，すべて理解しているようである。

とはなく，場合によっては 18 カ月までも喃語がみられるということさえあることを最近の研究は示している。

■ 4.1.2 初発単語

12 カ月頃，つまり最初の誕生日を迎える頃になると，子どもは最初の単語を発するようになる。この時期は，たとえば「ママ」とか「ワンワン」などのように一度に 1 つの単語を発するだけなので，**一語文期**と呼ばれる。いったいこの時期の子どもはどのような単語を発するのであろうか。

ネルソン（1973）は，18 人の子どもが最初に獲得した 50 語について報告している。ネルソンは語彙全体を一般名詞，特殊名詞，行為語，修飾語，個人—社会語の 6 種類に分類した。もっとも語彙数の多いのは，一般名詞（51 %）であり，「ボール」「ジュース」「くつ」などである。次に多いのは特殊名詞（14 %）であり，「ママ」「パパ」やペットの名前などである。つまり名詞だけで全体の 65 %を占めているのである。それではどのような名詞が初期に獲得されるのであろうか。当然，子どもの身の周りにあるものに関する単語であるが，身近にあるというだけでは不十分なようである。「くつ」や「ソックス」は獲得されやすい語であるのに対し，「おむつ」や「セーター」は最初の 50 語に含まれていないのである。また，「とけい」や「かぎ」は獲得されやすいのに対し，「つくえ」や「まど」は獲得されにくいのである。つまり，もっとも初期に獲得される語は，子ども自身が働きかけることができるものであり，ただそこにあるだけのものではないということである。

この時期の子どもは，たった 1 つの単語だけで，自分の言いたいことを言っているのだと普通考えられ，そのため一語文期の発話は**一語文発話**（holophrastic speech）と呼ばれる。「ママ，これちょうだい」「ママがいっちゃった」「ママ，どこにいるの？」という文を，「ママ」という 1 語で表現しているというのである。しかし，この段階で子どもが何を言おうとしているかを判断するのは困難であるので，この結論については慎重でなければいけない。しかし，子どもが何を言いたいのかということははっきりしないとしても，大人はあたかも子どもが 1 つの文を言おうとしてい

コラム 馴化（habituation）法

馴化法は新生児，乳児を対象にした心理学的研究において非常に広く使われている研究法である。音の知覚の実験にそって説明しよう。まず新生児にヘッドフォンあるいはスピーカーによって繰返し同じ音を聞かせ，その時の心拍の打ち方などの新生児の反応を調べる。新生児がその音に馴化する，つまりなれるにしたがって心拍数は低下してくる。馴化した状態になったら，第2の音を聞かせる。もし新生児が初めの音と第2の音の違いに気づくことができるなら，定位反射によって心拍数が増加することになる。もし違いに気づかないなら心拍数は変わらないというわけである。

なお新生児の反応として心拍を調べると決まっているわけではなく，エイマスの実験では特殊な乳首を作り，それを吸う速さを指標として使っている（第2章**図 2.12** 参照）。

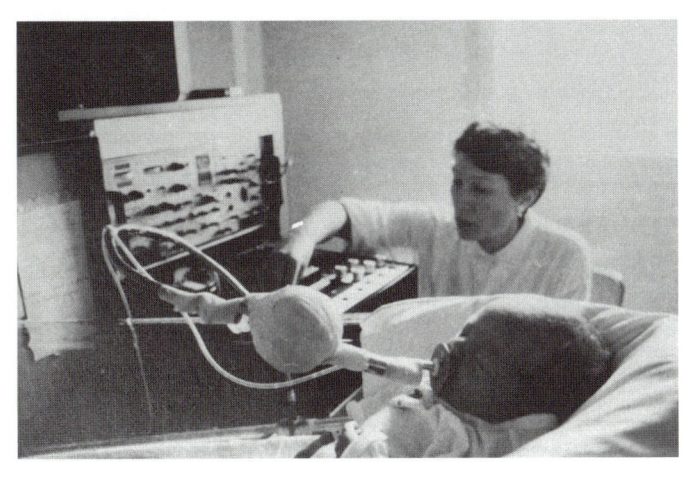

図 4.2　エイマスらの実験の様子（Eimas et al., 1971 ; Crystal, 1987）
1カ月児が特別製の乳首を吸っている。吸う速さが一定になったら，音を聞かせる。吸う速さは上昇してくるが，何度も聞かせるうちに速さは低下してくる。そこに新しい音を聞かせる。前の音と区別できたなら吸う速さは突然上昇するが，区別できなければ低下したままである。

ると解釈する傾向があるのはまちがいない。それゆえ，子どもが「ブーブー」と言うと，大人は，「ブーブーがほしいのね」などと反応するのである。

また，この時期の子どもは1つの単語を大人が指す以上のさまざまなものを指すのに使用するという語の使用の過大拡張をしばしば行う（表4.2，図4.3）。たとえば，「ワンワン」という単語を，犬だけではなく，猫や牛や馬に対しても用いるのである。逆に，「ブーブー」ということばを自分の家の車にしか用いないなどというような過小限定もみられる。

■ 4.1.3　文法の発生

18カ月頃から，子どもは一度に2つの単語を言うようになる。たとえば，「くつ，はく」とか，「ママ，いない」などである。したがってこの時期は二語文期と呼ばれる。また，この時期の発話は，電報の際に用いられるような非常に圧縮された言い方をするので，電文体発話（telegraphic speech）と呼ばれる。なぜ子どもがこのような段階をへるのかはあまりわかってはいない。子どもの発話の長さが2語となることにより，文法の発達というものを検討できるようになる。文法とは，言葉をどう組み合わせればよいのかということに関する規則といえるからである。

二語文期の文法に関して，もっとも初期の理論は軸―開放文法（pivot-open grammar）である。この理論は，この時期の子どもが使用する単語を分析すると2つのクラスに分けられるということに基礎を置くもので，一つは軸クラスと呼ばれる用いられる頻度の高い少数の単語からなり，もう一つは開放クラスと呼ばれる用いられる頻度の低い数多くの単語からなるものである。軸クラスの単語はたいていの場合開放クラスの単語と組み合わされて使用され，決して単独で用いられることはないし，軸クラス同士で組み合わされて使用されることもない。それに対して開放クラスの単語は単独で現れることも，開放クラス同士で組み合わされて使用することもできる。また，軸クラスの単語は最初に現れるものは常に最初に現れ，2番目に現れるものは常に2番目に現れる。以上のことは図4.4に示されている。表4.3には，ブレイン（1963）の研究に基づく軸―開放語の例が示されている。

表 4.2 過大拡張の例 (de Villiers & de Villiers, 1979)

子どもの発話	初めの指示対象	その後の対象	推定される共通性
とり	すずめ	牛，犬，猫，動く動物	動く
ムーイ	月	ケーキ，窓の丸いマーク，革に押された型，本のカバー	形
はえ	はえ	泥の粒，ほこり，自分の足の指，パンの切れ端，小さなカエル	大きさ
ココ	雄鶏の鳴き声	バイオリン，ピアノの音，すべての音楽，メリーゴーランド	音
ワウワウ	犬	すべての動物，おもちゃの犬，柔らかいスリッパ，毛皮を着た老人の絵	手触り

図 4.3　犬を「ワンワン」と教えられた子どもが，猫やねずみにもワンワンという語を使っている（Clarke-Stewart et al., 1985）

P＋O
O＋P
O＋O
O

図 4.4　軸－開放文法（pivot-open grammar）

この文法によれば，子どもが初期に使用する単語は，軸（P）クラスと開放（O）クラスに分類され，各クラスは上図にあるような組合せの規則をもっている。Pが単独で用いられたり，P＋Pという組合せは存在しない。

4 言語発達

しかし，軸―開放文法は二語文期の文法の説明の出発点として意義深いものの，二語文期の子どもの発話の研究がすすむにつれて，理論に合わない例が多数見出され，それがあまり有効なものではないことがわかってきた。

　マクニールは，ブラウンとフレイザー（1963）が研究したアダムという子どもの 28 カ月時の発話を分析し，アダムの発話は**表 4.4** に示されている 3 つの規則に要約できるとしている。規則 (1) と (2) からは「あのボール」とか「アダム，ボール」のような文が生成され，表の規則 (1)，(2)，(3) をあわせて適用すれば，「アダム，ボール，ほしい」とか「アダム，ママ，えんぴつ」というような文が生成される。アダムの文法は非常に単純であるばかりではなく，動詞句に動詞の存在が任意であるなど，大人の文法とも異なっている。にもかかわらず，任意性や順序という概念に加え，階層構造なども存在し，この段階の子どもが文法をもっていることがわかるのである。ところで，このマクニールの分析はチョムスキーの**変形文法**理論に基づいている。その他にもフィルモアの**格文法**理論に基づいた分析も行われているが，両文法理論も子どもの言語に完全な形で適合するものではない。大人の言語にも子どもの言語にも，ともに適合する文法理論を作るということはまだ将来のことなのである。

■4.1.4　会話の理解

　大多数の子どもは一語文期，二語文期とへて発達していくが，三語文期というものはない。二語文期以後，子どもは 3 から 8 語の文を作れるようになるのである。さらに子どもは着実に語彙を増やし，発音や構文の点でも，小学校に入る前には大人のそれに近づいていく。しかし，言語獲得とは正しい発音，文法や語の意味の獲得以上のものを意味しているのである。それは子どもが日常の社会的場面で言葉がどのように用いられるのかといったことに関する知識，すなわち言語の**語用論**を獲得することも含んでいるのである。

　2 歳児では会話を続けるということが非常に難しい（**表 4.5**）。たいていの場合，大人の発話に対して適切な形で答えることができない。誰に対し

表 4.3　ブレイン（1963）による，軸―開放語の例（Braine, 1963）

P	O	
allgone byebye big more pretty my see night-night hi	boy sock boat fan milk plane shoe vitamins hot Mommy Daddy ……	子どもは次のような文をつくった。 Allgone shoe（P＋O）…くつがない Hot milk　　（O＋O）…熱いミルク Daddy big　（O＋P）…パパ大きい fan　　　　（O）………おもしろい P の語はあまり増えないが，O の語は急速に増えていく。

表 4.4　マクニールによるアダムの文法の分析（McNeill, 1966）

(1) 文 → （名詞句){動詞句}

(2) 名詞句 → {（修飾語）　名詞 / 名詞　名詞}

(3) 動詞句 → （動詞）　名詞句

（　）任意であることを示す。つまりあってもなくてもよい。

{ }　どちらか一方かあるいは両方存在するということを示す。

この規則によってつくられるもっとも長い文は四語文で，たとえば

　　Adam　dog　want　milk
　　　名詞句　　＋　　動詞句

また次のような名詞句，動詞句だけの文もつくられる。

　　Adam　pencil,　want　cup
　　　名詞句　　　　　動詞句

動詞句において動詞は任意なので，

　　「Adam wants milk」

のかわりに

　　Adam milk

といった文ですましてしまう。

頻度でみると一番多いのは動詞＋名詞だけの文であり，次に多いのは名詞＋名詞である。

て話しているのかはっきりしていないことが多く，独り言と会話が奇妙に混じったものになりがちである．しかし，大人の発話が終了したら，すぐに何かを発話しなくてはならないということ，つまり会話における役割交代の規則を理解しているし，大人の発話が質問の場合とそうでない場合を区別し，たとえ適切ではなくとも異なって反応できるのである．

しかし，2歳児の能力を過大評価する誘惑には抵抗しなくてはならない．たとえば，2歳児でも間接的な要求に適切に反応できることが知られているが，このことは2歳児が大人のような語用論的知識をもっているということを示しているわけではないのである．間接的な要求に適切に答えるとは，たとえば，「ドアはしまっているかな？」という発話に対して，「閉まってない」と言うだけで何もしないのではなく，ドアを閉めるという行為をすることである．このような間接的な要求に2歳児が一見適切に答えたとしても，それは会話の中で疑問文がどのような役割を果たすのかということや，今の文脈ではどのようなことが求められているのかを理解したうえで反応しているのではなく，非常に初歩的な方略に基づいて反応しているだけなのである．

シャッツ（1978）は，2歳児に「電話でお話できる？」という問いを2つの文脈で聞いた．一つは実際に電話をかけるという行為を求める文脈であり，もう一つはできるかできないかの情報を求める文脈である（表 4.6）．2歳児は文脈の違いにかかわらず，行為で反応する傾向が見出された．つまり，2歳児は問に対して特別目立つ手がかりがない限り行為で反応するという単純な方略にしたがって反応しているに過ぎないのだが，それが間接的な要求にたまたま適切に答えることを可能にしているというわけなのである．このような反応上の偏りは子どもが文脈的，語用論的知識を獲得するにつれて次第に修正されていく．

3歳になると，子どもはさらにさまざまな会話に関する知識を獲得する．ドーア（1979）は3歳児と4歳児を保育園で観察しただけで，表 4.7 に示されているような会話のスキル（技能）をもっていることを見出している．このことからも3歳以降に会話に関する知識を急速に獲得することがわかるが，有名な例を一つだけ紹介することにしよう．それはシャッツとゲ

表 4.5　2歳児と大人の会話（Brown & Bellugi, 1964）
2歳児では会話を続けることが非常に難しく，下の例からわかるように独り言と会話が奇妙に混じったものになりがちであり，大人の質問にも適切に答えられないことが多い。

アダム（2歳4カ月児）	母　　親
あれなに……。だれかエンピツ	誰の鉛筆かな
ゆか	床に？
小鳥はどこへ行くの？	
小鳥	
小鳥あそこ	
小鳥	
それ読む？	
それ読む？	それ読んでくれるの？
中なに？	それは金づちかな？
金づち	
金づちたたいた，ママ	
クローマーない，ママ	
けがしちゃった。	かわいそうに。金づちでたたいてしまったの？　どうしたの？
ネジが怒った。	ネジが怒った？　ネジもってないじゃない
ネジもってるよ。	
あそこだよ。	

ルマン (1973) の研究で，4歳児は2歳児と話す時は，大人や同年齢の友達と話す時に比べて，より短く余り複雑でない言い方にすることを見出したものである。4歳児は話相手の年齢によって話し方を調節できるのである。この研究以後，幼い幼児が話相手によって会話の仕方を変えることは多くの研究で見出されているのである。しかし，それだけでは幼児が話相手によって会話の仕方を変えるのは，話相手の特徴や言語能力を理解しているからそうしていると結論づけることはできないことに注意しなければならない。なぜなら，相手が大人であれば，会話においても大人が主導権を握り，それゆえ会話の仕方が子ども同士で話す時と違ってしまう，ということがあるからである。

4.2　言語獲得の理論

　前節で幼児期までの言語発達について手短に概観したのだが，それだけでも子どもが獲得しなければならないことが膨大なものであることがうかがえるだろう。子どもはどのようにしてこのようなことを成し遂げるのであろうか。本節ではその点について概観する。

■ 4.2.1　学習理論

　伝統的に，子どもは大人の発話を**模倣**したり，大人から教えられることによって言語を獲得すると考えられてきた。このような考えは**学習理論**と呼ばれるが，まずこのことを吟味してみることにする。

　まず模倣について考えてみよう。模倣が言語獲得について主要な役割を果たしているとは思えない。子どもは確かに大人の発話を模倣するが，それは主に単語についてであって新しい文法構造については模倣できないのである（表 4.8）。二語文期の子どもは，二語文以上含む文を模倣しようとしても，二語文しか模倣できないのである。何が模倣できるかということは，子どもの言語発達の水準に依存するのであって，模倣によって新しいレベルに達するのではない。さらに，大人の発話というのは必ずしも文法的とは限らないということがある。つまり，大人はしばしば文法に合わないことをいうので，模倣によって言語を獲得するのだとすれば，子どもは

表 4.6　シャッツの実験で用いられた 2 つの質問文脈の例（Shatz, 1978）
子どもは 2 つのうち 1 つの文脈で質問がなされた。情報文脈では質問に対し，「はい」か「いいえ」で答えればよいのだが，実際に電話をかけてみるという行為をしようとする傾向がある。

	要求文脈	情報文脈
導　入		お家で電話をするのは誰？
状況設定	電話をとって ボタンを押して 1 を見つけて ベルを鳴らして	ママは電話できる？ パパは電話できる？ （兄弟，ペット）は電話できる？ お人形は電話できる？
質　問		あなたは電話できる？

表 4.7　ドーアによる 3 歳児の会話スキルの例：要求のスキル（Dore, 1979）

> 選択的質問：これはリンゴ？赤それとも青？オーケー？いい？
> WH 質問：ジョンはどこ？誰とあったの？いつ？
> さらに情報や説明を求める質問：なぜ行ったの？どんなふうに？
> 相手に行動を求める：それちょうだい，おもちゃをおいて。
> 許可を求める：行ってもいい？
> 示唆を与える：それをしようよ，それしたらいいんじゃない。

あらかじめ大人のどの発話が文法的でどの発話が非文法的かということを知っていなければ，誤った文法も獲得することになるだろう。また言語の創造性という問題がある。つまり，子どもは一度も聞いたことのない文でも作ることができるのである。模倣が言語発達の中心的役割を果たしているとすると，この言語の創造性ということがまったく説明できなくなるのである。

次に大人から教えられることによって言語を獲得するという理論を考えてみよう。この理論は，子どもが正しい文法や発音で話した時に大人は賞賛し，正しくない発話をした時は，叱ったり訂正したりすることによって，言語を学習するのだと考える。しかし，大人はそのように子どもに接しているという証拠は乏しいのである。大人は子どもの発話の内容に注意しているが，文法に合っているかどうかにはあまり注意を払わないようで，子どもの発話を文法に合うように訂正するということはめったにない。

もちろん，大人が子どもの言語獲得についてまったく貢献していないということではない。大人は子どもに話しかける時，大人に対して話しかける時とは違った独特の話し方，**母親語**(motherese)で行うことが知られている(図 4.5)。大人は，高い声で，ゆっくりと，休止を多く入れ，きわめて短い文を使って話しかける。また大人の子どもへの話しかけは繰返しが非常に多い。このようなことは，子どもが言語を獲得するのを助けるのであろうが，中心的な役割を果たしているわけではない。このような母親語で話しかけなかったからといって子どもが言語を獲得できないということはないのである。

■4.2.2 生得理論

今述べたように，大人は子どもに文法を直接的に教えるということもしないし，子どもの非文法的な発話を修正するということも少ないのである。また大人自身ときどき非文法的な発話もするのである。つまり，子どもが言語獲得の過程で周りの大人から与えられる言語的刺激は極めて貧弱なのである。にもかかわらず，子どもは言語を獲得する。大人では不可能な速さで，言語の規則をその貧弱な言語環境から引き出すことができるのであ

表 4.8　子どもの模倣の例

1. 大　　人：飲み物をいっぱい作ってあげるね。
   子ども：のみものいっぱい。
2. 大　　人：ニャンニャン外に出ていっちゃったね。
   子ども：ニャンニャンいった。

子どもの模倣は新しい構造を含むことはない。二語文期の子どもの場合，上の例にあるように二語文しか模倣において保持できないのである。それゆえ模倣が言語発達において重要な役割を果たしているとは考えられない。

図 4.5　母親語（Motherese）で子どもに話しかける様子（Clarke-Stewart et al., 1985）
母親は幼い子どもに話しかける時，高い声で，ゆっくりと，休止を多く入れ，短い文を使う。このことは幼児に母親の話をより理解させ，また言語獲得の手助けとなっている。

る。これらの事実は，子どもが生得的に言語に関する何らかの知識をもっていて，そのため言語獲得がたいへん効率的になされるのであるという言語獲得に関する**生得理論**を生み出すことになる。

　言語獲得に関する生得理論は以上のことだけによって導き出されてきたのではない。それはまた普通の人が知っている言語に関する規則の多くは子どもの時に経験した言語情報から学べないものであるという考察から導き出されてきたのである。ライトフット（1982）は，次のような例をあげて説明している。

　　Who did you see the woman that met in town?

　英語を母国語とする子どもはこの文を見ることはないし，この文が非文法的であると教えられることもないが，にもかかわらずこの文が非文法的であるということを知るようになるのである。もし子どもの言語的経験が言語的知識の基礎となり得ないなら，その知識は経験とは無関係な別の源から来たに違いないことになる。これがライトフットの結論である。

　では，生得的な言語的知識とはどのようなものであろうか。それは日本語とか英語といった特定の言語に関する規則ではないだろう。子どもは原理的にどのような言語でも獲得できるからである。チョムスキーが発展させた言語獲得の理論にしたがえば，それは言語情報から言語の規則を抽出する際に，可能な文法の範囲を制約する学習方略である。そのような制約は一連の原理やパラメーターという形からなる**普遍文法**（universal grammar）と呼ばれる。

　今述べたことを英語の疑問文の例で説明しよう。英語を母国語とする子どもは当然のことながら，英語ではどのように疑問文を作ればよいのかを獲得するが，当然のことながら完全に獲得するまで，時間もかかるし，多くの誤りも生じる。しかし，子どもは疑問詞（what や why）の位置を間違えることはほとんどないことが知られている。"I know what you want"というような文をしばしば聞くにもかかわらず，このような経験から疑問詞が文と文の中間にくるという規則を抽出しないのである。なぜそうしないのであろうか。それは生まれつきもっている普遍文法が，疑問詞が1つ

コラム　チンパンジーは本当に言語を獲得したのか？

　もし学習論者がいうように，言語の獲得というものが，模倣や報酬や罰によってもたらされるとするなら，チンパンジーが言語を獲得できない理由はないことになる。チンパンジーに人間の言葉をしゃべることを教えようとした初期の試みはまったくうまくいかなかった。これはチンパンジーと人間の解剖学的違いを考えれば無理もない結果であろう。その後，手話やプラスチックのチップを単語がわりに使って言葉を教えることが行われ，「マリーがサラにリンゴをくれた」といった文を作ることができたと報告され，一見成功したかのように見えたため，チンパンジーが言語を獲得したかのようにいわれたりした。しかし，これらの研究結果は，科学的データというよりは動物の飼い主が自分のペットを自慢する時によく行うようなエピソードに基づいたものといえる面がかなりあり，それらの研究結果は再解釈されなければならないものであることが最近指摘されているのである。また単語を組み合わせることができるということが言語獲得の重要な指標といえるかどうかという理論的な問題もある。ある事を組み合わせるというのはハトでもできることだからである。

　さらに数年にもわたる長いきびしい訓練によってチンパンジーはどれほどの言語的進歩を見せたのであろうか。ほとんどは2つの単語を組み合わせる以上のことはできないし，3つの単語を使う場合でも単なる繰返しが多いのである。またチンパンジーは単語を食べ物や飲み物などを要求するために用いることが多く，会話的に言語を使用できないのである。これは人間の子どもが特別の訓練なしに同じ期間で成し遂げることに比べるとまったく貧弱なものといわざるを得ない。つまり組織的な訓練にもかかわらずチンパンジーは言語獲得の道筋を数歩あゆんだだけでそこで止まってしまうのである。このことは，言語を獲得するのに必要なものが生まれつき備わっていなければ，いくら訓練をしても効果がないのだという考えを支持するように見えるのである。言語獲得の秘密は周りの大人の働きかけにあるのではなく，子どもが生まれつきもっている能力にありそうである。

の文の中間にくるといった構成を避けるように文の構成を制約しているからだとすると説明がつく。このような制約があると，疑問詞の可能な位置が限定され，何も限定されていない時よりも効率よく疑問文を獲得できるのである。

　生得理論というと，経験など無関係で遺伝的なものによってすべて決まっているのだということを主張しているように誤解されやすいが，決してそのようなものではないということに注意してほしい。

参考文献

フォスター＝コーエン，S. H. 今井邦彦（訳）（2001）．子供は言語をどう獲得するのか　岩波書店

オブラー，L., ジュァロー，K. 若林茂則（監訳）（2002）．言語と脳――神経言語学入門――　新曜社

パラモ，D. S. 村山久美子（訳）（1978）．言語の心理学　誠信書房

スティリングス，N. A. ほか　海保博之ほか（訳）（1987）．認知科学通論　新曜社

情動の発達

　人間は生物の中でもっとも知的な動物であるばかりでなく，もっとも情動の豊かな動物でもある。人間という動物は，知性と情動性の2つの点で他の動物とは大きく異なっているのであり，それらは人間を特徴づける重要なものなのである。しかし，知性に比べて情動に関して心理学者はこれまであまり重要視してこなかった。現在でも心理学の教科書で情動の章がないものが結構あることからもそれはうかがえるだろう。本章では初めに情動と表情の関係およびその起源について，また表情を通じて乳児と大人がどのようにコミュニケートするかを取りあげ，次に個別の情動の発達について論じる。

5.1 情動とは

情動 (emotion) とはどのようなものなのであろうか。私たちは，日常生活をする中で，さまざまなことに喜んだり，悲しんだり，怒ったり，驚いたりしている。このような心理的過程がここで「情動」と呼ぶものである。このようなことは誰もが経験することであるし，わかりきったことのように思えるが，具体的に定義するとなると非常に困難である。ある心理学の辞書の情動の項には，「定義不可能な用語で，それは何かについていかなる心理学者の間で一致することがないもの」と書かれてさえいる。

このように情動はつかみどころのないものであるが，多くの研究者の間で一致できる事柄が少なくとも2つある。一つは情動は飢えや渇きとは異なって独特の表出パターンを伴うということであり，もう一つは，情動の役割に関するものであり，情動は自分や他者の行動を制御するということである。本章ではこの2つのことを主に取りあげることにする。

5.2 情動表出

人間は悲しい時には悲しげな顔になるし，嬉しい時には嬉しそうな顔になるのであるが，この情動表出に関する現代的な研究は，進化論で有名なダーウィン (1872) によって始められた。ダーウィンは，喜怒哀楽といった情動を示す顔の表情は，学習したものではなく生得的なものであり，普遍的すなわち人類共通であることと，人間の表情と動物の表情は多くの点で共通であり，人間の情動表出は進化の過程で獲得したものであることを主張した。このダーウィンの主張は，長い間省みられなかったが徹底した観察によって導かれたものであり，今日でもその主張は支持されているのである。

■5.2.1 情動表出の生得性と普遍性

情動表出，とりわけ表情の生得性についての証拠としては，生まれつき目の見えない子どもや，見えないだけでなく生まれつき耳の聞こえない子どもを対象にした研究が古くから知られている。それらの研究は先天盲の乳児でも目の見える乳児と同じ表情をすることを見出した (図5.3)。これ

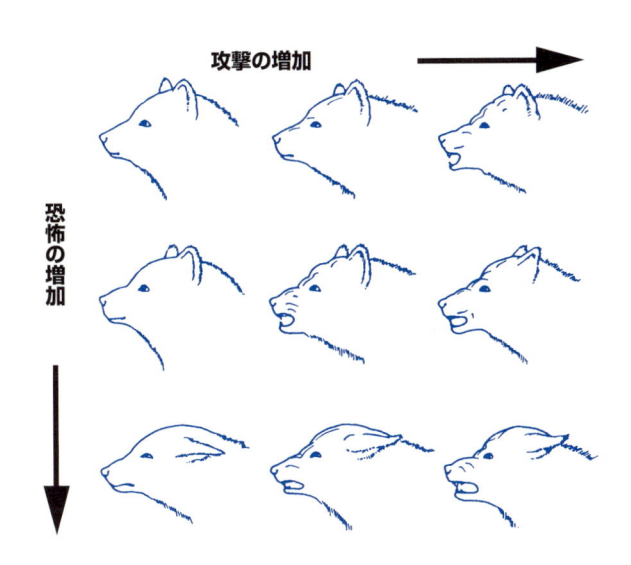

図 5.1　イヌにおける情動と表情の関係（Eibl-Eibesfeldt, 1971）
攻撃はむきだされた歯，直立した耳，しわのよった鼻によって示され，恐怖は後ろに倒された耳と細められた目によって示される。これらの中に人間の表情と共通点がみてとれる。

図 5.2　チンパンジーの表情の例（Ekman, 1973）
(a) 怒り，(b) 恐怖と怒り，(c) 服従

5 情動の発達

は表情というものが他人の表情を見ることによって習得されたものではないことを示している。そうはいっても，先天盲の子どもは成長とともに目の見える子どもとは異なる表情——特に目の表情——をするようになってくるのであり，表情に経験の影響がまったくないというわけではない。

また，ガンチュローら(1983)による，生まれたばかりで初乳前，あるいは初めての授乳から3時間以内の新生児に甘い液体と苦い液体を与えてその時の表情を調べた研究がある。それによると新生児でも甘い液体に対しては微笑に加え，舌を丸める，口を閉じるといった表情をし，苦い液体に対しては，口を大きく開ける，舌をすぼめるといった表情をする(図5.4)。それらは大人が甘いもの，苦いものを口にした時の表情と基本的な点で共通するものである。新生児がそのような表情を生後数時間の間に学習したとは考えられないので，このような表情は生得的なものであると考えられている。

表情の普遍性(図5.5)についてはエクマンらの研究が有名である(1968, 1971)。

■5.2.2 情動を測定する道具としての表情

表情の生得性と普遍性が認められてくると，表情を分析することによって情動を特定することができるのではないかという考えが生まれてくる。この考えは乳幼児を研究している者にとっては特に魅力的なものである。乳幼児は自分の情動を言葉で表すことができない，あるいは非常に困難だからである。

表情を分析する方法の中で代表的なものとしては，エクマンとフリーセン(1978)によって開発された**FACS**(Facial Action Coding System)がまずあげられる。これは顔の筋肉の動きのほとんどすべてを記録しそれに基づいて情動を判断するものである。そのため分析に際しては非常に時間がかかり，一度ビデオテープに録画したものを何度も見なくてはならないものであるが，その反面非常に正確であり，怒りを隠した微笑みといった微妙なものまでもこれによって特定できるのである。しかし，乳幼児を対象とした情動研究で一番よく用いられているものはイザード(1979)の開発し

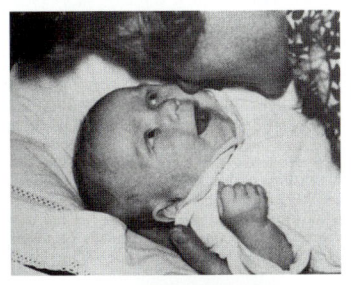

図 5.3　**目の見えない乳児の微笑**
　　　　（Cole & Cole, 1989）
2カ月半の盲目の乳児が母親に話しかけられたところである。この乳児は母親の方に顔を向け，微笑している。その表情は目の見える乳児のものと変わらない。

睡眠時

苦みに対する反応

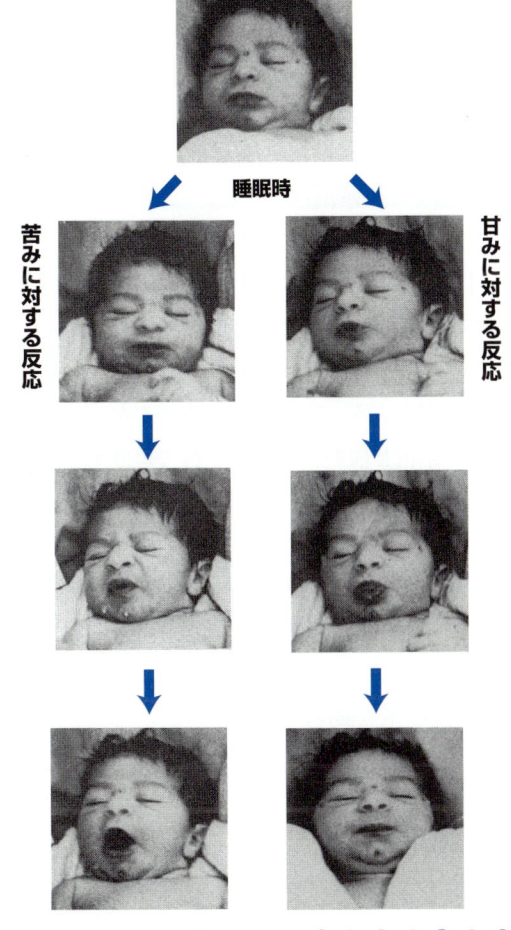

甘みに対する反応

図5.4　**甘みと苦みに対する新生児の表情**
　　　　（Ganchrow et al., 1983）
新生児も甘みや苦みに対して大人と共通する表情を示す。このような表情は生得的なものなのであろう。

5 情動の発達

た MAX（Maximally Discriminative Facial Movement）である。これは眉，額，目，鼻，頬そして口の動きを記録しそれに基づいて27種類の情動を特定するものである。たとえば，眉は上がり，かつ寄り，額においては横皺が現れるあるいは中央部が盛り上がり，目は大きく開かれ上瞼が上昇し，口は開き，口元は後ろへ後退しているなら「恐れ」を表しているということになる。

　FACSやMAXを用いることにより表情から情動をかなりの正確さで判断できるようになってきたのだが，しかしまだその信頼性や妥当性はまだ完全に確かめられたというわけではなく情動の判断には表情に加えて，声や体の動きあるいは心拍などの生理的指標をあわせて用いることが好ましいとされている。

5.3　情動の役割

　情動というものがなぜ存在し，どのような役割を果たしているかについては最近になるまであまり真剣に考慮されてこなかった。情動を理性的行動を妨げる有害なものとみなすのが，これまでの有力な見方の一つであった。アメリカの人気テレビ映画の『スタートレック』には，とんがり耳で感情のないバルカン星人のスポックという人物が登場しているが，その中でスポックは論理的思考に優れた存在と描かれ，われわれ人類はすぐ感情に流されてしまい非合理な行動をする存在と描かれている。これは情動を理性的な思考を妨げるだけのものでしかないという見方がいかに根強いものであるかを示している。しかし，この見方が正しくないことは，動物界を見渡してみるとすぐわかるのである。知的な動物であればあるほど情動が豊かなのである。知性の優れたバルカン星人が情動性の点で下等動物なみであるというのはありそうもないことであろう。

　現在では情動に関して『スタートレック』的見解は支持されてはいない。情動はすでに述べたように表情などを通して周りの人間にはっきりと示されるものである。つまり情動は言葉のようにその人間の内的状態を他者に伝達し，それによって他者の行動に影響を与えることのできるものなのである。このように情動は社会生活を営むうえで重要な役割を担っていると

コラム エクマンらの表情の普遍性に関する研究

　エクマンらは，さまざまな表情を写真に撮り，それをアメリカ，日本やブラジルなど数カ国の人に見せて，各表情がどのような情動を表しているか判断してもらった。国籍や文化の違いにもかかわらずその判断は一致したのである。しかし，研究が行われたこれらの国々の人々は，書籍やテレビなどで他の国の人々の表情などを見たりして相互に影響を受けているので一致率が高いという可能性がある。そこでエクマンらは，さらに外部の世界とほとんど接触のないニューギニアとボルネオの部族社会の人たちについても研究し，そのような人たちでも情動表出とその理解について他の社会の人と少数の例外を除いて多くの点で共通することを確認している。

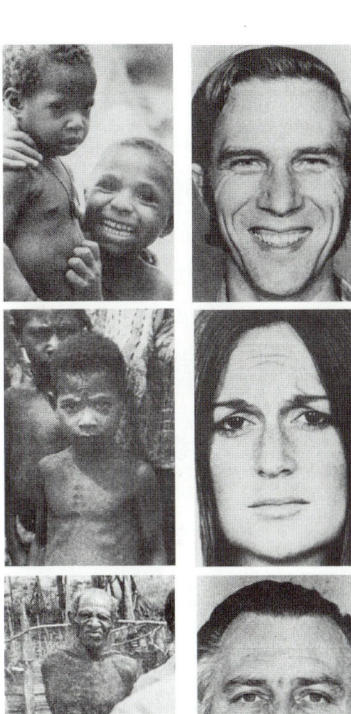

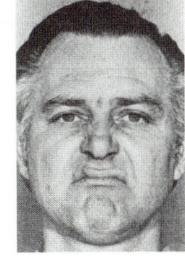

幸せ

悲しみ

嫌悪

図 5.5　表情の普遍性（Ekman, 1980, Ekman & Friesen, 1975 ; Darley et al., 1991）

5 情動の発達

考えられ，特に言葉を使うことのできない乳児期においてはとりわけ重要な役割を担っているのである。

■ **5.3.1 コミュニケーションの道具としての情動**

最近の研究は，非常に早い時期から乳児は母親の示す表情に応じた反応ができることを示している。たとえば，ハビランドとレルビカ（1987）は，生後2カ月半の乳児が，母親が幸福そうな表情と発声をすると同じようにし，母親が怒った表情と発声をすると同じようにすることを見出している。これは生まれて間もない頃から，母親の情動を区別できること，つまり情動がコミュニケーションの道具として機能しうるための基本的な能力を身につけていることを示している。

一方，新生児が泣くこと以外にも情動を表出できることは，すでに紹介したガンチュローら（1983）の研究が明らかにしているが，新生児の情動はコミュニケーションの道具として機能しているのだろうか。ジョンソンらは，1カ月児の母親に子どもの情動について尋ねたところ，大多数の母親が自分の子どもが怒り，喜び，驚きや興味といった情動を示すと答えたことを報告している。もちろん，これは母親がそう感じたというだけで本当にそのような情動を表出したのかということは明確ではないが，この研究から少なくとも母親は自らの子どもの情動に関心を払い，それから子どもの状態を読みとろうとしているということがわかるのである。このように母と子は，子どもが生まれて間もない時期は情動という手段を使ってコミュニケーションするのである。

乳児が単に母親の情動を区別しているだけではなく，情動の意味するところを解釈していることをはっきりと示したのが，12カ月児とその母親を対象にしたソースら（1985）の研究である。ソースらは**視覚的断崖**（visual cliff）（第2章図2.17，図5.7参照）を使った実験を行った。視覚的断崖は，簡単にいえば，大きな箱に強化ガラスの蓋をしたもので，内部は2つの部分に分けられている。上から見ると，碁盤目状の模様が見えるだけであるが，模様の大きさが異なるため半分は浅く見えるのに対し，もう半分は深くに見えるようになっている。乳児はその浅い方に乗せられ，一方母親は

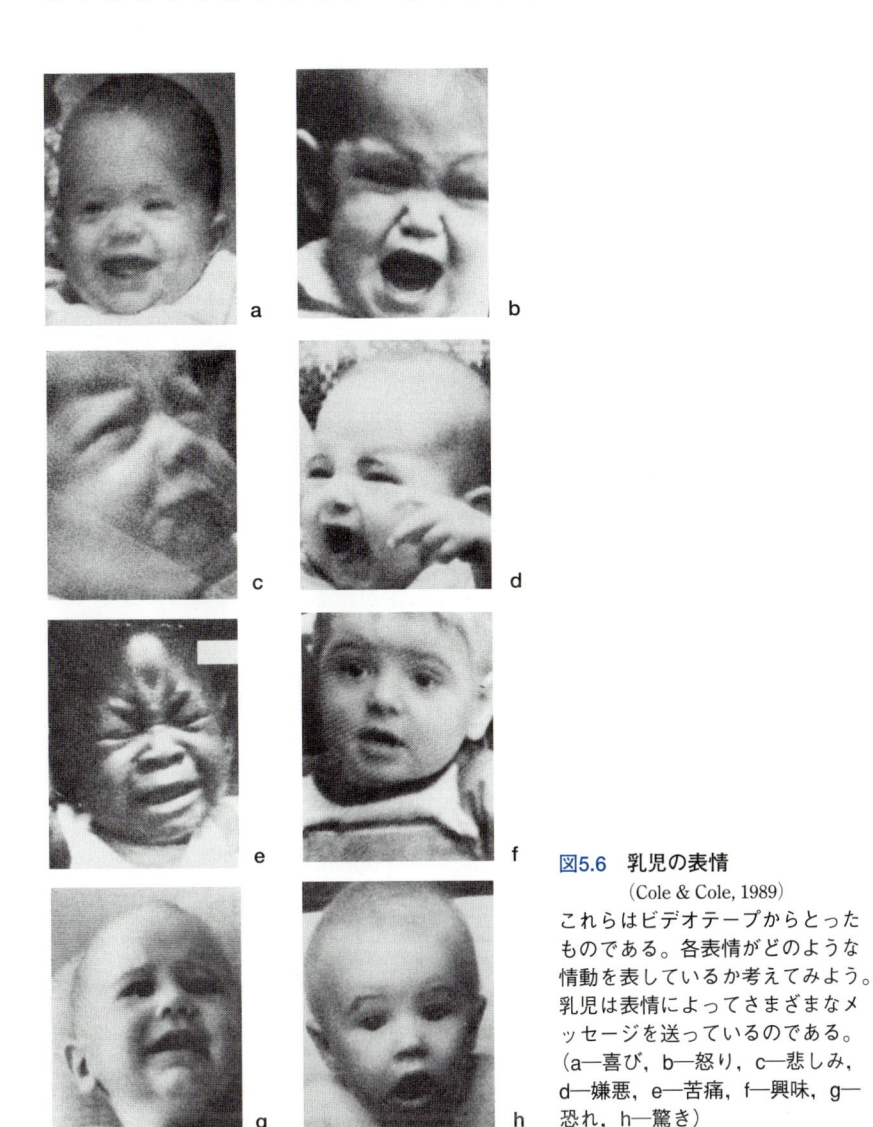

図5.6 乳児の表情
　　　（Cole & Cole, 1989）
これらはビデオテープからとったものである。各表情がどのような情動を表しているか考えてみよう。乳児は表情によってさまざまなメッセージを送っているのである。(a―喜び，b―怒り，c―悲しみ，d―嫌悪，e―苦痛，f―興味，g―恐れ，h―驚き)

5 情動の発達

乳児とは反対側に立ち，乳児が母親の所へ行くためには深く見える部分を渡って行かなくてはならない状況が作られる。そして，母親には表情を作ってもらうのである。母親が恐れの表情の時，深い方へ渡って母親の所へ行った乳児は一人もいなかったが，母親が幸せそうな表情をした場合は79％の乳児が深く見える，したがって危険と感じられる深い方へ渡って母親の所へ行ったのである。この結果はどのように行動すべきか不確定な状況において，12カ月の乳児が母親の表情から情報を引き出し自らの行動の指針にしていることを示している。

　同様のことは，見慣れぬおもちゃに乳児がどのように反応するかということを調べたクリナート（1984）の研究においても確かめられている（図5.8，図5.9）。実験室に12カ月の子どもと母親に来てもらい，母親は部屋の隅に置かれた椅子にすわり，子どもは別の角にすわらされ，そして見慣れぬ不気味なおもちゃ（たとえば音を出しながら動きまわる大きな黒いクモのおもちゃ）が出てくるという状況が作られた。おもちゃは3つ用意されていてそれが一つずつ出てくるのであるが，その際に母親は，**微笑**，**恐れ**の各表情と無表情のうちどれか1つを示すのである。子どもはおもちゃが出てくるとそれに興味をもつものの，見慣れぬ不気味なものであるため，おもちゃに接近して触ってよいか判断に迷うのである。このようなあいまいな状況で子どもは母親の表情が意味する情報をとらえ，それをもとに行動するかどうかがこの研究の知りたいことであった。

　母親が恐れの表情をした時は子どもは母親に接近するが，母親が微笑した時は子どもは母親から離れておもちゃの方へ接近し，無表情の時はその中間の距離を保ったという結果であった。この結果も，12カ月児が，表情を通して母親から情報を受け取り，それによって行動しているということを示している。

5.4　情動の発達

　情動の発達という分野は，長い間ブリッジス（1932）の理論の影響下にあった。ブリッジスの理論というのは，新生児はただ未分化の情動である一般的な興奮しか示さないが，発達とともにさまざまな情動を分化させて

図 5.7　視覚的断崖の実験
北海道大学教育学部乳幼児臨床発達センターでの視覚的断崖を使った実験の模様である。
母親が深い方から乳児を手をのばし呼んでいるが、乳児は深い方を恐れて行こうとしない。

図 5.8　クリナートの実験
(Klinnert, 1984)
母親は乳児を実験室に連れて行き、それぞれ決められた場所につく。すると最初のおもちゃが部屋の隅から出てくるのである。母親はそのおもちゃをみつめる。60秒間決められた表情をする。このことを3回繰り返す。

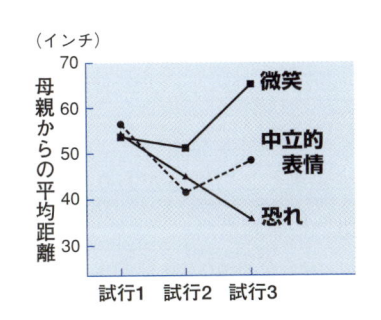

図 5.9　各表情と母親からの距離
(Klinnert, 1984)
左図は図 5.8 の結果の一部である。試行3の結果であきらかなように、母親が微笑している時は乳児は比較的母親から離れているが、母親が恐れの表情を示した時は母親に接近するのである。これから乳児が母親の表情からメッセージを読み取り、行動の参考にしているのがわかる。

5 情動の発達

いくというものである（図5.10）。

　しかし，現在このような数十年前の理論を信じている情動発達の研究者はいない。現代の代表的な情動発達の研究者であるイザード（1978）は，新生児は，**関心，嫌悪，不機嫌さ**という情動に加え驚きの前触れとなるような情動を示すとしているし，スルーフ（1979）も新生児は少なくとも3つの情動の前触れとなるものを示すとしているのである。人間は，どうもブリッジスのいうように一般的な興奮しか示せないという状態で生まれてくるのではなく，もっと多様な情動をもって生まれてくるようである。また，情動がいつどのように発達するかということを理解するためには，同じ子どもを生後間もない頃からかなりの期間繰返し観察するといった縦断的研究をする必要があるがそのような研究は少なく，しかも情動の出現についてはすでに述べたMAXのような表情を基準とした客観的な仕方で判断しなくてはいけないのだが，そのような分析の道具ができあがる前に行われた研究が多いのである。したがって情動発達についてその全体像はまだ十分理解されてはいないのである。ここでは比較的よく研究されている情動をいくつか取りあげてその発達を述べることにする。

■5.4.1　喜　　び

　新生児は眠っている時あるいはまどろんでいる時に**微笑**（smile）することがある。しかし，これは新生児が喜んでいるということを意味しているのではない。新生児期に見られる微笑は後の微笑とは違って，「**自発的微笑**（spontaneous smile，図5.11）」と呼ばれる。それは外的な刺激がない状態でも生じるからであり，これはいわば反射のようなものである。この自発的微笑は後の微笑とは異なり，顔の下半分の筋肉のみ使うという特徴（わかりやすくいうと口元は笑っているが目は笑っていないという微笑である）があり，またこの出現頻度にははっきりとした性差があり，女児は男児の2倍も多くみられるということが知られている。

　発達とともに乳児はますます微笑するようになるが，最初の1カ月では，視覚的な刺激よりも聴覚的な刺激すなわち音に対してよく微笑する。また微笑を引き起こすには低音よりも高音の方が効果的である。このことは乳

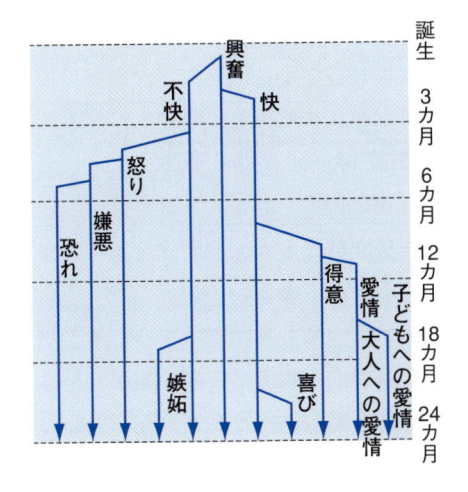

図 5.10　ブリッジスによる情動の発達（Bridges, 1932）
ブリッジスは新生児は未分化な興奮状態しか示さず、発達につれてさまざまな情動が分化してくると考えた。
しかし現代では新生児でももっと多様な情動をもっていると考えられている。

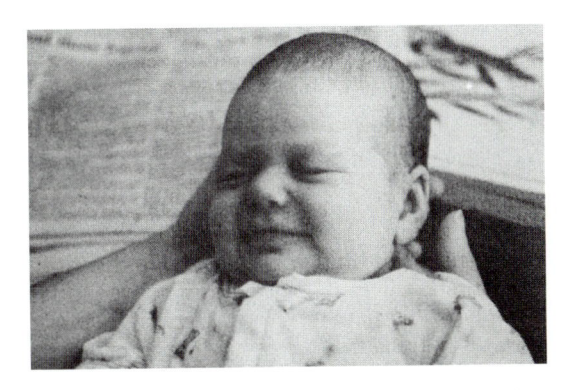

図 5.11　自発的微笑（Rosenblith & Sims-Knights, 1985）
口元は微笑んでいるが、目はそうではない。

5 情動の発達　　**107**

児は男性よりも女性の声に対してよく微笑するということを意味している。しかし，生後1カ月を過ぎたあたりから聴覚的刺激に対しては，微笑する代わりに喉を鳴らすという仕方で反応するようになり，視覚的な刺激，特に人間の顔に対してよく微笑するようになってくる。微笑する対象は成長とともにますます選択的になり，生後4カ月になると，見慣れた顔と見慣れぬ顔を区別できるようになり，見慣れた顔によく微笑するようになる。

　この時期の微笑は真の意味で**社会的微笑**（social smile，**図5.12**）といえる。なぜならば微笑の選択性ゆえに，乳児に微笑された大人は自分のことを気に入ってくれているのだと感じ，微笑が乳児と大人の関係をより強める働きを果たしているとはっきりといえるからである。

　また，この時期は笑い始める時期でもある。もちあげてゆすったりといった運動性の刺激や，くすぐるといった触覚的な刺激でこの時期の乳児は容易に笑う。月齢が進むとともに，視覚的な刺激，たとえば母親が自分の顔に布をかぶせるなどやイナイ・イナイ・バーといった遊びに対して強く笑うようになる。

　微笑や笑いに関していくつかの理論があるが，その多くはヘッブ（1946）の理論に強い影響を受けたものである。ヘッブは恐れという情動を取りあげたのだが，そこでの強調点は今生じていることとそのことの記憶とのズレであった。この考えは微笑や笑いという情動にも適用され，ある刺激に関して過去の記憶と現在の刺激が異なっている場合，乳児はそれが何か理解するのに困難を覚える（理論によっては，この時一種の生理学的緊張が生じるとする）が，乳児がそれが何か理解し始めると（緊張が緩和され）微笑が生じると説明するのが普通である（Kagan, 1971）。もしズレが非常に大きくまったく理解できない場合，乳児は泣き出すといった情動を示し，ズレが大きいにもかかわらず理解できた場合は笑いが生じると考えるのである。

　このタイプの理論によれば，恐れと笑いが表裏一体であることになるが，恐れを引き起こす刺激が，状況を変えると笑いを引き起こすことが知られており，その限りではこの理論は支持されるものである。しかし，この種の理論には大きな弱点がある。ヘッブ流の理論は記憶といった認知的能力

図 5.12　社会的微笑
（Cole & Cole, 1989）
父親に抱きかかえられて微笑している。

コラム　「恐れ」についての実験

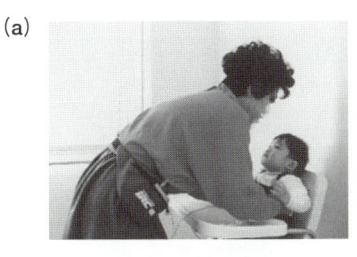

(a)

(b)

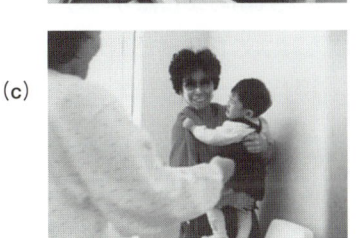

(c)

　乳児が恐れを抱く代表的な対象は見知らぬ大人である。左の写真の実験では大人の女性が，恐怖心をよりいっそう増すためにお面をつけている。このお面をつけた女性が椅子にすわった乳児に少しずつ話しかけながら接近 (a)，抱き上げる (b) ということをする。(a) の時では乳児は警戒反応を示しているだけだが，(b) では泣き出し，(c) においては完全な泣きを示している。(c) において実験は終了し，乳児は母親のもとに帰される。
　恐れなどの情動表出は大きな個人差があり，それは気質の違いを反映している。

図 5.13　「恐れ」についての実験
この実験は北海道大学乳幼児臨床発達センターでの実験である。

5 情動の発達

を強調しているわけだが，新生児は今まで考えられていた以上に高い認知能力をもっていることが最近知られてきている。つまり微笑や笑いを生み出すとされる記憶と刺激のズレの検出といったことは非常に早い時期から可能と思われるのに，なぜ微笑や笑いが出現するのにある程度の成長を待たなくてはならないのかということを説明するのが困難なのである。恐れの場合も同様で，乳児が見知らぬ人に恐れを示すようになるのは生後7カ月頃からであるが，それ以前でも乳児は，記憶能力はかなり発達しているばかりでなく，母親とそれ以外の人を見分けることさえできるのに，いわゆる人見知りを示さないのである。ある種の情動が生じるためには，認知的能力は必要条件といえるがそれだけでは十分ではないようである。

■5.4.2 怒りと恐れ

ウォルフ（1969）は新生児の泣きを分析し，基本的な泣き，怒りの泣き，痛みの泣きの3種類があることを報告している。怒りの泣きと名づけたのはほとんどの母親がそのように感じるのでそう名づけただけで，本当にそれが怒りという情動を表しているかどうかは微妙な問題である。発声のパターンだけで情動を判断することは非常に難しいことが知られているからである。また，その後の研究でそのような泣きのパターンを見出せなかったと報告されており，新生児期において怒りという情動が存在するかどうかは明確ではない。

スタンバーグら（1983）は，7カ月児にビスケットを与え，7カ月児がビスケットを食べようと口に入れて，2，3秒したら取り出してしまうということを行い，乳児の反応を観察した。乳児は明らかに怒りの表情を示し，ビスケットを取られるということを何度も繰り返されると顔面が紅潮してくる。また，イザードら（1983）は予防注射を受ける時の乳児（2，4，8，19カ月児）の反応を報告している。注射針が刺されてから最初の10秒間の反応では，8カ月以下の乳児の大多数は痛みによる苦痛を示したが怒りを示すことは少なく，特に2カ月児ではまったく怒りを示さなかったが，19カ月児では苦痛も示すが怒りを示すことが多くなるという結果であった。痛みは恐れを生み出すというのがボウルビィ（1973）の仮説であるが，

コラム 「怒り」についての実験

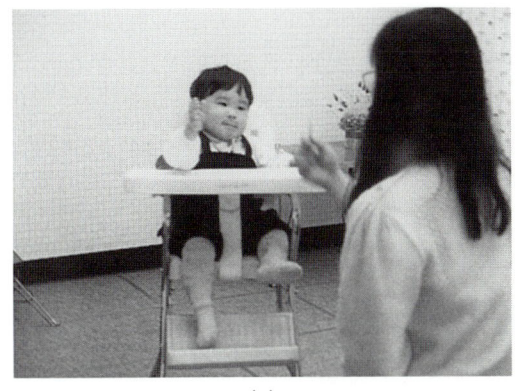

(a)

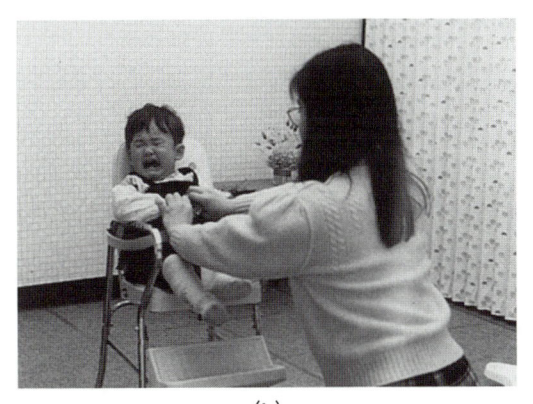

(b)

図 5.14 「怒り」についての実験
この実験は北海道大学乳幼児臨床発達センターでの実験である。

　上の実験は2つの方法によって乳児から怒りの情動を引き出そうとしている。
　(a)はスタンバーグたちの手続きと同じもので、乳児にビスケットを与え食べようと口に入れて、2, 3秒したら取り出してしまうというものである。
　(b)は実験者が乳児の手をおさえてしまい、動けないようにするというものである。この方法は(a)の方法より容易に怒りを引き出せるようである。

5 情動の発達

針を刺されるというような痛みは恐れを生み出さず怒りを生み出すようである。

恐れに関してはすでにふれたが，見知らぬ人に対する恐れ，いわゆる**人見知り**ということがよく知られている。4～6カ月頃になると乳児は，見知らぬ大人に対して警戒反応を示すようになる。月齢がさらに進むと，警戒反応はいっそう強くなり，個人差はかなりあるが1歳の誕生日を迎える頃見知らぬ大人に対する反応は一番ひどいものとなる。

乳児の恐れに関してはキャンポスら（1978）の研究が有名である。キャンポスらは視覚的断崖を利用して，高さに対する恐れを調べたのだが，高さに対する知覚の発達と高さを恐れるということは関係なく，這うということをどれだけ経験したかということが高さに対する恐れと関係すること，つまり這うという運動の経験が多ければ多いほど高さに対して恐れを示すということを見出している。それ以前までは高さに対する恐れは生まれつきのものと考えられていたが，そうではないことをこの研究は示しているのだが，さらに情動と認知の関係を考えるうえでも重要な研究とされている。すでに述べたように情動発達は認知発達の進み具合によって規定され，情動は認知によって説明されるという考え方はいわば通説となっているのだが，キャンポスらの研究は，知覚および認知の発達が高さに対する恐れの出現を説明できないことを示した点で注目されるのである。

■5.4.3　情動の社会化

乳児期から幼児期にかけて子どもが情動について学ばなければならないことはきわめて多い。代表的なこととしては，自らの情動を社会的に受け容れられる形で表出するということがある。たとえば，怒りや嫌悪といった否定的な情動を抑えることを学ばなければならない。コール（1986）は，子どもに期待はずれのごほうびを与えてそれにどのように反応するかを観察することで，子どもの情動表出を制御する能力を調べた。子どもはまず10個のごほうび（キャンディ，ガム，赤ちゃん用の玩具，壊れた玩具など）をもっとも良いものから最悪のものまで順位をつけることを求められる。次に第1の課題を行い，それを終えるともっとも良いとしたごほうびが与

コラム 見知らぬ大人に対する乳児の反応についての実験的研究

　ウォーターズ（1975）らは乳児（5カ月から10カ月児）が見知らぬ大人に対してどのように反応するかということを実験的に調べている。実験室に母子に来てもらい，乳児は母親の隣の椅子にすわる。そこへ見知らぬ大人の女性が部屋に入ってきて少しずつ乳児に接近し，抱き上げた後，乳児を椅子にすわらせ，そして退室するという手続きをウォーターズらは行った。このような状況において何らかの警戒反応を示したものは，5カ月児で約10％，6，7カ月児で約20％，8カ月児で25％，9カ月児で約35％，10カ月児で約60％であった。泣いてしまった乳児の比率は9カ月までの乳児では10％以下であるが，10カ月児は約15％であった。この結果からも見知らぬ大人に対する乳児の否定的な反応は月齢とともに増加するのがわかる。

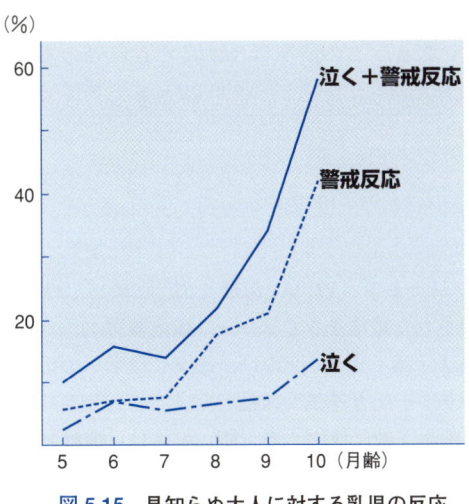

図5.15　見知らぬ大人に対する乳児の反応
(Waters, et al., 1975)

えられる。さらに第2の課題を行うのだが，今度は最悪としたごほうびが与えられるのである。この時子どもは落胆することになるのだが，3歳児でもその落胆を表すのを抑え，笑顔を示そうとすることをコールは見出している。興味深いことにこの点に関しては性差が存在し，女の子の方が落胆するようなものをもらった場合でもずっと多く笑顔を見せるのであった。

　ルイスら(1989)はコールとはまったく違った方法で幼児の情動表出を制御する能力を調べている。3歳児におもちゃの入っている箱を示した後のぞかないようにと言って，実験者は部屋を出るが，その間の子どもの様子は実験者の側からしか見えないワンウェーミラーを通して観察する。子どもが箱をのぞくかあるいは5分経過するかしたら実験者は部屋に戻り，「中をのぞいた？」と尋ねるのである。33人中29人がのぞいてしまったのだが，のぞいてしまった子どもの中で11人はのぞいたことを否定した。また7人は質問に何も答えなかった。のぞいたにもかかわらずそれを否定した子どもは，実験者をだましたことになるわけだが，その際に言葉だけでなく表情も利用したのである。彼らはより微笑し，よりリラックスした表情を作ったのである。この研究は3歳児でも自分の本当の情動表出を隠し，別のものに見せかけるといったことができることを示している。

参考文献

エクマン，P.，フリーセン，W. V. 工藤　力（訳編）(1987). 表情分析入門——表情に隠された意味をさぐる——　誠信書房

濱　治世・鈴木直人・濱　保久 (2001). 感情心理学への招待——感情・情緒へのアプローチ——　サイエンス社

マンドラー，G. 田中正敏・津田　彰（訳）(1984). 情動とストレス　誠信書房

戸田正直 (1992). 感情——人を動かしている適応プログラム——　東京大学出版会

親子関係の形成と発達 6

　乳児は誕生する以前から，子として親に受けとめられ，家族の中に迎え入れられている。親は心の中で，また実際に声に出して，胎内のわが子に話しかけており，そのようなことが，胎児にとってもプラスの影響を与えているらしいことがわかってきた。
　このようにして誕生した乳児は，まず，最初の人間関係を親との間に築く。いや，乳児がこの世界で最初に築くことができた絆の対象が，乳児にとって親となるといった方がよいのかもしれない。生物学的には親が誰であるかは受精の瞬間に決定するが，乳児は誕生後の約1年間の人とのかかわりを通して，誰が親であるかを自分でみつけ出していくのである。親もまた，わが子とのかかわりを通して真の意味で親となる。
　本章では，子どもがどのようにして親子関係を形成し，発達させていくのか，それは子どもの発達全体にどのような影響を与えていくのかをとらえる。なお本章では父親，母親のいずれとの関係についてもあてはまる場合には「親」という言葉を使うこととする。引用した研究の対象者や特に一方の親との関係に限定する場合にのみ「母親」または「父親」を用いる。

6.1 子と親に準備されていること

　乳児はある特定の対象を親として初めから認知するのではない。乳児に準備されているのは，人との関係を作っていきやすいように働く，人への特有の反応の仕方である。一方親も，子どもを出産すれば，それだけで親といえるわけではない。子どもを慈しみ，育てようとする心と行動を通して，親も親として育っていくのであり，そのための準備は親となるずっと以前から進行している。

　親子関係が始まる以前からすでに両者に準備されている，互いに相手と関係をもとうとする傾向を基礎にして，親と子の具体的なかかわりが両者の関係を築いていく。

■ 6.1.1　話しかけられる声に対する新生児の同期性

　親は乳児がそこにいるだけでも，その乳児に対して話しかけずにはいられない気持ちになる。さまざまな世話をしながら，絶え間なく話しかけている。ところが，枕を置いて，「赤ちゃんに話しかけるように話してみて下さい」といわれても，ぎこちなくなってしまう。親は，自分の声を聞いていてくれる存在があって初めてスムーズな話しかけができるのである。

　コンドンとサンダー (1974) は，生後数日の新生児でさえ，人に話しかけられると，その声の調子やリズム，言葉の切れ目に合わせて手足を動かし，あたかもダンスを踊っているような**同期性** (interactional synchrony) を示すという。この現象は話しかける言葉であれば何語を聞かせても起こるのだが，机を叩くような物理的な音では起こらない。つまり，語りかけが普遍的にもっている性質がこのような反応を引き出している。

　この反応は微妙で，肉眼で対応を確認することはむずかしいが，図 6.1 に示すようにコンピュータ分析からそれを確認することができる（小林ら，1983）。新生児を見ながら自由に母親に語りかけてもらうと，新生児は語りかけの 0.7 〜 2.4 秒後に反応して体を動かし，母親はその体動を見て 0.7 〜 2.4 秒後に語りかけている。成人同士の会話における話し手と聞き手のうなずく動作について同様の分析をした図 6.1III-b と比較すると両者の波形パターンが本質的に類似していることがわかる。つまり，成人の会

I-a 自発的な言葉による母親の語りかけと新生児の体動

II-a 声を模した合成音を分割してランダムに再合成した音と新生児の体動

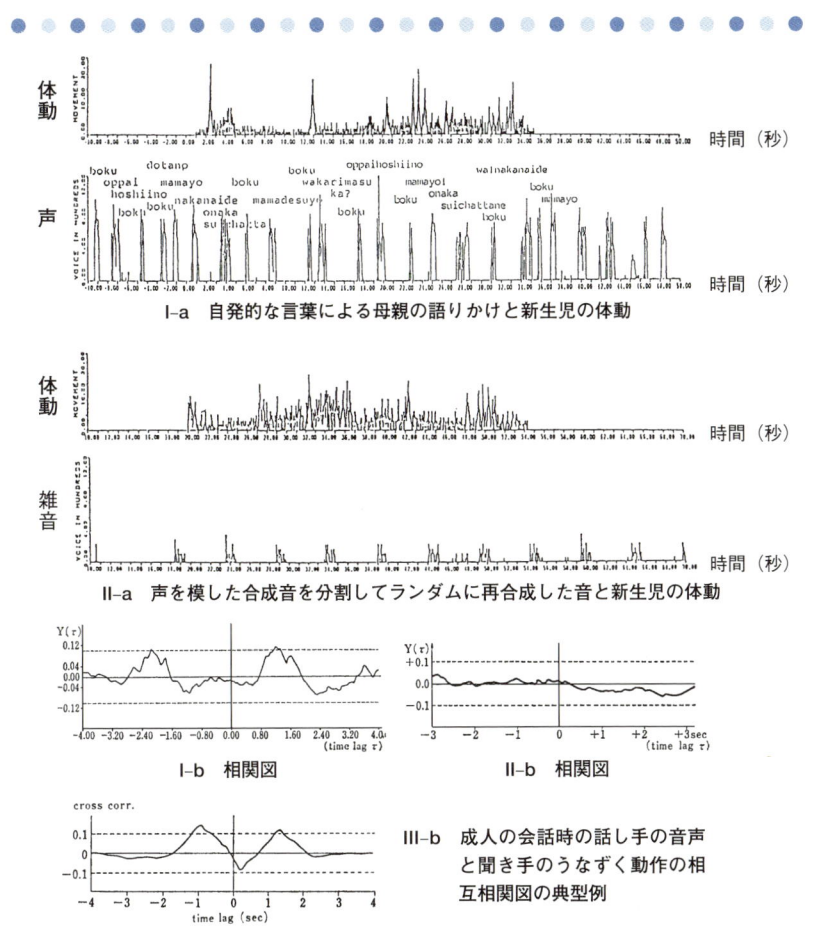

I-b 相関図

II-b 相関図

III-b 成人の会話時の話し手の音声と聞き手のうなずく動作の相互相関図の典型例

図 6.1　母親の語りかけに対する新生児の同期性（小林ら，1983）

生後1〜6日の新生児に対して母親に自由に語りかけてもらった。I-aは，その時の母親の声と，新生児の体動を示したものである。II-aは，統制条件として，語りかけの声を分割してランダムに再合成した音を聞かせた時の新生児の体動を示す。声と体動（腕の動き）が時間的にどのように関係しているかを分析した結果を各々，I，IIに対応させてI-b，II-bの相関図に示す。time lag τ が負の領域で $Y(\tau)$ が凸になる山ができれば，語りかけた後 τ 秒して新生児の体動が生じたことを示し，τ が正の領域で山ができれば，体動の後に語りかけていたことを示す。τ が0秒付近で山を示せば，体動と語りかけは同時であり，山ができなければ体動と語りかけは無関係であることを示す。III-bは，比較のために，成人同士の会話における話し手の声と聞き手のうなずきを示したものである。

話におけるコミュニケーション形態がすでに新生児期に存在しているといえる。

■ 6.1.2　微笑むこと

微笑は親しみを伝える人間に普遍的なメッセージである。乳児と目が合ったとたんにニコッと微笑まれると，わが子に対する親としての愛情はさらに高まる。また，それをきっかけにして，親と子の相互交渉は活発になされる。成人同士のノンバーバル・コミュニケーションでも重要な意味をもつ微笑を乳児と相互に交わし合えることは，乳児を一人の人間として，心が通い合う存在としてみなすことを促進する。

この微笑の表情は，出生時にはすでに自発的微笑（第 5 章 図 5.11 参照）として存在し，ウトウトとまどろんだ睡眠状態の時に何らかの内的刺激によって出現する（高橋, 1973）。微笑が人の声によって誘発されるのは生後 2 週以降，人の顔を見て微笑するのは 1 カ月半以降というように，人へと方向づけられた微笑が現れるまでには乳児の発達を待たなければならない。しかし，人とのかかわりにおいて重要な意味をもつ行動だからこそ，すでにその表情形態が早期に準備されているのだと考えることができるし，在胎週数を満たさないで早く生まれた未熟児でも自発的微笑が出現することは，それが胎生期ですでに準備されていることを推定させる（高橋, 1992）。

図 6.2 に示すように，3 カ月の時に微笑のピークがあり，この時期には人の顔らしさの形態を備えていれば，実物の人間でなくとも立体的な顔模型や紙に描いた顔にも乳児は微笑する（高橋, 1974）。

■ 6.1.3　養護性の発達

赤ん坊の泣き声を聞けば，親でなくとも手を差し伸べ，何とかして慰めてやりたくなる。どのように応じたらよいのかを赤ん坊の状態から推測し，ミルクを与えたり，おしめを交換したり，あやしたりする技能をわれわれはもっている。このように，相手の健全な発達を促進するために用いられる共感性と技能を小嶋（1989）は養護性（nurturance）と呼んでいる。養護

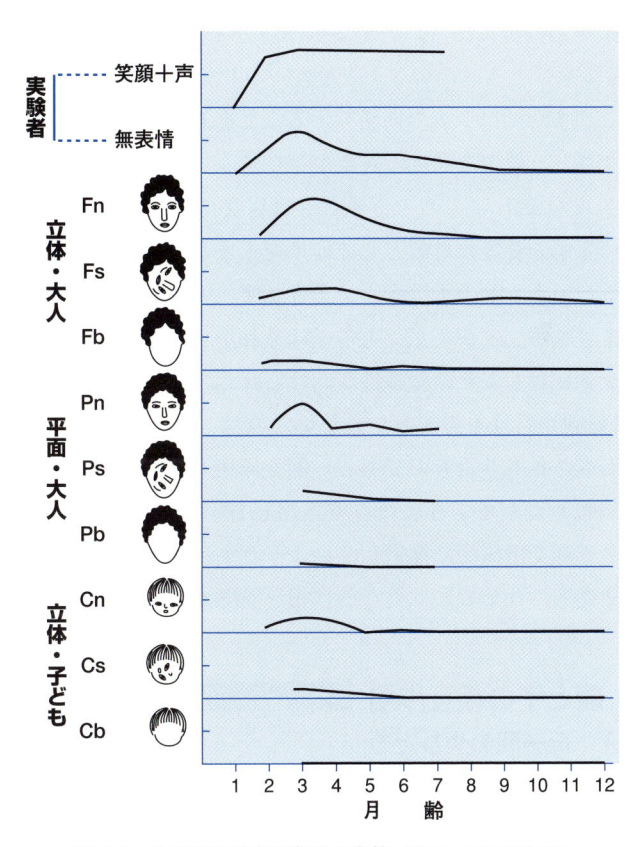

図 6.2 人の顔に対する乳児の微笑（高橋，1974を改変）

実験者（笑顔で名前を呼ぶ；無表情）および立体的な成人女性の顔模型，紙に描いた平面的な成人女性の顔，立体的な子どもの顔模型を見せた時の乳児の微笑反応を示す．4つの実験結果をまとめて模式的に図に示した．

性は，乳幼児に対する養育の態度や行動の違いを記述するために使われてきた概念であるが，大人になってから急に形成されるわけではない。むしろ，幼い子ども時代からの長い経験を通して発達してきたものである。

大人が赤ん坊の世話をするのをまねながら，幼児はごっこ遊びの中でお人形の赤ちゃんの親になる。自分より小さな子が泣いているのを見ると，2歳児でさえも「どうしたの？」と心配そうに近寄り，頭をなでたり慰めようとする。また，ペットの世話をすることを通して，生きものを育てることの大変さと，愛情を向ける対象が存在することの喜びを体験する。

フォーゲル（1989）によると，子どもは男女にかかわりなく養護性を発達させているが，養護の対象として何を選択するかに社会の期待が影響を与えているという。女の子は赤ん坊を世話することの責任に注意を向けるように励まされる。ところが，男の子はそれから注意をそらすように励まされ，ペットに対してその養護性が向けられる。

「育児は母親が行うもの」という思いこみは，ジェンダーとして社会・文化的に形成されてきたものである。働く母親が増加することで父親が育児に積極的にかかわるようになってきたし（高橋ら，1988），男女共同参画をあらゆる場で積極的に推進していこうとする社会的状況においては，養護性の発達もこれまでとは異なる様相を展開するにちがいない。

6.2 親と子の相互作用
■ 6.2.1 母子間のやりとり

乳児と親が対面して視線を合わせるようになると，両者の間にコミュニケーションのやりとりがみられる。図6.3は2カ月児と母親との相互交渉を16ミリフィルムで撮影し，マイクロ分析したものである（Trevarthen, 1977）。約10秒間のうちに，乳児は2度活発になり，各々3秒ほど続いたが，3度目は乳児がすぐに目をそらし，相互交渉は終結した。

この過程を細かくみていくと次のようになる。2人の視線が合うと，母親は乳児の注意を引こうとして話しかける。乳児はこれに微笑で応え，さらに声を出したり手を振って喜んでいる。母親もまた，頭を振ったり，後ろにそらせたりしながら話しかけ，応答している。そして乳児の興奮が高

コラム 母性神話の崩壊

「母性本能」という言葉が示すように,幼い乳児を育てることは母親にしかできないと思いこんだり,子を出産して母となれば,母性が自然と備わるかのように思われてきた。しかし,そうではない。幼い時からの人とのかかわりが養護性を形成していく。親としての学習は,子として親の養護を受ける乳幼児期から始まっているのである。ハーロー(1963)によると,出産後すぐに母親から離され孤立して育ったサルは,たとえ子を出産しても,それを育てることができず,虐待してしまうという。親としての行動は,霊長類ではもはや生得的ではなく,経験に支えられているのである。

子どもの出産以前に形成していた養護性が高い母親は,出産後のわが子との相互作用で,子どもに対して応答的で敏感であること,つまりスムーズなかかわりができることを表 6.1 は示している。

表 6.1 養護性と母親になってからの赤ん坊に対する応答性との相関関係
(小嶋,1989)

研究者名	養護性に関する尺度	養護性の測定時点	応答性測定時の赤ん坊の年齢	人数	相関係数
Moss, 1967	養護的役割の受容	出産の約2年前	3 週 3カ月	23	0.40 **0.48**
	赤ん坊の肯定的受けとめ		3 週 3カ月		0.38 **0.44**
Shereshefsky & Yarrow, 1973	養護性	妊娠3カ月	6カ月	57	0.25
	母親としての自覚		6カ月		**0.31**

(注) 表中の相関係数のうち,太字は $p < .05$ を表す。

まり過ぎる徴候に気づくと母親は自分の行動を減らし，乳児の興奮が下がると活発に働きかけるというように，乳児の行動に合わせながら自分の行動を調整している。

■6.2.2　乳児の泣きに対する反応

わが子の泣き声に対する敏感さ　乳児の泣き声は養育者の緊急な対応を迫る。乳児の不快な状態を知らせる信号として，養育者は解釈するからである。また泣き声を聞くと大人は血圧や心拍数が高まることも知られている。図 6.4 からわかるように，母親はわが子の泣き声には，見知らぬ乳児の泣きに対するのとは異なる反応を示す。親のこのような反応に支えられて，乳児の泣きはコミュニケーションの意味あいをもったものへと発達するのである。

泣きには応じた方がよい　泣きに応じてばかりいると，ますます泣き虫で甘ったれた子になってしまうのではないかという心配を母親は抱きがちであるが，本当にそうだろうか。表 6.2 に示すように，乳児の泣きの多さは母親から無視されることが多い頻度と正の相関を示しており，同時期でよりもむしろ，先行する時期での母親行動の影響が強かった。そして，泣きに対する**敏感性**が高い（すばやく，適切で柔軟な対応）母親の子どもは，1 歳の時にはあまり泣かない子になっていたのである。彼らは，泣きに代わるもっと有効なコミュニケーション様式を多様に発達させていたという。ところが，泣きにあまり応じなかった母親の乳児は，1 歳の時点でも相変わらずよく泣いていた。

　泣きはコミュニケーションの基礎となる重要な信号なのであり，それを無視されていた乳児は，他のコミュニケーション様式をも発達させにくかったのである。言葉で要求を伝えられるようになる幼児期と，言葉をもたない乳児期においては，泣きが意味するものも，それへの対応も異なるべきなのだといえる。

■6.2.3　相乗的相互作用モデル

　かつては，親子関係で主導権をとるのは親であり，親の養育態度が子ど

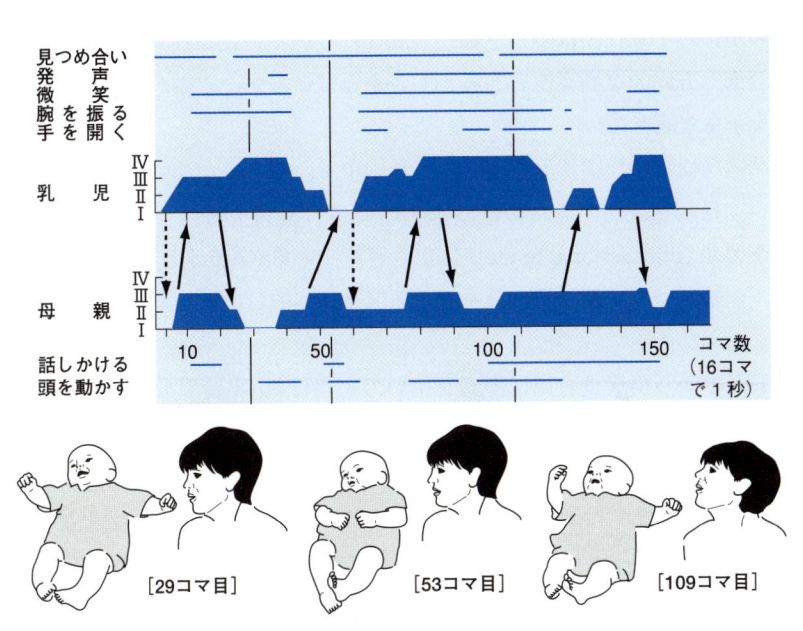

図 6.3 12週児と母親との相互交渉の分析例（I～IVは活発さの程度を示す）
（Trevarthen, 1977）

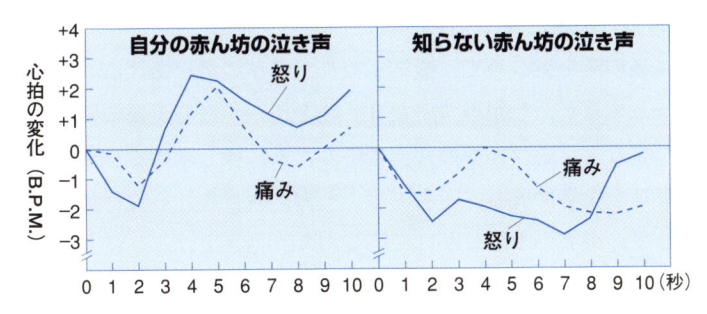

図 6.4 自分の赤ん坊と知らない赤ん坊の泣き声に対する母親の心拍数の変化
（Wissenfield & Malatesta, 1982）

6 親子関係の形成と発達

もの発達に影響を及ぼすと考えられてきた。しかし，すでにみてきたように，子どもは出生直後から親へと積極的に働きかけており，それによって親の子に対する行動は喚起され，形成されていく。親から子，子から親へという二方向的な影響性をとらえていかねばならず，そのかかわりの中で親も子も変容していく。

　発達過程という継続的な時間の流れの中で，親と子が互いに作用しあっていく様相を説明するために，サメロフ（1975）は発達の「**相乗的相互作用モデル**（transactional model）」を提起している（図 6.5）。また，このモデルに基づいて，母と子の発達的悪循環を具体的に示したのが図 6.6 である。

　妊娠中から出産や育児に不安を抱いていた母親（出産以前からの母親のパーソナリティ要因）が，むずかりやぐずりが出生直後から目立つ**気質**的に「扱いにくい」子ども（子どもの生得的な個体的特徴）を出産することが始まりである。母子双方にあるネガティブな条件が互いに影響を及ぼしあって，母親の不安はさらに増大し，子どもの難しさもさらに顕著になる。母親はやがて子どもに対する罪障感や敵意を抱くようになり，子どもにはついに情緒障害がみられるにいたったのである。

6.3　愛着の形成と発達

6.3.1　愛着と愛着行動

　乳児は親の顔を見つめて，微笑んだり，喜びの声をあげる。親が突然立ち去ろうとすると，しがみついたり，後を追いかける。親の姿が見えなくなってしまうと，遊びをやめ，泣き叫んだり，探し求める。親が戻って来れば，喜びを全身で表し，安心する。一方，親もこれらの行動の一つひとつに対して，微笑みや話しかけで応じたり，抱き上げる。泣き声を聞けば，すぐに乳児のもとへと戻り，なだめようとする。

　乳児と親との間にかわされるこれらの一連の行動からは，乳児の行動を親へと方向づけ，また，親の行動を乳児へと方向づけ，両者が互いに接近した状態を維持できるように働く反応システムが設定されてきたことがうかがえる。このように特定の対象に方向づけられ，その対象との関係を保

表 6.2 乳児の泣きエピソード数と母親が無視したエピソード数の相関
(Bell & Ainsworth, 1972)

乳児＼母親	1期	2期	3期	4期
1期	—	.04	.34	.48*	.21
2期	.56**	.35	.32	.29
3期	.21**	.39*	.42*	.40*
4期	.20	.36	.52**	.45*

生後1年間を3カ月ごとの1〜4期に分けた。

(注) 点線によって分けられた左下部の数値は先行する時期の母親の行動と後続する時期での乳児の泣きとの相関を，右上部の数値はその逆を示す。
** $p < .01$, * $p < .05$

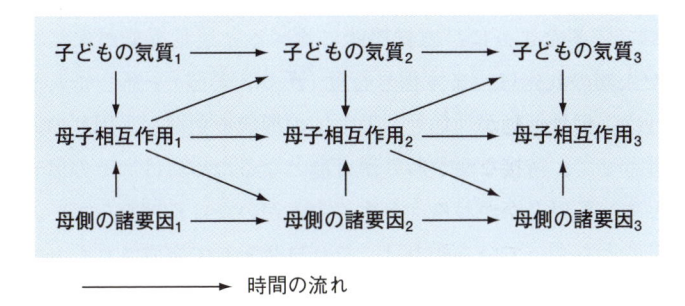

図 6.5 サメロフの相乗的相互作用モデルによる母子相互作用の時間的流れ
(三宅, 1990)

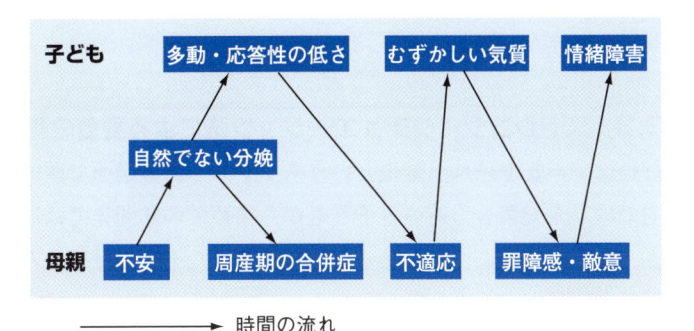

図 6.6 情緒障害の発現にいたる母子のかかわりを相乗的相互作用モデルからとらえる (Sameroff, 1975；三宅, 1990)

6 親子関係の形成と発達

とうとする心の状態を，ボウルビィ（1958, 1969）は**愛着**（アタッチメント；attachment）と定義した。一般に愛情の絆とか，心の結びつきと呼ばれるものである。

愛着は内在した心の状態を説明する概念であるが，愛着の存在を示す具体的な行動を**愛着行動**と呼ぶ。ある対象に対していったん愛着が形成されれば，それは比較的長期にわたり安定して持続するものであるが，愛着行動の様式は年齢や場面状況によって変容する。たとえば，1歳児は母親に抱きしめられて安心するが，3歳児は母親の姿を遠くから見るだけで安心することができる。

■ 6.3.2 愛着の発達

第2章で述べたように，感覚機能に比べると運動機能が未熟な状態で出生した人間の乳児は，まず信号行動（表6.3 参照）を通して人とのかかわりを行う。信号行動が「信号」としての機能を発揮し，周りの人を乳児へと接近させて，密接なかかわりが可能となるためには，その信号を敏感に受けとめ，乳児とかかわろうとする大人がいなければならない。つまり，乳児が早くからもっている能力は，それ自体として完成されたものというより，乳児を取り巻く人との関係と一体となったものである。このような関係の中でこそ，乳児は最初の愛着を形成することができる。

子が親への愛着を発達させていく過程は表6.4に示す4つの段階をたどる。

■ 6.3.3 ストレンジ・シチュエーション法による愛着の測定

愛着行動は，不安や恐れ，緊張というストレスがある場面で顕著に現れる。自宅では一人で楽しく遊べる子どもが，初めての訪問先では母親にしがみつき，片時も離れようとしないのは，高まった不安を母親とのかかわりによって解消しようとするからである。

1歳〜1歳半の乳児が親に対して形成している愛着の質を測定するために，エインズワース（1978）は**ストレンジ・シチュエーション法**（strange situation procedure）を開発した。これは，実験室という状況の新奇性，同

表 6.3 愛着形成の基盤となる行動

定位行動	親の姿や動きを視覚的にとらえたり，声を聴覚的にとらえることによって，親がどこにいるのかという情報を保つことができる。
信号行動	泣き，微笑，発声，身ぶりなどを示すことによって，親を乳児へと近づけさせ，さらに接近を維持させる信号としての役目を果たす。
接近行動	吸う，しがみつく，這う，歩くことによって，乳児は親へと近づくことができるし，さらに離れていうことする親への接近を維持することができる。

表 6.4 愛着の発達段階

Ⅰ	人一般への定位と発信 （誕生～3カ月頃まで）	人を見つめたり，泣き，発声，微笑などの信号行動を誰に対してもほぼ同じように示し，人一般とかかわる。
Ⅱ	特定の人に対する定位と発信 （6カ月頃まで）	人の弁別ができ始めており，日常生活でよくかかわってくれる人（たいていは母親）に対して頻繁に微笑や発声を示す。
Ⅲ	発信と移動による特定の人への接近の維持 （2,3歳頃まで）	人の弁別がさらに明確になり，特定の人に対する愛着行動が顕著に現れてくる。一方，見知らぬ人に対する恐れと警戒心は強くなり，人見知りが生じる。母親を探索のための安全基地として活用し，自分が安心と感じる範囲内で母親との距離を調節し，かかわりを保ちながら遊びを行う。
Ⅳ	目標修正的協調性の形成 （3歳以降）	愛着の対象となる人物（主に親）の感情や動機も洞察できるようになる。相手の行動の目的や計画を理解して自分の行動をそれに合わせたり，修正することが可能となり，協調性に基づく関係が形成される。

室の見知らぬ人，母親からの分離，一人で初めての部屋に残されることという一連のストレスを操作的に子どもに与え，母親への愛着行動を引き出そうとするものである。その場面を構成するエピソードを表 6.5 に示す。

　これらのエピソードのうち，特に母親との分離，再会エピソードでの子どもの行動に注目して，愛着の質は A, B, C の 3 つのタイプに大きく分類される（図 6.7）。B タイプは安定した愛着を母親に対して形成しており，母親との関係は信頼感に支えられているが，A, C タイプの愛着は不安定なものである。

■ 6.3.4　愛着のタイプと母子相互交渉

　愛着のタイプの違いは，それ以前の時期における母子相互交渉の歴史と関係している（Ainsworth et al., 1978）。B タイプでは，子どもが示すさまざまなサインに対して母親が適切に応答してきたことで，子どもは自分が求めればいつでも母親は応じてくれるという信頼感を獲得している。母親は，子どもにとって利用可能な安全基地として機能しているのである。

　一方，A タイプでは，子どものサインがたびたび無視されたり，母親が一方的で過剰な働きかけをするので，子どもは母親を求めること自体を回避するようになる。C タイプでは，母親が気まぐれに子どもに応じたり，応じなかったりしてきたので，子どもは母親への不信感を形成してしまっている。だからこそ母親と強く接触していないと不安なのであり，かつ分離後の再会でも不安は容易に回復できないものとなる。

　なお，これら 3 タイプはいずれも愛着対象（一般的には母親）への行動の仕方が予測可能な組織化されたものであるのに対し，その後，3 タイプのどれにも分類不能なものとして第 4 の D タイプ（無秩序／無方向型）がメインとソロモン（1990）によって示されてきた。愛着対象へと近接したいのか回避したいのかどっちつかずの状態が長引き，場違いな行動や突然のすくみ，怯えなど不可解な特徴が多く見られる。そして D タイプの母親には「怯え／怯えさせる」という特徴がしばしば指摘されている（Schuengel et al., 1999）。不安や危機を感じた時に安心感を求めていく対象である母親が同時に危機を与える状態である時に，子どもは回避も近接

表 6.5 ストレンジ・シチュエーションのエピソード (Ainsworth et al., 1978)

エピソード	登場人物	時間	状況の概要
1.	母・子・実験者	30秒	実験者が母子を実験室へ導入し退出する。
2.	母・子	3分	母は子に関与しない。子は探索的に活動する。
3.	見知らぬ女性・母・子	3分	見知らぬ女性が入室し、最初の1分はだまっている。次の1分は母と話す。残り1分は子に働きかける。最後に母にそっと退出してもらう。
4.	見知らぬ女性・子	3分あるいはそれ以下 a)	最初の母との分離場面。見知らぬ女性は子に合わせて行動する。
5.	母・子	3分あるいはそれ以上 b)	最初の母との再会場面。母は子に働きかけなぐさめる。それから再び遊ばせようとする。バイバイと言って母は退出する。
6.	子	3分あるいはそれ以下 a)	2回目の母との分離場面。
7.	見知らぬ女性・子	3分あるいはそれ以下 a)	見知らぬ女性が入室し、子に合わせて働きかける。
8.	母・子	3分	2回目の母との再会場面。母が入室し、子に働きかけ抱き上げる。見知らぬ女性はそっと退出する。

a) 子がひどく泣いたりした場合には短くする。
b) 子が再び遊びはじめるのに時間がかかる場合には延長する。

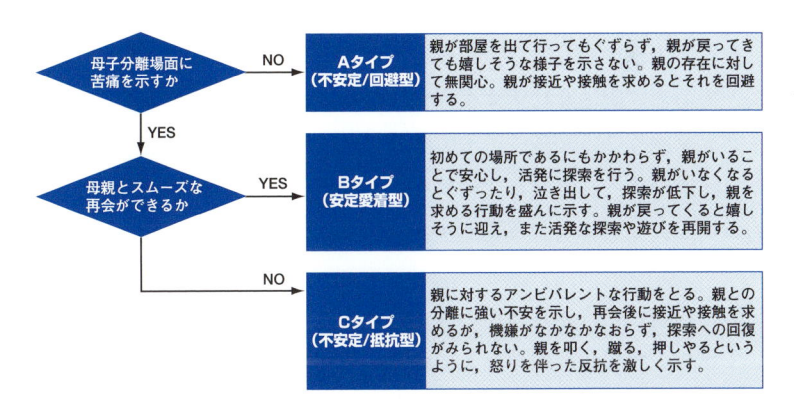

母子分離場面に苦痛を示すか → NO → **Aタイプ（不安定/回避型）**: 親が部屋を出て行ってもぐずらず，親が戻ってきても嬉しそうな様子を示さない。親の存在に対して無関心。親が接近や接触を求めるとそれを回避する。

YES → **母親とスムーズな再会ができるか** → YES → **Bタイプ（安定愛着型）**: 初めての場所であるにもかかわらず，親がいることで安心し，活発に探索を行う。親がいなくなるとぐずったり，泣き出して，探索が低下し，親を求める行動を盛んに示す。親が戻ってくると嬉しそうに迎え，また活発な探索や遊びを再開する。

NO → **Cタイプ（不安定/抵抗型）**: 親に対するアンビバレントな行動をとる。親との分離に強い不安を示し，再会後に接近や接触を求めるが，機嫌がなかなかなおらず，探索への回復がみられない。親を叩く，蹴る，押しやるというように，怒りを伴った反抗を激しく示す。

図 6.7 アタッチメント類型化のプロセス
（斎藤，1985を改変）

もままならない本質的な葛藤状態に置かれ，その結果，子どもは，組織化されず，方向性の定まらない行動パターンを持ちやすくなる。子どもは常に高い不安状態にさらされることから，後の発達におけるリスクが高い (Vondra et al., 1999)。

親が子どもからのサインをどのように読み取り，どのようなかかわり方をするかには，親自身が自分の親に対してもつ愛着表象が影響していることが「愛着の世代間伝達」として注目されるようになってきたが，日本人母子においても関連性が実証されている (数井ほか，2000)。

さて，ストレンジ・シチュエーション法がさまざまな国で実施されるようになると，愛着の A, B, C タイプの割合が異なることが明らかとなり，この場面自体が子どもにとってもつ意味を子育て文化から解釈することも必要となっている (詳細は第 9 章を参照のこと)。

■ 6.3.5　父親と母親への愛着

子どもにとっての最初の愛着対象は，母親に限定されるわけではない。子どもへの応答性に富んだ相互交渉を誰が適切に行ってきたかによって，母親と父親の両者への愛着を乳児が同時に成立させることも可能である。

ラム (1980) によるとアメリカの中産階級の子どもは，1 歳前後の時期に相等しい愛着を両親に形成していた。しかし，注目すべきことは，父親と子どもとのかかわり方は，母親と子どもとのそれとは質的に異なっていることである。図 6.8 に示すように，母親は世話をしたり，しつける目的で子どもを抱くことが多く，一方父親は遊ぶために子どもを抱くことが多かった。遊びの内容も父母では異なり，母親は伝統的あるいはおもちゃ媒介的遊びを，父親は身体的遊びや独自の遊びを多くする傾向があった (図 6.9)。

父親と母親とでは相互作用の質が異なるということは，両親は子どもに対して異なる種類の経験を与えており，それらは子どもの発達において異なる役割を果たしていると考えるよりどころとなる。従来，年長の子ども達の社会化については，父親と母親の果たす役割の相違が重視されてきたが，この役割の相違はずっと早い乳児期から連続してきたことである。

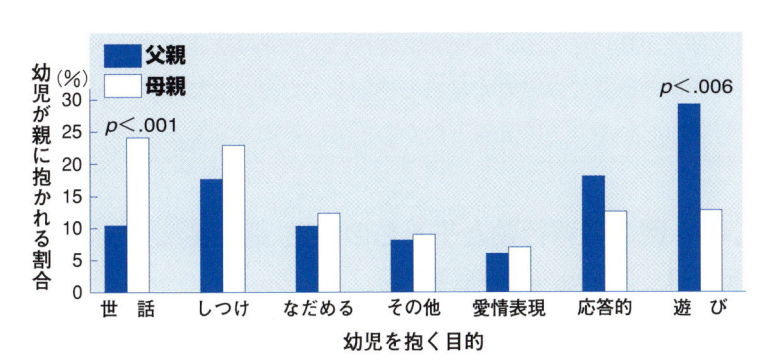

図 6.8　月齢12〜13カ月児を抱く理由の両親間の違い（ラム，1986）

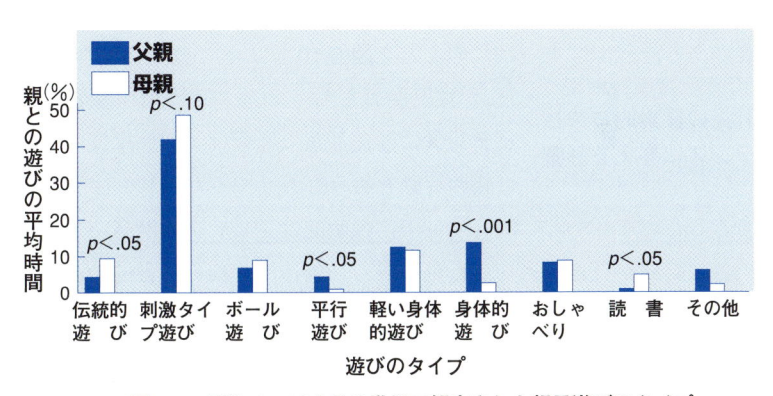

図 6.9　月齢12〜13カ月の乳児で観察された親子遊びのタイプ（ラム，1986）

6 親子関係の形成と発達

ところで，相互作用の質の相違に関する父母の違いは，両親の性と本質的に関係したものではなく，どちらの親が育児の主な担い手となっているかの違いである(Field, 1978)。育児休業をとって父親が家庭で育児を担当し，母親が仕事をしているケースでは，父母と子どもとのかかわり方は，前述のラムの研究でみられた結果と逆転していた。父親が，伝統的な家庭での母親らしいやり方で乳児とかかわっていたのである。

6.4 親の養育行動と子どもの発達
6.4.1 父・母・子の相互作用

家族内で相互に影響しあう関係　一つの家庭内では，家族は相互に影響を及ぼしあっている。父親が不在がちであれば，母親は子どもの養育に関するすべての責任を負わなければならない。しかし，父親が積極的に育児を分担しているのであれば，父親が子の面倒をみている間に母親は個人的な活動に専念することもできる。このことは，夫婦関係，母親の充実感にも影響を及ぼすし，母子間のかかわり方にも質的な相違をもたらす。子どもの発達に対する親の影響は，母と子，父と子を独立にとらえるのではなく，父・母・子を一体とした関係の中でとらえる必要がある。ベルスキーはこのことを**図6.10**によって概念化した。

乳児の探索的コンピテンスに与える影響　15カ月児がおもちゃで遊ぶ時に示す**探索的コンピテンス**に与える親の影響は，家族単位で父親と母親の行動を組み合わせてみた時に，よりよく理解できるという(ベルスキー，1986)。探索的コンピテンスが高いとは，活動の持続時間が長く，適切な行動が多く，創造性も高く，目的のない行動が少ないことを指す。両親が，乳児への肯定的感情，遊びでの身体的接触，激しい動きでの遊びなど(種類A)で養育に積極的に関与している場合には，乳児の探索的コンピテンスに高い発達がみられた。一方，これらの親行動が両親ともに低かった場合には，乳児のコンピテンスは低かった。つまり，これは母親と父親の行動が高—高型と低—低型の家族型の間にみられる明白な差であった。

ところがこうした効果とは対照的に，**表6.6**に示すように，ことばかけ

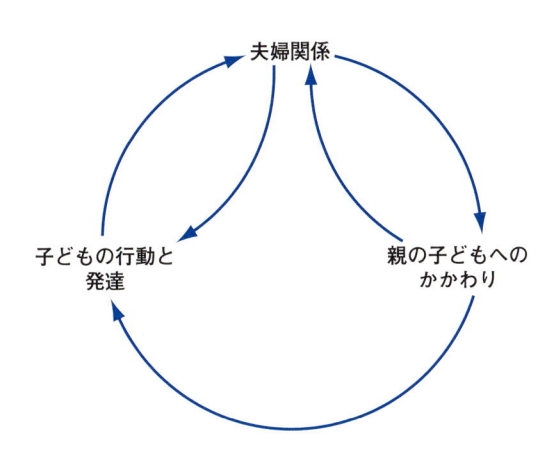

図 6.10 夫婦関係，親の子どもへのかかわり，子どもの行動と発達の相互の影響
（Belsky, 1981）

> ### コラム　コンピテンス（competence）
>
> 　コンピテンスとは，人間や動物が身の周りの環境条件や課題をうまく処理して，より望ましい形の適応を図ろうとする時に発揮する力量のことで，「有能さ」などと訳される。似た言葉に能力（ability）や才能（capacity），可能力（capability）などがあるが，コンピテンスは，それらの用語よりも広い意味合いの力量を指す。ホワイトは，知的能力と動機づけ面の力を一体としてとらえるための概念としてコンピテンスを使い，言語発達の面ではチョムスキーが，言語の運用能力としての performance と区別して，そのもとにある内面的な力として competence を用いることを提唱した。知的コンピテンスに関しては，その構成要素として，① 個別的知識，② 個別的知識のまとまりである概念や法則，③ 概念や法則を実際の課題場面に適用する問題解決能力，④ その能力を発揮して現実の課題を解決しようとする動機づけ，の4つをあげる立場もある。

⑥親子関係の形成と発達

の合計，言語的応答率，刺激，単純な接触という親の各行動（種類B）に関しては，母親が低く父親が高いという低—高型の家族型の時に乳児のコンピテンスが高いという結果が出た。

　なぜ，種類Aの親行動では高—高型が探索的コンピテンスの発達を促進し，種類Bの親行動では低—高型が促進的効果をもつのだろうか。対象者の養育形態（母親が専業主婦で育児の主な担い手）と照らして，これらの行動が日常生活で父母によって示される相対的頻度から，次のように説明されている。

　種類Bの親行動は，親が乳児とかかわる時に絶対的な生起頻度が大きい行動である。一方，種類Aの親行動は生起頻度が比較的少なく，乳児の楽しみや喜びと関係している。行動特徴のこのような相違によって，種類Bの行動に関しては母—父が低—高型の時に，親の注目と子どもの自立性を促す自由度が適度に釣り合っており，乳児のコンピテンスに効果的であったと考えられる。つまり，長時間乳児とかかわる母親では，これらの行動が低い水準（低いというより，むしろ適切な水準と考えられる）であることで，乳児の情緒的要求が満たされると同時に，乳児が探索する自由な機会も十分に与えられることになる。もし母親行動が高水準に過ぎると，1日に接する時間が長時間なだけに，それは乳児を抑えつけ，自立性を奪うことになってしまう。一方，父親が限られた短時間の中で高い水準でかかわるのは，乳児の探索への動機づけを高めるのに有効に働く。

　ここで示されたように，母親と父親の関与の違いを理解する鍵は，母親と父親では子どもへの働きかけの効果が違うことである。しかも，このことは，母親と父親を単独にとらえてわかることではなく，一つの家庭の中で母親と父親がどの程度養育を分担し，その中で子どもとどのように接するかという全体システムの中で考えねばならない。

■ 6.4.2　母子関係と子どものパーソナリティの発達

　母子関係と子どものパーソナリティの発達との関連に関する研究から明らかになったことを森下（1988）は次のようにまとめている。
(1)　子どもの自己評価は，母親の態度が受容的な場合には高く，拒否

表 6.6 親（父・母）の各行動変数の高低の組合せによって分類した家族型別に示した子どものコンピテンスの総合得点（ベルスキー，1986を改変）

親の行動変数 （種類 B）	家族型				$t^{(1)}$ ($df = 36$)
	母：高 父：高	母：高 父：低	母：低 父：高	母：低 父：低	
ことばかけの合計	.77	.06	1.71	−2.19	2.17*
言語的応答率	.49	.15	2.05	−2.00	2.49**
刺　　激	−.41	−.30	2.14	−.77	2.45**
単純な接触	−.39	−1.06	1.12	.33	1.46†

(1)：[母：低―父：高] 家族型の得点対他のすべての家族型の得点（片側の t 検定）
**：$p < .01$，*：$p < .05$，†：$p < .10$
注：コンピテンスの総合得点 = 長期活動持続時間 + 適切な行動 + 創造性の指標 − 目的のない行動の期間

コラム　親の発話コードが知的コンピテンスに与える影響

バーンスタイン（1960）は，親の発話の仕方が子どもの知的コンピテンスに影響を与えることを，イギリスの社会的階層とそこで使われる制約コードと精細コードという2つの発話コードから明らかにした。制約コードとは，場面と関連して行動の合図として働く性質をもち，命令的で紋切り型の言葉を指す（子どもが何か聞いてきた時に，理由も説明せずに「うるさい！」「ダメ」といってしまう）。一方，精細コードとは，個別的に詳しく説明し，相手に理解してもらおうとする発話であり，複雑な内容を含みうる。したがって，子どもは母親から受ける処置や指図の意味を十分に理解することができ，また理解するために考える機会が与えられる。

精細コードは中流階層の家庭では多く使われているが，下層階層では重視されず，もっぱら制約コードが優勢である。下層階層の子どもの知的コンピテンスが十分に発達せず，就学時につまずきが多いのは，家庭での発話コードのこのような違いによると彼はいう。学校では，形式の整った，書き言葉を中心に教育がなされる。そして，このような言語へと接続するのは，制約コードではなく精細コードなのである。

的あるいは統制的な場合には低かった。特に，母親が子どもを虐待する場合には，子どもはネガティブな自己評価をもつ傾向が大きかった。
(2)　母親が拒否的な場合には，子どもの自我は未発達で，情緒不安定であった。
(3)　子どもの**向社会的行動**(外的報酬を期待せずに自発的になされた，他人のためになる行動；援助行動，寄付行動など)は，受容的な母親の子どもで高く，兄弟や友達関係においても仲がよかった。向社会的行動は，しつけにおける母親の力中心の態度・行動とは負の相関があり，誘導的態度とは正の相関が認められた。ただし性差や階層差があり，結果は必ずしも一義的ではなかった。
(4)　母親の態度が受容的なほど，知的行動を促進するパーソナリティ特性や効力感が形成されるのではないかということが示唆された。
(5)　母親の態度・行動の変容によって，子どもの行動も変化するということが実験的に確認された。

　以上のまとめは，母親から子どもに及ぼす影響に重点をおいて取り出したものであるが，もちろん，子どもが母親に与える影響も無視することはできない。母親は，父親も含めて，子どもを通して親として発達し，変容していく。子どもとのかかわりを通して，既存の社会が有している価値に疑問をもち，変革しようともする。このような意味で，子どもは親を通してまず，その社会や文化がもつ価値や規範を学んでいくが，同時にそれに揺さぶりをかけ，新たな価値を付与しようとする強力なエージェントでもある。

参考文献

ハーロー，H. F.，メアーズ，C. 梶田正巳ほか（訳）(1985)．ヒューマンモデル——サルの学習と愛情—— 黎明書房

久保田まり(1995)．アタッチメントの研究——内的ワーキング・モデルの形成と発達—— 川島書店

鯨岡　峻(編訳)(1989)．母と子のあいだ——初期コミュニケーションの発達—— ミネルヴァ書房

三宅和夫(編著)(1991)．乳幼児の人格形成と母子関係　東京大学出版会

永野重史・依田　明(編)(1983)．発達心理学への招待1　母と子の出会い　新曜社

大日向雅美(1988)．母性の研究——その形成と変容の過程：伝統的母性観への反証—— 川島書店

スターン，O. 岡村佳子（訳）(1979)．母子関係の出発——誕生からの180日—— サイエンス社

渡辺久子(2000)．母子臨床と世代間伝達　金剛出版

コラム 親のしつけ方略が子どもに与える影響

　自他の視点を分化し，他者の視点に立つことにより他者の認知を推論する能力を**役割取得能力**（role taking ability）と呼ぶ。幼児は自己中心性が強く，他者の視点をとることがうまくできないということは，ピアジェによって指摘されていることであるが，この能力の発達には，認知能力の発達とともに社会的経験も関連している。

　山岸（1980）は，この役割取得能力を促す社会的経験には，① 自分とは異なる他者の存在に気づかされる経験と，② ある行為をすることが他者にどんな結果をもたらし，他者がどう感じ，どう考えるかを考えるような経験があると指摘し，① については自分と対立することがある仲間との接触経験を，② については他者の立場や気持ちを具体的に指摘し，子どもの逸脱行動を統制する際の親のしつけ方略を重視している。そして，このことを確認するために，親のしつけ方略を次のようにして調べた。

　親からみて子どもが統制を要するようなことをした時に，子どもにどのように言うかを 7 つの逸脱場面について各々詳しく記述してもらい，後に表 6.7 に示すカテゴリーに分類し，得点化した。逸脱場面には① 遅くなったのに友達の家から帰らない，② 隣の庭からお花をもってきてしまったなどがある。その結果，5 〜 6 歳の幼稚園児では，親のしつけ方略において子どもの行動が直接関与する他者の気持ち，立場を具体的に指摘する役割取得的説明の得点が高いと，子どもの役割取得能力も高いことがわかった。また，大勢の仲間とよく遊ぶこと，他者とのぶつかりあいが多いことも役割取得能力の高いことと関係していた。そして，小学校 2 年生では統制の理由を説明するしつけ方略が関係していたが，4 年生ではもはやしつけ方略との関連はみられない。

表 6.7 しつけ方略の説明の型，統制の型のカテゴリーと反応例
(山岸, 1980)

説明の型

a. 役割取得（直接関与する他者の立場，気持を具体的に指摘）
  1. ○○ちゃん（友達）の家ももう夕飯で忙しいんだからいつまでもいたら迷惑でしょ。
  2. 隣のおばさんが大切に育てたのよ。きっとすごくがっかりしているわよ。
b. 準役割取得（a ほど明確ではないが他者の立場を指摘）
  1. ○○ちゃんの家だってもう夕飯なんだからもう帰らなくちゃ。
  2. 取ったらお花だって痛いって，かわいそうよ。
c. 論理（論理的合理的な説明）
  1. もう夕御飯の時間ですよ。○時に帰るって約束してあるでしょ。
  2. 花は生きているのよ。取ったら枯れてしまうでしょ。
d. ルール（一般的なルールの指摘）
  1. もう帰る時間でしょ。子どもは暗くなるまで遊んではいけないのよ。
  2. 人のものをだまって取るのはすごく悪いことでしょ。
e. 理由なし[†]
  1. すぐ帰ってくるのよ。
  2. そんなことをしてはだめ，返していらっしゃい。

統制の型[††]

f. 説明（上記のa, bの一部, c, d）
g. 示唆（間接的に行動を示唆したり解決策を提案）
  1. お家ももうご飯できたわよ。また明日遊ぶ約束して帰ろうね。
  2. 一緒に謝りに行こう。
h. 脅し
  1. 帰ってこないのなら家に入れない，鍵をかけるからね。
i. 強い統制[†††]
  1. 強引に引っぱってでも連れて帰る。
  2. 2度としないように強く叱る。
j. 命令[†††]
  1. 片づけてすぐ帰ってきなさい。
  2. 返しにいってよく謝っていらっしゃい。
k. 譲渡
  1. 「きりがよくなったら帰るのよ」と言って先に帰る。
  2. 取っちゃったものは仕方ないからもらっておきなさい。

[†] 積極的な説明ではないが，状況を言語化しているもの（たとえば，1.こんなに遅くまで遊んじゃだめ。2.人のものを取ったらいけない。）はカウントしない。
[††] 統制の型はこの他に「情緒」（情緒に訴える），「無視」を設けたが，該当する者が少ないので後に省いた。
[†††] 統制場面ゆえ，統制や命令が含まれるのは当然なので，「強い統制」は統制が特に強い場合，「命令」は説明を伴わない場合のみカウントした。

パーソナリティの発達 7

　パーソナリティ（personality；人格）とは一体何だろうか。それはどのように発達するのだろうか。このような疑問に答えることがパーソナリティ（人格）心理学の主要な仕事といえるだろう。しかし，これらの問に答えることはなかなか難しいことなのである。人格をどのようなものとみなすのかについてパーソナリティ心理学にはいくつも異なる考え方が存在し，相互に対立し混乱した状態が続いている。しかし，乳幼児期に限ってみるとここ10年ほどの間に大きな進歩があったといえるであろう。生まれたばかりの新生児であっても，さまざまな点で個性豊かなことがわかり，乳児のパーソナリティというものも単に周囲の大人や環境によって一方的に決められていくという考え方から，生まれながらにもっている生物学的特徴の影響を認めるよりバランスのとれた見方がなされるようになってきたのである。

7.1 気　質

　パーソナリティという言葉は一般的に知的，運動的能力以外の特徴に関する個人差のあり方を指すものとして使われる。ある人物のパーソナリティについて教えてほしいと頼まれた場合，短気であるとか心配性であるとかおしゃべりであるとかといった形でその人のパーソナリティを表そうとするであろう。このようにパーソナリティとは，平均的な人間と比べた場合に比較的異なっているとみなせるパーソナリティ特徴の組合せで表せられるのがもっとも一般的である。

　しかしごく幼い子ども，特に乳児が対象の場合，個人差を表すのにパーソナリティという言葉よりも**気質**（temperament）という言葉が好まれる。これは現代的な意味での気質研究の先駆けとなったトーマスとチェス（1977）の気質研究の功績によるものである。彼らは日本においてもっとも有名な気質の研究者なのだが，残念ながら気質に対するトーマスとチェスの考えは多くの研究者によって支持されているものではない。主な気質に関する考えはトーマスとチェスのも含めて4つあるのである（**表 7.1**）。

　このように一つのことをめぐって複数の立場が存在するというのはパーソナリティ心理学の分野では例外的なことではないのである。パーソナリティ心理学の教科書を開けばたくさんのパーソナリティ理論が並んでいるのを目にすることができる。パーソナリティ心理学という分野は100の事実よりも100の理論によって特徴づけられるという経験科学の中ではきわめて特殊な状態を呈しているのである。

　気質の分野にもこのように相異なる理論があるが，気質は発達初期から観察され時間的に安定的で遺伝的に影響されているパーソナリティ特徴の個人差を指すものであるということに関しては，気質研究者の間で合意がみられているのである。

■7.1.1　どのようにして遺伝の影響を評価するのか

　気質の定義の一つに，遺伝的に影響されているということがあった。これはどういうことなのであろうか。パーソナリティ形成について昔からある論争に「**氏か育ちか**」というものがあった。これはパーソナリティ特徴

表 7.1　気質についての 4 つの定義

1. トーマスとチェスの定義	気質とは行動のスタイルのことで，どのように行動するかに関しての一貫したパターンである。具体的には 9 つの次元（新しい経験に対し接近/回避，変化に対する適応性，ムード，情動反応の強度，生物的機能の周期性，持続性，混乱からの回復しやすさ，活動性，反応を引き起こすための刺激の値）を提唱している。そのうちの初めの 5 つの次元から「困難な (difficult)」気質というものを導き出している。しかし，これらの 9 つの次元の心理学的妥当性に関しては批判が多い。気質というものが発達初期に現れ，生物的な基礎をもつものであることは認めるものの，それが発達を通じて安定しているということにはこだわらない。
2. バスとプローミンの定義	気質とは単に生物的な基礎をもつというだけではなく遺伝的なものであり，それは発達を通じてかなり安定しているもので，後の人格を形作るものである。具体的には情動性，活動性，社会性があげられている（この 3 つについては表 7.3 で説明されている）彼らの研究は行動遺伝学的な方法に基礎をおいている。
3. ロスバートの定義	気質とは反応性と自己制御に関する個人差である。それらは比較的に安定し生物学的基礎をもっているものである。反応性は行動，内分泌，自律神経および中枢神経系の興奮しやすさ，あるいは活性しやすさを意味し，自己制御は反応性を制御する役割をもつ注意，接近あるいは回避行動や行動抑止といった過程を意味する。ロスバートは気質の基礎となっている生物学的プロセスを細かく追究しているという特徴がある。
4. ゴールドスミスとキャンポスの定義	気質とは情動表出を制御している構造に関する個人差である。具体的には情動表出の強さや潜時，持続時間などである。彼らの定義は行動レベルでのものであり生理学的，遺伝学的レベルには言及しないという特徴をもつ。

⑦ パーソナリティの発達

というものは生まれつきのものなのか，それとも後から学習したものなのかという論争である。しかし現在ではすべてのパーソナリティ特徴は遺伝的な情報を基礎としながらも環境の影響を受けるものなのであるという原則的な立場に異論を唱える人はいない。すべてのパーソナリティ特徴は多かれ少なかれ遺伝の影響を受けているとすれば，問題は遺伝の影響があるかどうかということではなくて，パーソナリティ特徴のどれがどれくらい遺伝的な影響を強く受けるのであろうか，ということになるのである。しかしこのような個別的な問題となると論争は絶えないのである。なぜなら，遺伝的な影響だけを評価したくても，パーソナリティ特徴はすでに述べたように遺伝的な要因と環境的な要因が複雑に組み合わさったものとして存在しているため，かつて行われたような家系研究のような方法では遺伝的要因を環境的要因と別々に評価することが困難だからなのである。では，遺伝的影響だけを取り出す方法はないのであろうか。人間を対象にこのような問題を扱う場合の代表的な研究方法として**双生児研究**と**養子研究**というものが存在する。

■7.1.2 双生児研究

遺伝的影響力を調べるためにもっともよく使われるのは双生児である（**双生児研究**）。双生児には**一卵性**と**二卵性**の 2 つのタイプが存在するが，一卵性の双生児の場合，1 つの受精卵が 2 つに分かれたことから生じたものであり，二人の遺伝子は 100 ％同じである。一方，二卵性の双生児というのは 2 つの受精卵が同時に育ったというものであり，普通の兄弟姉妹と同じように平均して 50 ％の遺伝子を共有する。また，どちらのタイプの双生児であっても，同じ両親に同じ時期に育てられるわけで，ほぼ同じ生育環境で育てられるといえるのである。これらのことから次のようなことが導き出されるのである。もしある特徴が遺伝によって影響されるなら，その特徴に関して一卵性の双生児は二卵性の双生児よりも互いに似ているはずである。もしその特徴に関して二卵性の双生児同士に比べて一卵性の双生児の方が互いによく似ていないなら，その特徴は遺伝的な影響はあまり重要でないことになる。ある特徴に関してどれくらい似ているかという

> **コラム** 家系研究

　家系研究は，遺伝が発達に及ぼす影響を調べる方法としてはもっとも古いものである。子どもは親の遺伝子を受け継いでいるし，兄弟間でも平均すると50％同じ遺伝子を共有している。したがってある点に関して遺伝が大きな影響を及ぼすとすれば，家族のものはその点に関して似てくるはずだというのが家系研究の論理である。家系研究の中で特に有名なものといえばゴッダードによるカリカック家の研究であろう。カリカック家の始祖であるマーチンは二人の女性との間に子どもをもうけたのだが，一方の女性（精神遅滞であったとされる）からは精神遅滞者，非行犯罪者などの多い家系が生まれたのに対し，もう一方の女性からの家系ではそうならなかったのである。

　しかし，同じ家族のものは遺伝子だけでなく家庭環境も共有しているので，家族同士似ているからといって，それが遺伝の影響であると決めることはできないのである。もしある点に関して家族の者がまったく似ていないとすればどうであろうか。その場合は遺伝も共有環境も重要ではないということになる。したがって，家族の間で類似しているということは遺伝的影響が存在するかもしれないということの最低限の必要条件といえるのである。

表7.2　双生児研究における遺伝と環境の影響の数量化

遺伝の影響 (h^2)　　$h^2 = 2(R_{mz} - R_{dz})$
共有環境*の影響 (c^2)　　$c^2 = 2R_{dz} - R_{mz}$

　　　　　　　　　　R_{mz}：一卵性双生児間の相関係数
　　　　　　　　　　R_{dz}：二卵性双生児間の相関係数

＊共有環境とは双子同士で共有している環境という意味であり，具体的には家庭環境のことである。

ことは普通，相関係数というもので表されるのであるが，伝統的にある特徴の遺伝的な影響の度合いを示すのに表 7.2 にあるような公式が使われる。

■7.1.3 養子研究

遺伝の影響を調べるもっとも強力な方法は**養子研究**である。一卵性双生児が何らかの理由で別々に養子に出されたとしよう。彼らは同じ遺伝子をもつのだが，異なる環境で育つということになるのである。そして数カ月後あるいは数年後に 2 人を比べてみるのである。環境の違いにもかかわらず，彼らの間に類似している点があるとすればその特徴は遺伝の影響を強く受けているものといえるであろう。また実子がいるにもかかわらず，さらに養子をもらった家族についてはどうだろうか。実子と養子は異なる両親からそれぞれの遺伝子を受け継いでいるのだが，同じ家庭で育つのである。彼らの間に類似している点があるとすればそれは遺伝的影響ではなく環境の影響であるとみなせるだろう。

しかし，一卵性双生児が生まれる確率自体低いことを考えれば，その双生児が別々に養子に出されるなどということはきわめてまれなケースであることがわかるであろう。同様に実子がいるにもかかわらずさらに養子をもらうという家族もそうはいないのである。したがって今述べたような養子研究はそう簡単にできるものではないのである。

そこで，普通，養子研究といった場合は主に次の 2 つのタイプの研究を指すのである。一つは養子が実の親と育ての親のそれぞれにどれくらい似ているかを比較するものである。実の親との類似度は遺伝的な影響力を意味し，育ての親との類似度は環境の影響力を意味すると考えるのである。しかし養子の実の親が誰なのかはっきりわからない，あるいはわかっていてもどこに住んでいるかわからないという場合はどうなるであろうか。その場合は養子のいる家族と実子だけの普通の家族を比較するという方法がとられる。つまり養子とその育ての親の相関と実子とその実の親の相関を比べるのである。このような研究では図 7.1 にあるような形で遺伝的影響，環境的影響の度合いを算出することになる。

非養子家庭 = fe ＋ rh ……………(1)

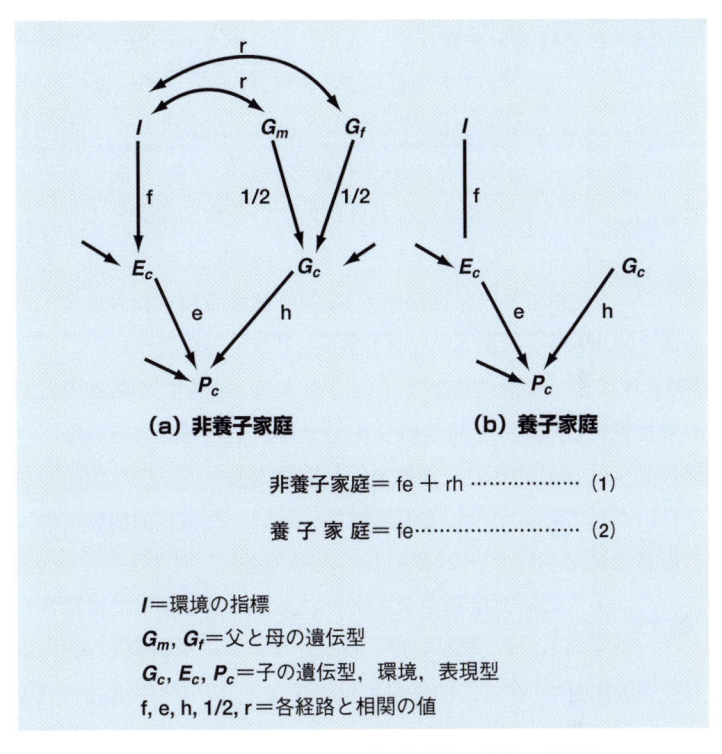

養 子 家 庭 = fe……………………(2)

I ＝環境の指標
G_m, G_f ＝父と母の遺伝型
G_c, E_c, P_c ＝子の遺伝型，環境，表現型
f, e, h, 1/2, r ＝各経路と相関の値

図7.1　養子研究における遺伝と環境の影響の数量化

上の図はプローミンら（1985）のパスモデルを参考にしたものである。子どもの表現型（実際に現れた特徴）Pはhとeの経路を通して遺伝型Gと環境Eによって決定される。子の遺伝型は父親と母親から半分ずつの遺伝的影響を受けている。さらに子どもの直接的な環境に影響を与える環境的要因Iがありfの経路で影響を及ぼす。Iはまた親の遺伝型と関連することがrの経路で示されている。養子家庭は親子の遺伝的関連がないため（b）の図のようになる。

したがって非養子家庭，養子家庭での環境と子どもの発達の相関は式（1），（2）のように表されるのである。この式から養子家庭と非養子家庭の相関の差は遺伝的要因の度合い（rh）を示し，養子家庭の相関が環境的要因の度合いを示す（fe）ことがわかるであろう。

■ 7.1.4 乳幼児を対象にした行動遺伝学的研究

　代表的な気質研究者の一人であるゴールドスミスは1983年の論文で，主に1970年代と80年代初頭に行われたパーソナリティ特性に対する遺伝的影響を調べた諸研究を総覧しているが，その中で強い遺伝の影響が認められるものとして広い意味での社会性，情動性，そして活動性の3つをあげている。実はこの3つはバスとプローミンが気質としてあげているものなのである。この3つについての彼らの説明は**表7.3**に示してあるが，具体的にどのような研究が行われたのかいくつか紹介しよう。

　情動性　ゴールドスミスとキャンポス(1982)は9カ月の一卵性双生児29組と二卵性双生児61組を被験者に見知らぬ大人が接近する場面と視覚的断崖(第5章5.3.1参照)での反応を調べた。この2つは9カ月の乳児にとって恐怖という情動を引き起こすものであるのだが，一卵性の双生児では.66，二卵性の双生児では.44の相関値だった。つまり遺伝係数(h^2)は.44である。恐怖という情動の強い遺伝性は他の双生児研究でも見出されているが，一方微笑や笑いといった肯定的情動については遺伝の影響は見出されていない。

　活動性　多くの研究は親やテスターによる評定によって活動性を調べている。生後2年間を調べたマテニーの研究(1980)では一卵性双生児の場合で.40，二卵性双生児の場合で.17の相関値を得ている。

　社会性　主に調べられているのは，見知らぬ大人に対してどう反応するかということである。多くの研究では**質問紙**や**評定法**を用いているが，プローミンとローベ(1979)は，約22カ月の21組の一卵性双生児と25組の同性の二卵性双生児を対象に実験的な方法で調べている。双生児の家に見知らぬ大人が訪問し，まず母親と話をする。次にその大人は乳児に近づき一緒に遊ぶように誘い，その後実際におもちゃを使って遊ぶということを決められた手順で行い，その間の双生児の接近したり，話しかけたり，微笑んだりといった社会的行動を記録した。見知らぬ大人に対する行動，わかりやすくいえば恥ずかしがりかどうかについては遺伝的影響が見出されている。

　本節で紹介した研究は双生児研究ばかりであったが，乳幼児を対象にし

表 7.3 バスとプローミンによる社会性，情動性，活動性の定義
（Buss & Plomin, 1984）

社会性	他者の存在を報酬とする傾向。したがって，社会性が高い子どもというのは，見知らぬ人を恐れたり，恥ずかしがったりすることは少ないということになる。
情動性	ぐずったり驚いたりといった情動喚起のされやすさ。したがって，情動性の高い子どもというのは，不機嫌になりやすく，強い恐怖や怒りを示すことになる。
活動性	行動のテンポと強さを表す。活動性が高い子どもは忙しく動き回り，体を大きく使う激しい遊びを好むということになる。

図 7.2 砂場での子どもたち（Clarke-Stewart, Friedman, & Koch, 1985）
ある子どもたちは大変社会性が高く，見知らぬ同士でもすぐに一緒に遊べるのに対し，なかなか集団の中に入っていけない子どももいる。

7 パーソナリティの発達

た代表的な養子研究としてプローミンら (1985) の研究がある。それは 153 ページに紹介しておいた。

7.2 環境の影響

　すでに示したように，人間のパーソナリティ特性の中には遺伝的な影響を強く受けるものがいくつか存在し，個人差というものはまず遺伝的な差によって説明されるものなのである。つまり人間はそれぞれ異なる遺伝情報のため一卵性双生児を除けば皆それぞれ異なる存在なのである。

　一方当然のことながら，それぞれの**環境**の違いも個人差を生み出す重要な要因である。しかし，個人が経験する環境はその個人の遺伝的特徴と無関係ではないのである。まず乳児は普通，遺伝的に関連する親によって与えられる環境の中で育つということがある。また，よく笑う活動的な乳児はそうでない子に比べて大人からより多くの働きかけを受けるし，また，かわいらしい（つまり外見のよい）子どもはそうでない子どもより大人に抱かれたり微笑みかけられたりすることが多いことが知られているが，これらは親が子どもにどうかかわるかは，その子がどんな特徴をもっているかに部分的であれ依存することを示すものである。さらに，成長とともに，子どもは自らの特徴にかなった環境を積極的に選ぶようになる。遊びを例にとると，内向的な子どもは，外向的な子どもに比べて外で多くの友達と活発に遊ぶということよりも家でおとなしく遊ぶのを好むだろうし，恐怖心の強い子どもは遊びに際して危険を多少でも伴うものは避けるであろう。

　このように遺伝と環境は関連し単純に切り離すことができないのであるが，環境のどの側面が個人差を生み出す源になっているのであろうか。発達心理学者が伝統的に関心をもってきたものは，親の**育児様式**や**育児態度**といった側面である。このような研究は育児習慣などの親の特徴と子どものパーソナリティ特徴の相関を調べるというあまりにも単純な方法をとっているものが多い。残念ながら，このような研究方法では親の育児習慣と子どものパーソナリティ特徴に関連があったとしても，特定の育児習慣のためそのような特徴をもつ子どもになったとはいえないのである。

　もし親の育児様式や育児態度がパーソナリティの形成に大きな影響を与

コラム　選択的組み合わせ

　双生児研究、養子研究それぞれにいくつかの注意すべき点があり、それを無視すると結果が大きくゆがんでしまうということになる。

　注意すべきものとして**選択的組み合わせ**の問題がある。選択的組み合わせとは要するに似た者同士が結婚する、あるいは養子縁組みをするという傾向のことを意味しているのであるが、ある点に関して選択的組み合わせが行われているとすれば、その点に関しての二卵性と一卵性双生児同士の相関の差は縮まり、結果として遺伝的影響を過小評価させることになるのである。たとえば身長に関しては選択的結婚が行われているだろう。女性は自分より背の高い男性を好む傾向があるので、背の高い女性は背の高い男性と結婚することになる確率が高くなるからである。パーソナリティに関してはどうかというと、いくつかの例外をのぞいて選択的組み合わせは行われていないようである。つまり結婚相手の選択に関して似た者同士とか逆に似ていない者同士といった明確な法則性はないということである。

　養子研究では養子と育ての親は遺伝的に関係していないという仮定があるのであるが、養子縁組みを仲介する施設は実の親と似た夫婦を養い親として選択する傾向が存在する。これは遺伝的影響と環境的影響の両方を過大評価させるという結果をもたらすのである。

図7.3　一卵性双生児（Darley, Glucksberg, & Kinchla, 1991）
双生児は遺伝と環境の問題を考える際に重要なデータをもたらす。

えるというのが真実ならば，兄弟姉妹のように同じ家庭に育った者同士はパーソナリティ特徴の点で似ているはずである。ところが双生児研究の示すところではパーソナリティ特徴に関しては二卵性双生児（同時に生まれた兄弟といえる）の間の相関が非常に低い，あるいはまったくないことがしばしば見出され，二卵性双生児の類似度は遺伝的要因だけで説明可能な程度であり，また普通の兄弟間の相関も低いことが知られている。このことは兄弟が共有している環境的要因，たとえば母親の育児様式や育児態度あるいは教育水準，夫婦関係のよさの程度，両親の精神的健康状態といった要因はパーソナリティの発達にそれほど大きな影響を及ぼさないことを意味している。

　それでは兄弟で共有していない側面はどうであろうか。兄弟で共有していない側面とは具体的にはまず出生順位が考えられるだろう。第一子は第二子以降の子どもと比較した場合に，両親からより多くの関心や世話が示され，しつけはよりきびしいものとなることが知られている。このような家庭内での親の行動や態度の違いが兄弟間の違いを生み出すのであろうか。しかし1,000以上の出生順位の効果についての研究を総覧したエルンストとアングスト（1983）によると，出生順位とパーソナリティ特徴の関連は，他の要因を同じにした場合，ほとんどないのである。

　性（sex）の違いについてはどうであろうか。男の子と女の子は同じ家庭でもそれぞれ違った仕方で育てられることが多いのである。性差については出生順位と同様，パーソナリティ特徴だけではなくさまざまな能力について調べられており，さまざまな点で性差が数多く見出されている。しかし，性差があるということは性の違いが人格に大きな影響を与えるということを必ずしも意味しないのである（p. 155 参照）。実際は性による違いは個人差をほんの数パーセントしか説明しないのである（Plomin & Foch, 1981）。

　その他の要因として，友達関係などのような家族外での人的ネットワーク，病気や事故といった偶発的なできごとなども考えられるのであるが，現在のところそれらがパーソナリティに大きな影響を及ぼすという証拠は乏しい。

コラム　プローミンらのコロラド養子研究

　プローミンらの養子研究は1970年代から始まっている。彼らは養子家庭，非養子家庭それぞれ250ずつを被験者に，子どもが1歳から4歳になるまで毎年家庭訪問をし，HOMEやFESなどを使って家庭環境について測定し，また子どもの運動発達，知的発達，人格発達などに関する膨大なデータを得たのである。特に興味深いデータは12カ月と24カ月に得られた182の養子家庭と165の非養子家庭のデータである。このデータの分析をまとめたものが，『乳児期における個人差の起源――コロラド養子研究』である。さまざまな発達の指標と環境的要因との相関が調べられたが，そのうち34個の相関が統計的に有意であった。この34個の相関の養子家庭の平均は.09で，非養子家庭の平均は.24であった。この値はプローミンらのモデルに従うと40％が環境的影響で60％が遺伝的影響であることを示している。

　有意であった34個の相関の内訳は，10個が問題行動に関するもので，14個は気質に関するもの，6個は心的発達，4個は言語発達に関するものであった。遺伝的影響が特に大きいのは問題行動と気質に関するものである。心的発達，言語発達についてはそれほど強い遺伝的影響は見出されなかった。

表7.4　有意な環境と発達の指標の相関
(Plomin & Defries, 1985)

領　　域	有意な相関の数	相関の平均	
		養　子	非養子
行動的問題	10	.07	.23
気　　質	14	.06	.20
心 的 発 達	6	.21	.27
言 語 発 達	4	.25	.36

現在もっとも妥当と思われる結論は，パーソナリティに大きな影響を及ぼすとされる特定の環境的要因は存在せず，「子どもの時，大病を患った」「近所に少し変わった友達がいた」「すばらしい小学校の先生に出会った」などというような各人独自で予測不可能なさまざまな事柄が少しずつ影響を及ぼしているに過ぎないというものであろう。

7.3 自己理解の発達

他のものとは異なる自分というものの存在に気づき，自分というものについて理解を深めていくということは，パーソナリティの発達の重要な側面である。自己をどう理解するかということは，他者をどう理解するかということの基礎となるからである。また自己に関する意識や理解が成立して初めて子どもは人間特有の複雑な情緒的行動的反応を示すようになるのである。

自己はウィリアム・ジェームズにならい" Me "と" I "(客我と主我と訳されることが多い)の2つの部分に分けて考えるのが普通である。私たちは自分自身についてあれこれと考えたり，感じたりすることができる。**主我**とはこの考え，感じている方の自己であり，**客我**とは考えたり感じたりされている方の自己である。客我は物的特徴(身体，所有物)，社会的特徴(関係，役割，人格)と精神的特徴(意識，思考，心理的機構)などを含むものなのである。子どもはこの自己の2つの面をどのように理解していくのであろうか。

■7.3.1 乳児期の自己理解

乳児が自分というものをどのように理解しているのかということはそう簡単に答えられる問題ではない。乳児は言葉を使えないためである。そのような制約のため乳児期の**自己理解**については**視覚的自己再認**，鏡に映った自分の姿や自分の写真を自分であるとわかるかどうか，ということのみ実験的に調べられてきた。乳児に鏡を見せるということはかなり昔から行われてきたことで，乳児は早い時期から鏡に映った自分の姿に興味をもち微笑んだりすることが知られている。自分が動けば鏡に映っているものも

コラム 性差があるということはどういうことを意味しないか

男の子グループと女の子グループそれぞれに数学的能力を測るテストを実施し平均値を比べてみたところ2つのグループの間に統計的に有意な差があったとしよう。そのような時，数学的な能力に関して性差があるというのである。では，この性差が存在するということはどのようなことを意味しているのであろうか。それは多くの場合平均値が少しばかり違うということしか意味していないのである。一般的に男の子の方が女の子より数学的能力が高いということなどはまったく意味していないということに注意しなくてはならないのである。少しばかり平均値が違ったとしても図 7.4 にあるようにその分布の大部分は重なるのであって（大きな性差があるとされるものでも 80％以上は重なっているのが普通），その重なりの範囲であれば男の子であっても女の子より優れているなどということはいえないのである。より高度な統計的テクニックを使えばもっと興味深いことがわかる。個人差というものは性以外のさまざまな要因が重なってできるのであるから，ことさら性差を強調するためには性という要因がさまざまな要因のなかでも大きな影響力をもっていることが示されなければならない。プローミンとフォッチ（1981）はそのことを確かめるためにすでに公表された研究のデータに基づいて分析した。性の違いによって説明される個人差は言語能力については1％，数量的能力は4％，ヴィジランス（目ざとさ），活動性，攻撃性はそれぞれ4, 8, 12％でしかなかったのである。

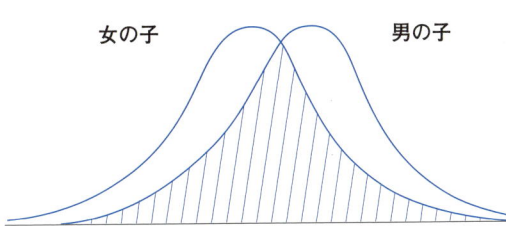

図 7.4　性差があるとされる典型的な分布
平均値はたしかに異なるが，その分布の大部分は重なる。

動くことに気づき，自分が鏡映像を動かすことができることを楽しむようになるのは5カ月頃からである。これは自分は行為の主体であるということ，つまり主我としての自己を理解していることを示している。では，客我としての，この場合見られる存在としての自分，つまり身体像についての理解はどうであろうか。

この問題に大きな影響を与えたのはチンパンジーの視覚的自己再認能力について研究したギャラップ (1977) である。彼はチンパンジーに麻酔をかけ，眠っている間に顔の一部に赤い点をつけたのである。麻酔から回復後，鏡が置かれると，以前に鏡に映った自分を見たことのあるチンパンジーは，直ちに手で顔の赤い点を探り始めたのであった。

さらにギャラップは5カ月間にわたってマカクザル (ニホンザルと同じ仲間のサル) に鏡を与え鏡に対する反応を調べてみた。マカクザルは，鏡に食べ物が映っているのに気づき食べ物のある方向に振り返るということができるにもかかわらず，視覚的自己再認能力を示さなかった。チンパンジーと違って，マカクザルは自己に関する概念を欠いているのだとギャラップは考えている。隔離されて育てられたチンパンジーも視覚的自己再認能力を示すことができないので，このような能力を獲得するためには他者の存在が不可欠であるのだが (図 7.5)，マカクザルのように自己再認のための生得的能力を欠いていればそのような経験も無意味なことを意味するのである。

このギャラップの方法を乳児に適用してみたのがアムステルダム (1972) である。こっそりと気づかれないように乳児の鼻に口紅をつけたあと，鏡を見せ，「見て，これ誰かな？」と尋ねた。口紅のついた所に触るという行動を示したのは 20 カ月以降の子どもであった。しかし，乳児が鏡に映った自分の姿に関心を示しているからといって，それが自分が映っていると理解していると結論づけることはできない。なぜなら鏡映像は自分の動きと連動するので，それを手がかりに自分の顔に触ったりしているだけで，自己の身体像については理解していない可能性があるからである。

この問題をうまく解決する方法を考え出したのは，ルイスとブルックス=ガン (1979) である。彼らは単に鏡を見せるだけではなく，ビデオ映像

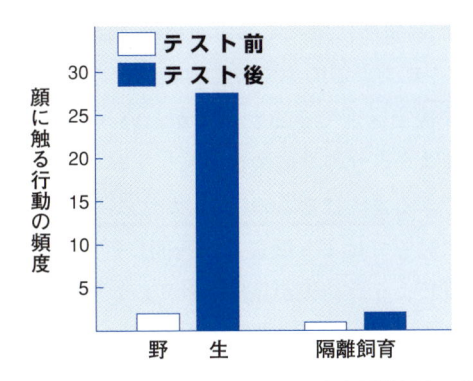

図 7.5　チンパンジーの視覚的自己再認能力：野生と隔離飼育の対比
（Gallup, 1977）

野生で育ったチンパンジーは顔に赤い点をつけられ，鏡を示されると，つけられる以前に比べて顔を触る行動が増加する。これに対し他のチンパンジーと接することなく隔離されて飼育されたチンパンジーはそのような増加はみられない。隔離されて育ったチンパンジーは鏡に映った自分の姿を自分のものとして認識できないのである。これは自分を知るためには他者の存在が不可欠なことを示唆するものである。

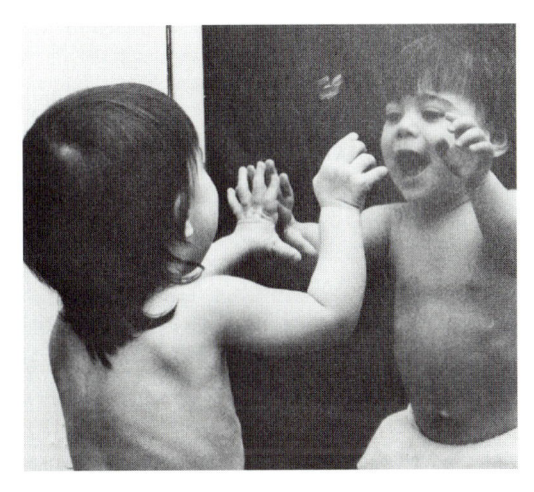

図 7.6　鏡に映った姿に興味を示す（Cole & Cole, 1989）
1歳の後半から鏡に映った自分の姿を理解するようになる。

と写真を使った実験を行った。ビデオ映像は 3 種類（一つは自分の今の映像，もう一つは 1 週間前に撮っておいた自分の映像，そして他の乳児の映像である）用意された。この中で特に興味深いのは一週間前の自分の映像と他の乳児の映像を区別できるかどうかということである。この 2 つを区別するためには，自分の身体像を理解しておく必要があるからである。この 2 つを区別できるようになるのは 15 カ月以降であった。15 カ月になると自分の映像に対してはより微笑み，画面に近づこうとするのである。写真についても同じような結果が見出された。ルイスらは，乳児は 15 カ月になって自分の身体像について理解するようになると結論づけている。

　ケーガン (1981) の模倣の研究も自己の発達に関して興味深いデータを示している。1 歳児では複雑な行動をまねするように求められても，嫌がったり，不安そうにしたりすることはない。単に失敗するだけである。ところが 2 歳児になるとおもちゃを押しのけたり，母親の方を向いたりあるいは泣き出したりするのである。これは 2 歳になると自分には何ができて何ができないかといった自分の能力に関する理解が存在することを示しているであろう。さらに期待されていることができないというのは恥ずかしいことなのだということも理解していることを示しているのである。これは**自尊心** (self-esteem) の始まりといえるであろう。

■ 7.3.2　幼児期の自己理解

　ブロウトン (1978) は，子どもに「自分って何？」などと自由な形で質問することにより子どもの自己というものについての理解を調べた。ブロウトンによれば，幼児は自己というものを身体の一部とみなしているらしい。幼児は自己というものをその身体と混同しているのである。したがって幼児は植物でも動物でも死人でも自己があると主張するし，自分と他人の違いを尋ねられた場合には身体的特徴やもち物，たとえば髪型や体の大きさ，自転車をもっていないなどをもち出すのである。心理的な特徴に言及するようになるのは 8 歳になるまで待たなくてはならないという結果だった。

　ケラーら (1978) は，幼児は自己を身体的なものとしてだけではなく活動の主体として理解していることを示した。ケラーらは，3 歳から 5 歳の幼

コラム ケーガンの模倣研究

　ケーガン（1981）は1, 2歳児の自己意識の発達を調べるために次のような実験を行った。子どもを母親の膝にすわらせて，実験者がおもちゃを使った3種類の行為を子どもによく見えるようにゆっくり繰返し行う。その後で，「今度はあなたが遊ぶ番よ」と言うのである。真似をしなさいと直接的に要求はしない。その後子どもはおもちゃで遊ぶことを許されるのである。子どもが真似することを求められる行為はそれぞれの月齢で難しいものである。たとえば17カ月児では，ブタのおもちゃに帽子をかぶせて歩かせるということが求められ，20カ月児では人形の顔を布でふくということが求められる。分析の焦点は，「今度はあなたが遊ぶ番よ」といわれた時，子どもがどんな反応をするかである。次のような行動をした場合，模倣に対する苦痛を示したと定義した。それはむずかる，泣く，母親にしがみつく，その後まったく遊ぼうとしない，遊びたくないあるいは外に出たい等の抵抗をする，である。図7.7はアメリカとフィジーの子どもが模倣に対する苦痛を示した割合を月齢ごとに示したものである。模倣に対する苦痛は15カ月頃から現れ，その後急速に増加し24カ月頃ピークに達するようである。

　なぜ15カ月以降模倣に対する苦痛を示すようになるのであろうか。それは子どもが自分が模倣することを求められていることを理解し，しかもそれが自分にとってできそうもないということを理解できるようになるからである。

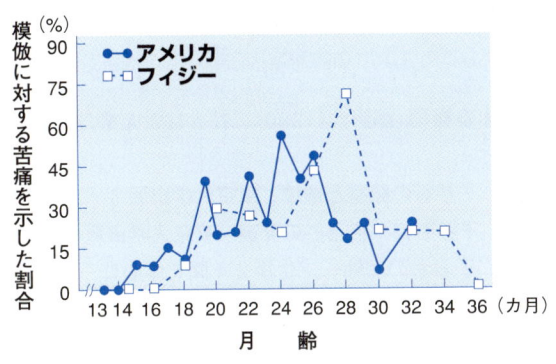

図7.7　アメリカとフィジーの子どもが模倣に対する苦痛を示した割合
（Kagan, 1981）

[7] パーソナリティの発達

児に自分自身を示すものを10個まで自発的にあげてもらうということと，「私は」で始まる文を完成させることをしてもらった。幼児の答は9つのカテゴリーに分類されてから分析された。一番多かったのが「野球をする」「自転車に乗る」といった活動に関するものである。それに次ぐものとして，身体的特徴（太っている，髪が長いなど）と持ち物（人形をもっている，犬を飼っているなど）であった。このように幼児は主に身体的自己，活動の主体としての自己という形で自己理解をしているのである。また自己と自己の所有物が深く結びついているのも幼児期の自己理解の特徴といえるであろう。

　さらに別の側面の自己理解も幼児期にはみられるようになってくる。それは自己の属する集団によって自己を理解しようとすること，つまり社会的自己というものである。幼児は自分について述べるよう求められた時に自分の通う幼稚園やスポーツクラブにふれることを時々するようになる。また他人と比較した形で自己について述べることも増えてくる。これは自分と自分が所属する集団の他のメンバーと比較することによって自己を理解し始めたことを示している。しかしこのような形での自己理解は幼児期ではまだ芽生えたばかりのものであり，学童期以降に顕著になってくるものなのである。

参考文献

デーモン，W. 山本多喜司（編訳）（1990）．社会性と人格の発達心理学　北大路書房
井上健治（1979）．子どもの発達と環境　東京大学出版会
柏木惠子（1983）．子どもの「自己」の発達　東京大学出版会
三宅和夫（1990）．子どもの個性――生後2年間を中心に――　東京大学出版会

表 7.5　ケラーたちの文章完成課題の結果
(Keller et al., 1978)

	3歳		4歳		5歳	
	男子(%)	女子(%)	男子(%)	女子(%)	男子(%)	女子(%)
活　　動	51	50	46	49	68	42
関　　係	2	1	2	1	5	5
身　　体	20	29	33	18	28	30
所 有 物	14	13	12	16	15	9
個人的ラベル	4	2	2	1	0	0
性	2	1	1	0	1	1
年　　齢	3	1	0	0	0	0
評　　価	1	1	1	5	0	2
個人的特徴	4	2	2	10	11	11
分類不可能	0	1	0	1	0	0

ケラーらは幼児の自己理解を調べるために，「私は……である／ができる／をもっている。」という形の文を口頭で与えて，……部分を埋めさせる課題を用いて実験している。幼児の回答は次の9つのカテゴリーに分類された。
1) 活動：具体的な行動に関する回答（たとえば，自転車に乗れる）。
2) 関係：人間関係に関する回答（いい友達をもっている）。
3) 身体：身体に関する回答（骨がある）。
4) 所有物：持ち物に関する回答。
5) 個人的ラベル：個人を表すラベル（名前がある）。
6) 性：性別に関する回答。
7) 年齢。
8) 評価：自己評価に関する回答（幸せだ，いい子である）。
9) 個人的特徴。
上の表からわかるように，「活動」が圧倒的に多く，「身体」「所有物」が続くという結果になった。この傾向は3歳児から5歳児まで差は見出されなかった。自己理解の大きな変化は学童期まで待たないと生じないようである。

乳幼児期の生活パターンと遊び 8

　女性の社会進出，核家族化，少子化，一子豪華主義，人口増加，遊び場の減少，ゲームの普及，塾や習いごとの増加，小児心身症や小児成人病。近年の社会の変化は乳幼児期の生活パターンを大きく変えようとしている。乳幼児期の発達に限らず，人間の発達に影響する環境の変化は決して小さくはない。乳幼児期に必要な豊かな環境を与えるためには，現在の乳幼児を取り巻く生活の実態を認識することが大切である。

　本章では，乳幼児期の日常の過ごし方をいろいろな側面からとらえ，乳幼児期の発達を考える際の資料としたい。

8.1　覚醒・睡眠のサイクルと生活リズム

　人間の生活のサイクルは，大きく2つに分けると，**覚醒**と**睡眠**の繰返しといえる。その繰返しは年齢が若いほど一日のうちに何度も起こる。幼児期には午睡をするが，やがて，昼に覚醒，夜に睡眠をとるというサイクルがとれるようになってくる(**表 8.1**)。

　睡眠は体の成長にとって大切な生理作用である。図 8.1，図 8.2 に示される通り，睡眠には，**ノンレム睡眠**と呼ばれる深い眠りと，**レム睡眠**と呼ばれる浅い眠りがある。それらは 90〜120 分のサイクルで，一晩に 4〜5 回繰り返され，徐々にノンレム睡眠が浅くなって目覚めることになる。

　ある研究によれば，昼間にいつもより体を使った日は寝入りからノンレム睡眠に入る時間が短くなることがわかっている。日中，体を動かし，就寝前にリラックスすることがよい眠りにつながり，めざめもよいという。近年の調査では，むしろ，幼児・児童期の遅寝，睡眠時間の短縮傾向が指摘されているが，たとえば，就寝前の長時間のゲームやテレビ，親の就寝時間が遅い，などの社会の変化に大きくかかわっているようである。就寝前に脳が刺激されると興奮するため寝つかれなくなり，睡眠のサイクルは乱れてしまう。ひいては，熟睡できずに疲労を残したり，慢性の睡眠不足の状態に陥ることになる。成長期のホルモン分泌，日常の健康維持のためにも，十分に，そして規則正しい睡眠をとることを心がける必要がある。

　幼児の**生活時間**を調査した結果からは、睡眠に限らず，近年，**生活リズム**の乱れが大きく指摘されている。就寝時間や起床時間が遅くなっていることは，自律起床ができない子どもが増えていることにつながっていると考えられる(**表 8.2**)。その背景には，母親の社会進出や核家族化などの社会的変化の影響だけでなく，養育者の子育てに対する態度の変容や養育者の生活リズムの乱れがあるようである。

8.2　基本的生活習慣の確立

　個体の生命が保持されるためには，食事，睡眠，排泄などの生理的欲求が保障されねばならない。社会の中で健全に発育するためには，それらの

表 8.1　小児の睡眠 (内山ら, 1993)

年　齢	24時間中の睡眠時間	睡眠の特徴
新 生 児	22	不規則
2 カ月	18～20	夜間長時間
6～11カ月	14～16	朝および午後のひるね
12～23カ月	13～14	ひるね1回，普通午後2時間
3～5歳	12～13	ひるね1回，普通午後1時間
6～13歳	11から9に減ってゆく	ひるね，なし

図 8.1　年齢による覚醒と睡眠の変化
(時実, 1969)

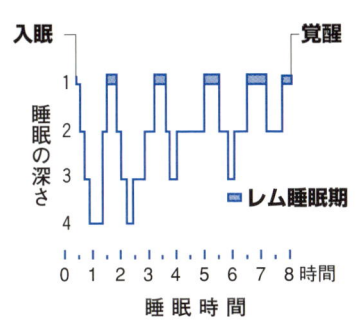

図 8.2　レム睡眠の現れ方
(時実, 1969)

表 8.2　乳幼児の就寝・起床時間
(北空知保健協議会, 2004)

(1) お子さんは毎日何時ごろ寝ますか

①午後8時以前	16人	2.3%
②8時30分ころ	64人	9.4%
③9時ころ	187人	27.4%
④9時30分ころ	211人	30.9%
⑤10時ころ	146人	21.4%
⑥10時30分ころ	32人	4.7%
⑦11時以降	26人	3.9%
計	682人	100 %

(2) お子さんは毎朝何時ごろに起きますか

①午前6時以前	24人	3.5%
②6時30分ころ	196人	28.7%
③7時ころ	253人	37.1%
④7時30分ころ	137人	20.0%
⑤8時ころ	58人	8.5%
⑥8時30分ころ	11人	1.7%
⑦9時以降	3人	0.5%
計	682人	100 %

(3) お子さんの朝の目覚めの様子についてお聞きします

①自分から起きる	422人	61.9%
②起こされて起きる	260人	38.1%
計	682人	100 %

欲求は規則的に活動に組み込まれることが大切となる。食事，睡眠，排泄などの欲求に，人として生活するのに必要な，清潔，衣類の着脱などの習慣を加えたものを**基本的生活習慣**と呼ぶ。これらは，社会に適応するために習慣づけられるものであって，その基礎は，生活空間である社会の文化やしきたりに大きく影響されている。幼児期は，他律から自律への橋渡し期でもあり，基本的生活習慣を確立させるにはふさわしい時期なのである。

[1] **食事**：バランスのとれた栄養を摂取するには，まず好き嫌いなく食事をする必要がある。そのためには，見た目に楽しい盛りつけや食器の工夫の他に，周囲の楽しい雰囲気も大切である。同時に，規則正しい時間に，決まった場所でというように，遊びの延長ではない，けじめのついた習慣を心がける。自分で箸やスプーンを上手に使いこなすようにするには，体の発達との関係を考慮しながら指導する（図 8.3）。

[2] **睡眠**：睡眠は深い睡眠と浅い睡眠の繰返しである。このサイクルの一定のリズムを維持することがもっとも大切である（前節参照）。

[3] **排泄**：清潔の習慣にも結びついている。情緒の分化の理論からは，オムツ交換の時に経験する快感が後の情緒発達の基点と考えられている。オムツがとれるまでに十分この快感を味わわせ，自分で尿覚を表意させることを励ましつつトイレット・トレーニングに導いていく（表 8.3）。

[4] **清潔**：手を洗う，歯磨きをする，爪を切る，入浴するなどを習慣づける。排泄と異なり，生理的欲求でないために，自分から活動に組み込むことはない。したがって，強制的でなく，自主的に楽しめる活動に結びつくよう，時間を決めるなどの工夫をしながら習慣づけるよう指導する。

[5] **衣類の着脱**：ボタンつけや結びを必要とするものは，身体の発達に応ずる必要がある。活動を妨げない，体温調節が容易にできるなどを条件に自分で着脱できるようにしていく。同時に，汚れたら着替えるといった清潔の習慣や，整理・整頓の習慣も形成させるよう工夫する。

8.3 家庭生活

子どもの権利条約の前文には，家族は「社会の基礎的な集団として，並びに家族のすべての構成員特に児童の成長及び福祉のための自然な環境」

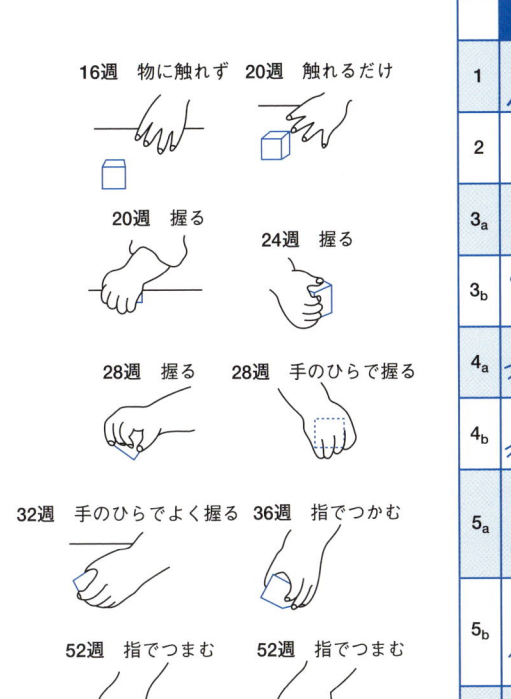

16週　物に触れず　　20週　触れるだけ

20週　握る

24週　握る

28週　握る　　28週　手のひらで握る

32週　手のひらでよく握る　　36週　指でつかむ

52週　指でつまむ　　52週　指でつまむ

図 8.3 (1)　物のつかみ方の発達
（Halverson, 1931）

		箸の持ち方
1		さじとまったく同様に箸をもつもち方。
2		いわゆる「握り箸」。
3a		握り箸をややゆるく握ることではさみ方がやや自由になる。
3b		人さし指がやや独立に動き始める。
4a		人さし指と中指がはさむために使い始められる。
4b		人さし指と中指の外に押えるために小指が用いられる。
5a		親指と人さし指がもっぱら箸を動かしてはさむことの中心になる。全体として握るようにしてはさむ。
5b		親指・人さし指・中指の3つが中心となってはさむ。やはり全体として握るようにしてはさむ。
6		親指と人さし指と中指で一方の箸を動かし薬指と小指とは親指と共同して片方の箸を支えてはさむ。
7		大人の正しいもち方。

図 8.3 (2)　箸のもち方の発達
（山下, 1970）

表 8.3　排泄自立の経過（内山ら, 1993を改変）

(%)

排　　泄	15月	18月	21月	24月	30月	36月
1. いくらか規則的になる	34.1	66.7	83.9			
2. 大便の統御ができる	29.8	47.2	76.0			
3. パンツがぬれたことを教える	50.0	84.4	89.1			
4. 起こせば夜ももらさない		1.8	38.1	74.6	91.5	96.5
5. 便意をたいていは教える		2.8	32.6	74.6	96.6	100.0

⑧乳幼児期の生活パターンと遊び

であること，「児童が，その人格の完全なかつ調和のとれた発達のため，家庭環境の下で幸福，愛情及び理解のある雰囲気の中で成長すべき」であることが記されている。

　かつての家族は，衣食住にかかわる生産的活動を営みつつ，構成メンバーは家族の中でそれぞれの責任を果たしていた。生産的・経済的機能ばかりでなく，政治的機能や内的安定機能など，小さな社会としてのさまざまな機能を担っていた。現在では，社会的な役割分担化と専門性が進む中で，家庭内の誰かが外で働き，その賃金で衣食住を営んでいるのが一般的である。かつての家庭の機能が大きな社会に吸収された今，残された家庭の機能としては，「乳幼児の社会化」をあげることができよう。

　しかしながら，近年，この機能も変化しつつある。まず，女性の高学歴，職場進出，それに伴って結婚や出産が遅くなり，少子化，核家族化が進み，家庭という社会が揺らぎつつある。また，別居や離婚が増加していることもあわせ，父親，母親の役割が大きく変化しようとしている。家庭が小さな社会としての機能を果たせない限り，乳幼児の社会化は不可能である。単親であるとか，共働きであるとかいう事情があるとしても，信頼関係の基礎，基本的生活習慣のモデルとなるのは家族である。時として，養育の責任を家庭外の施設に任せようとする態度をもつ家庭さえあるが，子どもにとっては親の役割に変わりはない。

　核家族の増加は，母親の育児不安を増加させたり，家族の安定がぐらつく要因も含んでおり，社会的なサポート体制が要されている。社会的サポートの必要性は専門的に明らかにされつつあり，さまざまな形で支援され，家庭の機能復活に期待がかかるところである。現在，女性の社会進出を応援する制度は充実しつつあるが，十分ではなく，内容ともにより整備されることが望まれる。もっとも必要なのは，夫婦間ないし，家族間の協力を忘れぬことである。

8.4　園生活

　5歳児の約9割が**保育所**または**幼稚園**に通っている現在の日本では，就学前施設で過ごす時間は，生活時間に組み入れられるものになっている。

表 8.4　**基本的生活習慣自立の基準**（西本（1965），谷田貝ら（2005）を参考に改変）

年齢	食事	排泄	着衣	清潔
1:0	・人手を借りずに，自分で食事をしようとする ・茶わんをもって飲む ・スプーンの使用			
1:6		・排尿，排便の予告ができる ・昼間はおむつがとれる	・衣服を一人で脱ごうとする	
2:0			・衣服を一人で着ようとする	・口をゆすぐ
2:6	・スプーンと茶わんを両手で使える ・食事のあいさつができる	・昼夜ともおむつがとれる	・靴を一人ではける ・帽子を一人でじょうずにかぶれる	・手洗いの自立
3:0	・箸の使用ができるようになる（握り箸） ・こぼさないように飲める		・パンツを一人ではける	・顔を洗う ・顔をふく ・歯をみがく
3:6	・箸と茶わんを両手で使える	・排尿の完全な自立	・靴下を一人できちんとはける ・衣服の両そでを正しく通すことができる ・前ボタンを一人でかけられる ・衣服を一人で脱げる ・衣服を一人で着られる	
4:0	・こぼさないようにご飯を食べられる ・遊び食べがなくなる ・食卓の支度を手伝う	・何かに夢中になった時のそそうの消失	・前スナップを一人でかけられる	・うがいをする
4:6	・好き嫌いがめだつようになる	・紙を使用して後始末ができる ・大便の完全な自立		・鼻をかむ
5:0	・箸のもち方が上手になる		・脇ボタンを一人でかけられる	・髪をとかす

発達や成長にとっての影響もきわめて大きいといえる。特に，少子化に伴い，兄弟とのかかわりが減少した幼児にとって，集団生活を経験し，社会のルールを身につけることができるなど，社会生活の訓練の場として大いに期待できる生活空間である。

しかしながら，**園生活**が充実すればするほど深刻化するであろう問題は，親の養育意識の変容である。幼児期の親の役割は変わるはずはないが，園にしつけなどの責任を押しつけがちなのも否めない。また，ある母親は自分の子育てにこだわり過ぎるあまり，園生活を充実できないものにしていることもある。園生活を円滑にすすめるためには，家庭との連絡を密にとることである。

園生活の中で行われる保育には種々の形態がある。大まかに分けると，幼児の活動を中心として進める「**自由保育**」と教師主導の「**一斉保育**」に分類される。これらの形態はそれぞれに長所，短所があり，子どもや状況に分けて使い分けることが望まれる。一般的にいえば，一斉保育に比べ，自由保育の方が自主性を伸ばし，仲間同士の結びつきも強いようである。また一斉保育においては，協調性が尊重され，集団生活の意義が発揮される場となる。細かな目標設定がある場合には，一斉保育の方が課題を求めやすい。

子どもの発達に影響を与える保育の要因はさまざまである。保育形態だけではなく，保育者，人数，場所なども影響力は大きい。ある研究によれば，保育の質の良さを決める要因として調査した結果，質の高い保育を受けた幼児の方が，そうでない子どもに比べて**社会的コンピテンス**が高く，安定しているということであった (**表 8.6**) (「コンピテンス」については第 6 章参照)。

保育研究の進歩によって，就学前教育の意義についていろんな議論がかわされている。日本でも社会集団で生活する方法を記述する研究として**エスノグラフィー**と呼ばれる研究が活発になったり，個別的対応を必要とする子どもたちのための保育臨床研究が注目されつつある。

表 8.5 世帯構造別にみた世帯数の推移 (厚生統計協会, 2004)

		総数	単独世帯	核家族世帯			三世代世帯	その他の世帯	平均世帯人員
				総数	夫婦のみの世帯	夫婦(ひとり親)と未婚の子の世帯			
		推	計	数		(千世帯)			
昭61年	('86)	37544	6826	22834	5401	17433	5757	2127	3.22
平元	('89)	39417	7866	23785	6322	17463	5599	2166	3.10
4	('92)	41210	8974	24317	7071	17245	5390	2529	2.99
7	('95)	40770	9213	23997	7488	16510	5082	2478	2.91
10	('98)	44496	10627	26096	8781	17315	5125	2648	2.81
13	('01)	45664	11017	26894	9403	17490	4844	2909	2.75
15	('03)	45800	10673	27352	9781	17571	4769	3006	2.76
		構	成	割	合	(%)			
昭61年	('86)	100.0	18.2	60.8	14.4	46.4	15.3	5.7	・
平元	('89)	100.0	20.0	60.3	16.0	44.3	14.2	5.5	・
4	('92)	100.0	21.8	59.0	17.2	41.8	13.1	6.1	・
7	('95)	100.0	22.6	58.9	18.4	40.5	12.5	6.1	・
10	('98)	100.0	23.9	58.6	19.7	38.9	11.5	6.0	・
13	('01)	100.0	24.1	58.9	20.6	38.3	10.6	6.4	・
15	('03)	100.0	23.3	59.7	21.4	38.4	10.4	6.6	・

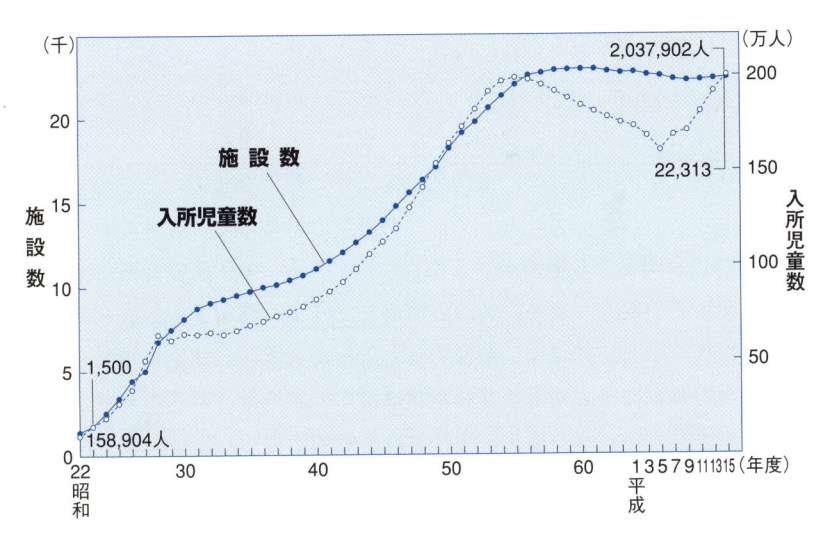

図 8.4 保育所の施設数, 入所児童数の推移
(日本総合愛育研究所, 2004)

8.5　遊びの種類

　遊びの定義は難しい。一般的には，やらなければならない作業ではなく，自発的にしている活動と理解できる。また，たとえば，技術の向上をめざすといった特定の目的をもっているわけではないところに遊びの特徴がある。乳幼児期には，この無目的で自発的な活動が生活の大半を占めることになるが，たとえば，ハーロックが取りあげた遊びの意義のように，身体的価値，治療的価値，教育的価値，社会的価値，道徳的価値などいろんな側面に遊びの価値が認められている。遊びが発達に大きく関与していることは疑いのないことのようである。

　発達的にみて，遊びは一人遊びから複数人との遊びに発展していく（表8.7）。集団で遊ぶことの意義は，ルールを発見したり，役割分担から責任感を養ったりしながら社会性を身につけていくことである。また，遊びを通して創意工夫をしたり，体力の増進，身体の発育にもつながる。遊びそのものの効果は**カタルシス**であるといわれることからも，体を使って発散することは，情緒面での安定ももたらすと考えられる。

　遊びの内容は種々考えられ，時代や社会の変化とともに変遷している。8.1節でふれた生活時間の分布から考えると，幼児期の室外遊びは室内遊びよりもはるかに少ない。このことは，現代の子どもたちが，できあいの商品を利用して，少人数で，活動量の少ない遊び方をしていることを示していると考えられる。ゲーム，テレビが遊びの媒体になってきていることは一つの社会問題でもあるが，この点については，8.9節でも述べるように，メディアや友人づくりの共通話題としてうまく利用する方法もある。活動量の点では，身体発達に影響するところが大きい。住宅事情などによる遊び場の減少は決して小さな問題ではない。水泳などのスポーツ系の習いごとが普及しているのはある意味では必然的かもしれない。

　近年，子ども同士の仲間づくりや集団遊び形成のためという目的で，子ども館などの公共施設やプレイパークなどが登場してきた。強制的でなく自主的な遊びを子どもたちに保証するには，今や大人の配慮と努力が必要な時代である。

表 8.6 4 歳時点での行動と 8 歳時点での社会的コンピテンスとの関連
（Vandell et al., 1988）

4・8 歳時点での変数	r（相関係数）
大人との積極的な交渉（4 歳）：	
8 歳時点での社会的コンピテンス	.55*
仲間の受容	.63*
共感性	.67**
葛藤の解決	.51*
衝動のコントロール	.51*
ぶらぶらしている（4 歳）：	
8 歳時点での社会的コンピテンス	−.46*
葛藤の解決	−.55*
フラストレーションに対する反応	−.50*
仲間の受容	−.48*
トラブル・メイカーである	.38†
仲間とのネガティブな交渉（4 歳）：	
8 歳時点での自尊心	−.40†

† $p < .10$, * $p < .05$, ** $p < .01$

8.6 習いごとの種類

　高学歴偏向の風潮はいまだに，むしろ以前に増して強くなり，そのあおりは低年齢者へ向いてきている。少子化と高度成長などの影響も重なり，一人の子どもに対する教育費は年々かさむ一方である。「6つのポケット」と呼ばれる父母，祖父母からの援助金はこれらの教育費の増加を表す言葉として最近使われてもいる。

　習いごとは，学校教育では身につけることのできない技術を修得するという意味で塾とは区別されるが，早期教育が流行して以来，習いごとの中に塾的指導をもちあわせている所も少なくはない。本節では，幼児期の施設教育以外の教育について概観しておこう。

　ある研究によれば，幼稚園児の 60 ％は何らかの**習いごと**をしている（図 8.5）。性別では女児に多く，親の意志が強く影響しているようである。習いごとの種類は表 8.8 に示す例のように，技術修得に次いで，小学校での学習につながるものが選ばれているのが特徴的である。幼稚園時代から就学後にも続けているものは意外と少ないが，結果的には「自信がついた」「好きになった」「友だちが増えた」などのプラスの評価が高い。習いごとの功罪は子どもによって異なり，子どもの様子に応じて慎重に選ぶ必要がある。特に，幼少期に経験すべきことを経験せず，塾的な指導が強調されることになったり，かえって友人と遊ぶ時間が減少したり，友人づくりに悪影響が及ぶ場合があることもないわけではない。また逆に，習いごとによって友人づくりが容易になる場合もあろう。

　習いごとではないが，家庭でもなく幼稚園や保育所などの施設でもなく，ある目的をもった場所として子どもが過ごせる場所に**児童館**がある。これは公共施設であって，子どもの健全な心身育成を目的としている。活動内容は，① 普段の遊び，② 行事，③ クラブ活動からなり，学童保育と同様に，施設教育と家庭の橋渡し的存在といえる。

　子どもの生活空間は，親の信念や価値体系に依存する部分が大きく，親によって選択されるものが大きい。何が良くて何が悪いかは子どもによるが，それを見分けることができるのももっとも身近な養育者である。

表 8.7　年齢による遊びの変化（高野・深谷，1990）

段　階	遊　び
遊戯萌芽期（生後1歳まで）	授乳の際，母親の胸をおしたり，衣服をひっぱったりする。いろいろなものを，口に入れてみる。いろいろな音声をだす。
モザイク的遊戯期（2歳）	一つ一つの遊びの継続時間は10分くらいで遊びの内容は次々と変化していく。断片的な遊戯活動の連鎖である。大部分一人遊びの段階であるが，後半には平行遊びも認められる。
模倣的遊戯期　前期（3歳）	3人くらいの集団で遊べる。低次の連合遊びが可能で，玩具の貸し借りが見られる。継続時間も1時間くらいになる。性的差異も生じる。虚構遊び（ごっこ遊び）が代表的なものである。しかし，幾種類かの遊びが混在する。
模倣的遊戯期　後期（4歳）	ボール遊び，描画，紙切りなどが可能になる。ルールを守っての遊びも見られるようになる。ごっこ遊びの最盛期。集団での遊びは一層うまくなり，高次の連合遊びも認められるようになる。
想像的遊戯期（5歳）	玩具がもっとも重要な役割を演じる。遊びは用いられる遊具によって決定される。高次の連合遊びが可能になり，遊戯集団は5～6人くらいまで増加する。地位や役割も認められる。遊びが欲求不満の代償的満足やカタルシスを獲得する手段に用いられる。
社会的遊戯期（6～9歳）	集団遊びでは，玩具はあまり用いられなくなる。集団での社会的な遊びが増加してくる。読書や描画，工作なども多くなる。

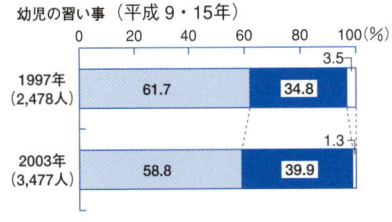

幼児の習い事（平成9・15年）

1997年（2,478人）：はい 61.7／いいえ 34.8／無答不明 3.5
2003年（3,477人）：はい 58.8／いいえ 39.9／無答不明 1.3

（注）平成9年（1997）の調査対象は，首都圏の幼稚園・保育園児をもつ母親2,478人。平成9年9～10月調査。
平成15年（2003）の調査対象は，首都圏の幼稚園・保育園児をもつ母親3,477人。平成15年9～10月調査。

図 8.5　習いごとをしているか
（ベネッセ未来教育センター「第2回子育て生活基本調査報告書（幼児版）」，2004）

表 8.8　習いごとの内容
（ベネッセ未来教育センター「第2回子育て生活基本調査報告書（幼児版）」，2004）　(%)

区　分	1997年	2003年
人　数（人）	2,478	3,477
スイミングスクール	23.6	22.4
スポーツクラブ・体操教室	13.5	11.9
地域のスポーツチーム	1.5	3.1
バレエ・リトミック	5.3	5.0
楽　器	10.6	7.4
幼児向けの音楽教室	7.8	4.7
お絵かきや造形教室	4.3	2.6
習　字	1.7	1.4
そろばん	0.2	0.1
児童館など公共施設での自治体主催の教室・サークル	1.7	2.1
受験が目的ではない幼児教室やプレイルーム	4.0	2.5
英会話などの語学教室や個人レッスン	6.1	13.0
小学校受験のための塾や家庭教師	1.5	0.5
計算・書きとりなどのプリント教材教室	3.8	3.7
定期的に教材が届く通信教育	28.9	23.1
一度に購入する教材・教育セット	4.5	4.1
その他	3.8	1.1

（複数回答）

8.7 安全・健康

表 8.9, 図 8.6 ～図 8.9 は，日本体育・学校健康センターによる，学校管理下における災害発生に関する統計資料の一部である。資料からは，園舎外よりも園舎内で事故が多いこと，園舎外ではぶらんこすべり台のような固定遊具での負傷が多いこと，挫傷，打撲による負傷が多いこと，顔や手・肘・腕などの上肢部に負傷することが多いこと，発生は午前中に多いこと，など幼児の施設事故の実態を知ることができる。

ほとんどの幼児が就学前施設に通っている今日，生活の場としての幼稚園や保育所が幼児の**安全**教育に大きな役割をもっているといえる。たとえば，幼稚園教育要領では，条文に「健康，安全で幸福な生活のための基本的な生活習慣，態度を育て，健全な心身の基礎を培うようにすること」が示されており，具体的には，日常生活の中に適切な機会をとらえ，危険を避けて安全を守る習慣や態度が身につくように繰返し指導するよう記されている。また，保育所保育指針では，十分に養護のゆきとどいた環境の中で，**健康**で安全な日常生活に必要な基本的な習慣と態度を養うことを保育目標としている。いずれも，自分の身を自分で守る能力の向上を目指すものと解釈できる。自分の身を自分で守るために危険に出会わないように危険を避けることを強調する親や保育者がいるが，自分の身を自分で守る能力とは，危険に出会わないように考える積極的な能力のことであって，できるだけ外に出さないで危険を避けさせるような消極的教育はかえって能力向上の害になる恐れがある。安全指導をできるだけ理想的に実現するために，保育者が子どもを信頼して，豊かな環境に積極的に入りこませるようにすること，その環境は子どもにとって魅力的なものに感じさせるようにすることなどの配慮を保育者側でもつことも重要である。

健康指導については，規則的生活リズムと基本的生活習慣の自立が幼児期の課題といえる。個体の維持にとって，生活体の一貫したリズムの形成が重要だからである。その意味で，心身の安定も健康にかかわることであり，次節では，精神衛生面を取りあげることにする。

表 8.9　園内・園舎内における負傷の発生場所（1997年度）
（日本体育・学校健康センター，2000）

(%)

	保育室	遊戯室・講堂	廊下	階段	ベランダ	屋内運動場	トイレ	その他
幼稚園	53	13	15	6	3	3	2	5
保育所	61	15	9	2	5	1	2	5
平　均	57	14	12	4	4	2	2	5

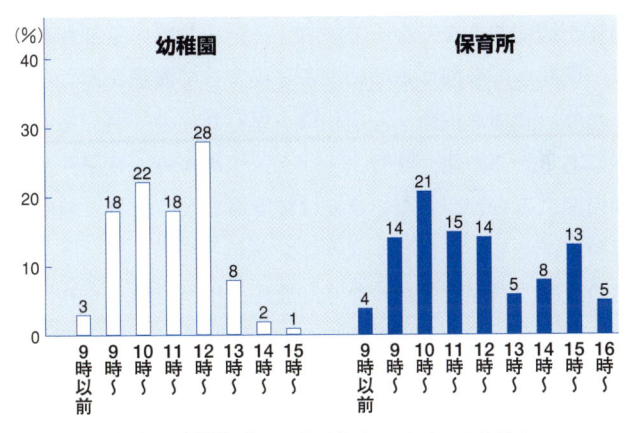

図 8.6　負傷の発生する時間帯（1997年度）（日本体育・学校健康センター，2000）

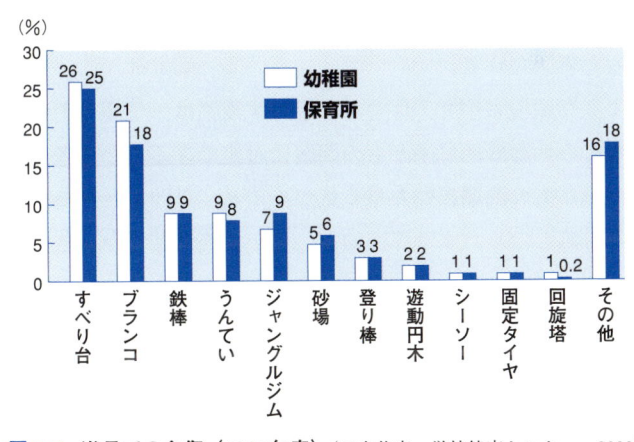

図 8.7　遊具での負傷（1997年度）（日本体育・学校健康センター，2000）

8 乳幼児期の生活パターンと遊び

8.8　子どもの精神衛生

　精神的活動が高次になればなるほど，精神面での安定が必要となってくる。すなわち，われわれの健康を維持するための適応力は，病気や事故，怪我から身を守る力だけではなく，精神面での適応力を含んでいるのである。

　大人がストレスから胃潰瘍を患ったりする例のような，心理的な原因が引き金になる心身症が次第に低年齢化している。この事実は社会の急激な変化に個体が適応できなくなっていることを示しているとも考えられる。たとえば，朝起きて登園する頃になると決まって腹痛を起こしたり，発熱，頭痛がしたり，登園を拒否する症状は小児心身症の一例であるが，年々増加の傾向にある。この他，吃音，チック，つめかみ，夜尿，遺尿，遺糞症など，幼児期にみられがちな心身症は種々あるが，これらの原因のほとんどは，親や，子どもを取り巻く人々にかかわっているといってよい。特に，養育態度の点で，過保護であったり，放任や拒否であったり，厳格過ぎていたりする親をもつ子どもに多くみられるという。また，少子化時代を迎え，親の養育態度はますます変容し，かつ遊び時間，遊び場所の減少した生活時間の中で，子どものストレスは増加する一方である。高学歴信仰，進学競争の低年齢化に加え，乳幼児期における教育やしつけを就学前教育施設に任せようとする環境は，子どもの**精神衛生**に少なからず影響を及ぼしていると考えられる。

　そのような環境の中で，保育者が果たす役割は，母親や養育者に近い存在よりむしろ，客観的に子どもの問題に対処できることと考えられる。たとえば，子どもの問題にいち早く気づくこと，専門家としての知識をもったうえで対処したり，より専門的なケアが必要かどうかみきわめることができること，母親よりも精神的に成熟し，問題に客観的にアプローチする態度をもっていることなどがあげられよう。また，子どもにとって，意義ある集団活動を供給できるように，人間関係をうまくリードすることも大切になってくる。親に問題がある場合は特に，良きモデルになりうるのは保育者であって，保育者自らが影響力の大きさを自覚するとともに，自ら健全な精神をもちあわせておくことも重要なことである。

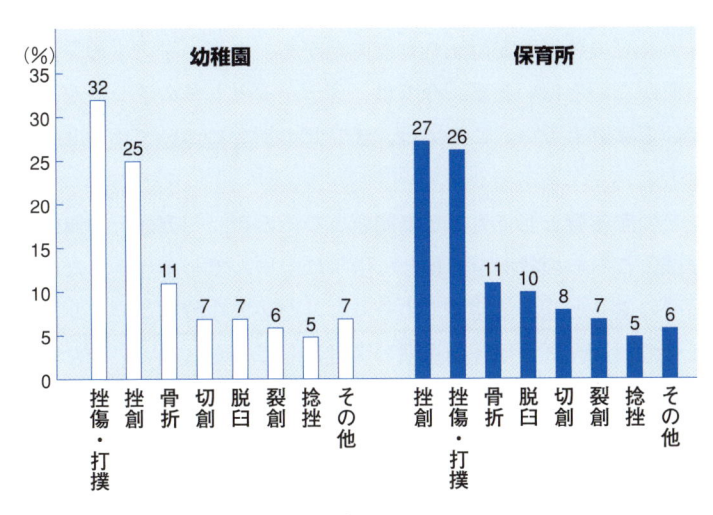

図 8.8　負傷の種類（1997年度）（日本体育・学校健康センター，2000）

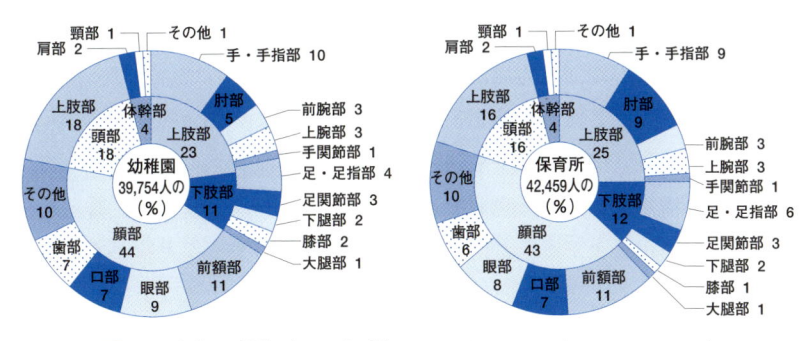

幼稚園
- 挫傷・打撲 32
- 挫創 25
- 骨折 11
- 切創 7
- 脱臼 7
- 裂創 6
- 捻挫 5
- その他 7

保育所
- 挫創 27
- 挫傷・打撲 26
- 骨折 11
- 脱臼 10
- 切創 8
- 裂創 7
- 捻挫 5
- その他 6

図 8.9　負傷の部位（1997年度）（日本体育・学校健康センター，2000）

幼稚園 39,754人の（%）
- 頸部 1
- その他 1
- 肩部 2
- 手・手指部 10
- 上腕部 18
- 肘部 5
- 頭部 18
- 体幹部 4
- 前腕部 3
- 上腕部 3
- 上肢部 23
- 手関節部 1
- その他 10
- 足・足指部 4
- 下肢部 11
- 足関節部 3
- 歯部 7
- 下腿部 2
- 顔部 44
- 膝部 2
- 口部 7
- 前額部 11
- 大腿部 1
- 眼部 9

保育所 42,459人の（%）
- 頸部 1
- その他 1
- 肩部 2
- 手・手指部 9
- 上腕部 16
- 肘部 9
- 頭部 16
- 体幹部 4
- 前腕部 3
- 上腕部 3
- 上肢部 25
- 手関節部 1
- その他 10
- 足・足指部 6
- 下肢部 12
- 足関節部 3
- 歯部 6
- 下腿部 2
- 顔部 43
- 膝部 1
- 口部 11
- 前額部 11
- 大腿部 1
- 眼部 8

⑧乳幼児期の生活パターンと遊び

8.9 テレビとその影響

図 8.10 は幼児のテレビの視聴時間を調べた結果である。テレビの普及以来，ほとんどの乳幼児が何らかの形でテレビの影響を受けている。ひところ，テレビの悪影響が訴えられた時期があったが，子どもの発達にとって良い面がないとはいえず，今では，メディアとしてのテレビをうまく利用している家庭も多い。ここでは，テレビの影響について整理してみることにする。

テレビの悪影響としてもっとも問題となるのが，一方通行的側面である。テレビは，こちらの状況を無視して勝手にすすんでしまう。したがって，言語面でのやりとり，情緒面でのやりとりが必要な時期に，テレビに子守りを任せてしまうことは乳幼児期の環境として豊かとはいいがたい。しかし，親子で共同視聴をすることによって，テレビを材料に母子のやりとりをしたり，その後の展開につなげるなどの効果も期待できる。

発達の理論に基づけば，幼児期は具体的な事象から抽象的な事象の思考が可能になるための大切な時期である。この時期に実体験が重要であることは次節でも述べるが，具体的事象にもっとも接すべき時期に具体性の少ないテレビを見せるのであるから，当然何らかの配慮が必要と思われる。テレビはむしろ，架空の体験をうまく創造力に結びつくような番組を見せることによって利用する価値があると思われる。モデリングの研究（第3章 3.10 参照）からは，暴力場面視聴の悪影響が指摘されているが，逆に，良いモデルを視聴させるよう工夫することもできよう。

近年は，テレビのメリットも強調されてきている。上に述べたように，デメリットは工夫によって克服できるといってよい。すなわち，番組を選ぶこと，共同視聴をすること，その後の展開に利用することなどである。また，意外と見落とされがちであるが，いながらにして異なる国，異なる文化にふれる機会を与えてくれたりすることが，偏見をなくすことにつながったり，さまざまな状況，情勢が視覚的に供給されることが，考える材料，対話の機会を増やすことにつながるとも考えられる。また，テレビを材料に友人関係ができたりすることもメリットの一つといえるであろう。

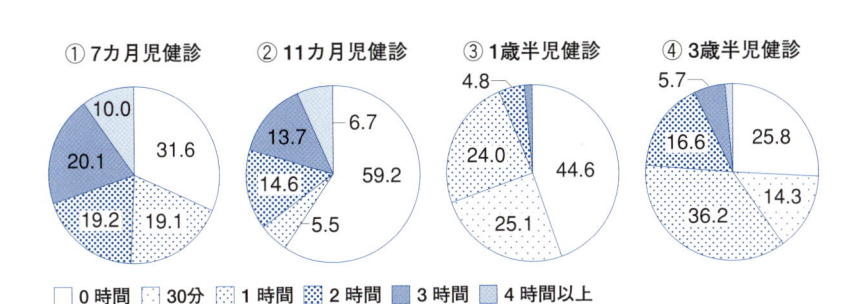

① 7カ月児健診　② 11カ月児健診　③ 1歳半児健診　④ 3歳半児健診

① 10.0 / 31.6 / 20.1 / 19.2 / 19.1
② 6.7 / 59.2 / 13.7 / 14.6 / 5.5
③ 4.8 / 44.6 / 24.0 / 25.1
④ 5.7 / 25.8 / 16.6 / 36.2 / 14.3

□ 0時間　▫ 30分　▪ 1時間　▨ 2時間　▩ 3時間　▦ 4時間以上

図 8.10　「ひとりでテレビを見ている時間数は？」（服部・原田，1991）

表 8.10　幼児（2～6 歳）のテレビ・ビデオ視聴状況（1997年）
（NHK 放送文化研究所，1997）

（時間：分）

全体	男	女	2歳	3歳	4歳	5・6歳	きょうだいあり	きょうだいなし	母親の視聴時間別		
									短	中	長
2:25	2:23	2:28	2:24	2:21	2:16	2:37	2:24	2:25	1:44	2:20	3:04

注 1：調査対象は，東京 30 キロ圏に住む 2～6 歳（就学前）の幼児を層化二段無作為抽出した 1,000 人（＝ 100 地点 × 10 人），うち有効数 7 日間の平均 661 人（有効率 66.1％）。1997 年 6 月 2 日～8 日郵送法（保護者による代理記入）調査。
　　2：短：2 時間未満，中：2 時間～3 時間未満，長：3 時間以上を表す。

区分	2 歳	3 歳	4 歳	5・6 歳
1位	ドラえもん	ドラえもん	ドラえもん	ドラえもん
2位	ポンキッキーズ	クレヨンしんちゃん	クレヨンしんちゃん	クレヨンしんちゃん
3位	忍たま乱太郎	はりもぐハーリー	ビーロボカブタック	サザエさん
4位	はりもぐハーリー	おかあさんといっしょ	サザエさん	ゲゲゲの鬼太郎
5位	おかあさんといっしょ	英語であそぼ（夕方）	ちびまる子ちゃん	ビーロボカブタック
6位	英語であそぼ（夕方）	忍たま乱太郎	ゲゲゲの鬼太郎	地獄先生ぬ～べ～
7位	英語であそぼ（朝）	サザエさん	電磁戦隊メガレンジャー	ちびまる子ちゃん
8位	クレヨンしんちゃん	ポンキッキーズ	忍たま乱太郎	キューティーハニー F
9位	はじめ人間ゴン	英語であそぼ（朝）	ウルトラマンティガ	ポケットモンスター
10位	あいうえお	はじめ人間ゴン	英語であそぼ（夕方）	忍たま乱太郎

8.10　実体験の重要性

　近年の子どもは知識が豊富である。しかし，大人顔負けの会話をしている幼児でも，よく観察すると，本当に理解しているかどうか疑わしい場合もある。ある子どもは，実際に見たこともないのに説明できたりする。また，ある子どもは大人の会話に参加するために，難しいことを話したりもする。前節でも述べたが，具体的な事実に接する前に，抽象度の高い思考の機会が多いことは，発達の理論上は弊害になる恐れがある。真の知識は具体的事象から形成されるからである。

　筆者の経験では，非常に高度な言葉を用いて会話する幼稚園男児の相談を受けたことがあるが，その子が母親に連れられて相談に訪れた際の問題は吃音(きつおん)であった。その後の母親との面接から，唯一家族で共同視聴するニュース番組を材料に，両親と会話をするために，ニュースを覚え，その覚えた言葉で話をしていることがわかった。母親から離れることができないために友人もなく，抽象的にニュースから学んだ会話をすることが緊張感を増大させ，吃音になったケースだと思われる。知識の具体的事象からの形成にだけでなく，友人関係に結びつくという意味でも**実体験**を通して学ぶことは非常に大切なことと考えられる。

　金魚の飼育経験の効果を調べた研究では，たとえば，餌を食べるという観察可能な事実だけでなく，心臓があるという観察不可能な事実を飼育経験を通して理解することが示されている。また，鶏の飼育経験の効果を調べた研究（**表 8.11**，**表 8.12**）では，知識習得に飼育経験の大きな効果はみられなかったが（**表 8.11**），たとえば，飼育経験の多少によって，その後，動物を見せられた時の情動反応に微妙な差が生じることが示された（**表 8.12**）。また，他の動物への意識に対しても実体験を重ねることの効果が認められた。

　近年，動物の虐待や人に対するいじめや虐待などの社会問題は，幼少期の経験不足が原因の一つであるという指摘があがっている。実体験は，具体的事象を通して心象や知識を形成することに大きな影響力をもつと考えられるが，人格の形成にとっても，人間関係形成上にとっても，人間発達上大きな役割を果たしていることが十分考えられるようである。

表 8.11 動作の知識各条件におけるジェスチャー得点の平均値
(杉原ら, 1990)

	全体	「歩く」	「水を飲む」	「逃げる」	「食餌をする」
経験大群	5.65 (4.02)	1.25 (0.99)	1.40 (1.20)	1.15 (1.11)	1.85 (1.35)
経験小群	5.40 (3.83)	1.20 (1.12)	1.15 (0.91)	1.15 (1.11)	1.90 (1.26)
経験無群	4.65 (2.83)	1.30 (1.05)	0.90 (0.70)	1.25 (1.18)	1.20 (0.68)

( ) 内は標準偏差

表 8.12 情動反応各条件における評定値の平均点
(杉原ら, 1990)

	「好き」	「きれい」	「かわいい」	「気持ち悪い」	「こわい」
経験大群	3.40 (0.99)	3.25 (1.07)	3.55 (0.83)	3.55 (0.89)	3.10 (1.07)
経験小群	3.35 (0.93)	2.70 (1.13)	3.45 (1.05)	3.30 (1.13)	3.55 (1.00)
経験無群	3.60 (0.82)	3.20 (0.95)	3.80 (0.52)	3.65 (0.67)	3.75 (0.79)

( ) 内は標準偏差

参考文献

無藤　隆（編）(1991). 新・児童心理学講座 11　子どもの遊びと生活　金子書房

品川浩三（編著）(1992). 精神保健　北大路書房

杉原一昭 (1990). 今, 子どもが壊されている──不思議の国のアリス現象──　立風書房

高野清純・深谷和子（編）(1981). 乳幼児心理学を学ぶ　有斐閣

内山三郎・光岡攝子・金城　悟・日高精二（1993）. 幼児のための精神保健　建帛社

発達の社会・文化的要因 9

本章で取りあげるのは乳児あるいは幼児を対象にした比較文化的研究である。人間は社会的動物であるとよくいわれるが，自分がどれほどその社会的文化的影響を受けているかは，自らと異なる文化に生きている人間と自分を比べてみることによりわかるのではないだろうか。一方，社会的文化的な違いにもかかわらず共通性が見出せたならば，その共通点は人類という種に不変的なものであるという可能性が出てくる。この後者のことは，心理学の現状を考えてみる場合特に重要である。なぜなら心理学の理論やデータのほとんどすべては西欧および北米のものなのである。つまり既成の心理学は文化的に偏った産物なのかもしれないのである。人間性の多様性と普遍性を探ることが比較文化的研究の大きな目的である。

9.1 文化の伝達

　文化（culture）という言葉は，ここでは環境の中で人間によって作られた部分のことを指す。したがって文化は物，思想，制度，習慣などを含む概念なのである。そして文化というものが人間にどのような影響を与えるのかを研究するのが比較文化的心理学（cross-cultural psychology）である。文化が人間，特に発達途上の子どもに影響を及ぼす過程は，社会化（socialization）といわれる。社会化は本来非常に大きな範囲で行動の多様性をもって生まれた人間が，あるより狭い範囲の多様性へと限定されていく過程と定義づけることができる。このことのわかりやすい例として言語の獲得があげられるであろう。子どもは初期にはさまざまな音を発するのであるが，成長とともに母国語にない音は発しなくなるのである。子どもは親や教師，その他の年長の人々また同年齢の子どもたちから，ほめられたり罰を受けたり，それらの人々の行動を模倣したりしながらその文化において良いとされる行動を身につけ，その文化で好ましくない行動をしないようになるのである。このようにさまざまな可能性をもって生まれた人間は社会化の過程によってある限定された範囲の多様性の中に押し込められ，その結果同じ文化に属している人間は多くの点で類似した考えや行動様式をもつようになるのである。もちろんこの社会化の過程は予定調和的に進むものではなく，親と子，教師と生徒の間にしばしばみられるように葛藤を含んだものなのである。

　社会化の他に，文化化（enculturation）と呼ばれる過程がある。われわれが学んだものの多くは，直接的な教育の産物ではない。ある文化に生まれそれ以外の文化を経験することがないという理由だけで自らの文化を受け容れていくのである。このことは美意識や価値観などにおいて顕著である。たとえば，日本においては三味線の演奏などで明らかなように「うなり」は音楽の重要な要素として感じられているが，伝統的な西洋音楽では「うなり」は単なる雑音であり，弦楽器はできるだけ「うなり」のない澄んだ音を出すように求められるのである。弦楽器の「うなり」というものに対してそれを雑音と感じるかあるいは音楽の要素と感じるかは文化によって大きく異なるのであるが，このようなことは直接教えられることはなく，

コラム 文化とは？

　文化という言葉は今や日常語化しているが，人類学や心理学で文化という用語を使う場合，日常使う意味とは異なる。まず文化的という表現が意味するような，芸術のような高い文化に限定されるわけではない。また文明ということを意味しているのではない。すべての人間集団は文化をもつのである。また文化は社会と同じではないし，ましてや国家と同じではない。しばしば社会あるいは国家というべきところに文化という言葉が使われることがあるのでこのことは誤解されやすいものである。一つの社会あるいは国家が一つの文化しかないということは極めてまれで，たくさんの文化が混在しているのが普通のことなのである。

図 9.1　社会における兄弟関係（Cole & Cole, 1989）
伝統的な社会において年長の兄弟が重要な社会化の担い手であることが多いのに対し，近代化した社会においては兄弟は大人の定めたルールのもとで競争する相手であることが多い。

⑨発達の社会・文化的要因

どのような音楽にさらされてきたかによって生じるのである。

9.2 比較文化的研究の方法論上の問題

　自己の属している文化以外の地域を研究するということは，さまざまな困難を伴うものである。**比較文化的研究**にはいくつもの落とし穴があって，それを十分ふまえた研究でなければ，かえって他の文化に対する偏見や誤解を助長したり，自らの文化の優越性に自己満足するといった自文化中心主義を生み出すだけに終わることになる。過去の比較文化的研究には方法論上の問題を抱えていることが多く，そのいくつかを指摘しておくことにする。

　まず自らの文化を他の文化の人間に押しつけてしまう問題がある。知能検査や発達検査などを使って比較文化的研究をするということはよく行われることだが，このような既成のテスト自体，それらが作られた文化による偏りを受けているのである。テストの中で使われる題材や素材は西欧の都会に暮らす中流家庭の文化を反映していることが多い。したがって非西欧的で非都会的で非中流家庭の子どもたちに発達検査などを実施し，西欧の子どもたちと比べて低い得点になるというのは当然のことなのである。このような問題があまり認識されなかった時代では，アフリカ人はヨーロッパ人に比べて知能が低いなどといわれたりしたのだが，知能テストなどのような心理テストはそれが作られた文化以外の人々に安易に適用できるものではない。同じことは行動観察を中心とした研究でもいえる。たとえば幼児の仲間関係について比較文化的研究をするとしよう。友情を示す仕方は文化によって異なるにもかかわらず，自らの文化の行動様式を基準に他の文化に属する子どもたちの仲間関係を分類してしまうということはしばしば起きるのである。これも自らの文化を他の文化の人々に押しつけているといえるであろう。

　また比較文化的研究には研究の対象となる人をどのようにみつけてくるのかといったサンプリングの問題がある。まずどの文化を選ぶかという問題がある。比較の対象として選ぶ場合には理論的な裏づけが必要であるが，現実にはそれほど明確な理由もなくただ研究しやすいからという理由で特

表 9.1 比較文化的研究の2つの方法：イミック vs イティック
（Berry, 1969）

イミック（Emic）	イティック（Etic）
その文化の内側から研究する	その文化の外側から研究する
1つの文化だけ対象にする	多くの文化を調べ比較する
文化の構造を発見する	文化の構造を作り出す
文化内の内的特徴を基準にする	絶対的あるいは普遍的基準を設ける

　イミック，イティックというこのあまり聞きなれない言葉は言語学に由来するものであるが，イミックとは行動の文化に特有な面を指し，イティックとは行動の普遍的な面を指す言葉である。イミックアプローチは人類学において用いられる典型的な方法で，そこでは各文化の独自性を強調する傾向にある。一方，イティックアプローチは比較文化的心理学で主に用いられる方法である。そこでは各文化に共通する普遍性が追究される傾向にある。イティックアプローチは自らの文化の概念や発想を他の文化に押しつけてしまう危険が大きいという特徴がある。心理学で用いられている心理テストや観察テクニックは西欧文化の産物であることが多い。そのようなものを西欧以外の文化で用いる場合，それを「押しつけられたイティック」と呼ぶのである。

定の文化が選ばれるようである。たとえば親子関係の日米比較研究がいくつかあるのであるが、なぜ日本とアメリカの親子関係を比べるのかといえば研究のしやすさが最大の理由であろう。日本の親子関係はアメリカのと比較され、日本の親子についてある種の結論が導き出されているのであるが、比較対象の相手がアメリカ以外ならば日本の親子はかなり違ったものとして描かれるであろうことを考えれば、比較の対象となる文化の選択は非常に重要なものであるということがわかるであろう。

さらに、比較される対象が適切でない場合がある。一つの文化では都会に住む学校教育を受けている子どもを被験者としているにもかかわらず、もう一つの文化では田舎に住む学校教育をほとんど受けていない子どもを被験者にしているとすれば、2つの文化の子どもたちが知的課題において差があったとしても、文化以外の点で異なっていることが多すぎるため、その差が文化の違いによるものであるかどうかわからないのである。さらに外国人と接触の少ない文化を研究する場合、その文化の普通の人たちに接することが困難なことがある。そのような場合、被験者として選ばれるのが、高等教育を受け経済的に豊かで社会的地位も高く英語などに堪能な家庭の人たちということがしばしば生じてくるのである。これはサンプルの代表性に問題がある例である。

9.3 育児習慣に関する比較文化的研究

ホワイティング(1981)は、250の社会について乳児を運ぶ習慣と平均気温との関係を調べている。乳児の運び方は、布を使ったもの、ひもを使ったもの、腕で抱くだけのものを3種類に分けられるが、平均気温が10℃以下の地域では布を使ったものが、10℃より暖かい地域ではひもあるいは腕による運搬が多いことを見出している。この研究は気温という生態学的要因が育児行動に大きな影響を与えていることをはっきりと示しているものとして重要である。

育児習慣に関する古典的な比較文化的研究として、バリーらのものがある(1957, 1959)。バリーらはすべての社会に共通の育児習慣を6つの次元で表した(表9.2)。そして「The Human Relations Area Files (HRAF)」と

図 9.2　各文化はそれぞれの環境に適応した，子どもを運ぶ方法をもっている
（Cole & Cole, 1989）

して知られる世界各地の民俗習慣についてのファイルをもとに，その6つの次元に関して各文化ではどうであるか評定を行ったのである。その評定結果を吟味したところ，6つの次元は結局1つの次元にまとめることができることが判明した。それは服従することへの訓練を一つの極とし，自立あるいは自己主張への訓練をもう一つの極とする次元である。各文化は育児習慣に関してこの次元のどこかに位置づけることができるわけである。バリーらはさらに子どもが男の子であるか女の子であるかによって育児習慣が異なるかを調べてみた。HRAFに掲載されているすべての文化で女の子はより服従へと育児が行われ，男の子はより自立へと育児が行われていることを見出している。このような男女差はすべての社会で性による分業すなわち男か女かによって担う労働が異なり，しかもその分業の仕方は普遍的であるということから生じていると解釈されている。

　さらにバリーらはどのように食料を得ているのかということを基準に各文化を分類し，それがしつけと関連しているかどうか調べてみた。**服従志向型**のしつけを行っているのは牧畜および農業文化に多く，**自立志向型**のしつけを行っているのは狩猟採取文化に多いことを見出している。食料獲得の仕方がしつけの仕方と関連するのは，各文化の食料獲得の手段に適した人格を形成しようとするからであるというのがバリーらの解釈である。羊や牛などを育て，その乳や肉を主要な食料とする牧畜文化においては，動物に食料や水を与えその健康を管理するという決まりきった作業を毎日繰り返すことが重要である。そこでは昔からの習慣に対する服従や強い忍耐心が求められ，それに対して狩猟によって得た動物を重要な食料としている文化では，個人の自発性や危険を恐れず冒険を好む大胆さが求められるというのである。しかし，最近になってバリーらの研究は再検討され（Hendrix, 1985），彼らの結論が育児習慣と文化の関係をあまりにも単純化し過ぎているという批判が加えられていることをつけ加えておく。

　バリーらとはかなり異なる結果を得ている，育児習慣と文化に関する古典的な研究にホワイティングらの**「6つの文化」研究**がある（1974；p.195コラム参照）。これはケニア，フィリピン，メキシコ，アメリカ，インドそして日本の6カ国のある地域から12組の母子を選び，主に面接法によ

表 9.2　バリーたちによる育児習慣の 6 つの次元（Barry et al., 1957）

1. 服従の訓練	子どもが大人に従うように訓練する。
2. 責任感の訓練	子どもが日常の仕事や家事に対する責任を身につけるよう訓練する。
3. 養育行動への訓練	子どもが年少の兄弟や他の世話が必要な人の面倒を見たり助けたりするよう訓練する。
4. 達成への訓練	子どもをその文化での活動に関して基準に達するよう訓練する。
5. 自立への訓練	必要物を得ることに関して自分で行い，他者の助けを必要としないよう訓練する。
6. 一般的な独立への訓練	5 以外のことに関して他者の監督や支配から自由になるよう訓練する。

表 9.3　子どもの性による育児の違い（Barry et al., 1957）

育児の次元	文化の数	より強調する性（％）		
		女子	男子	どちらでもない
服　従	69	35	3	62
責　任	84	61	11	28
養育行動	33	82	0	18
達　成	31	3	87	10
自　立	82	0	85	15

って研究したものである。データから 10 の次元が抽出され，それをもとに各文化の分析がなされたのであるが，興味深いことに同じ文化に属する母子同士でも大きく異なっており，その違いは文化間の違いよりも大きかった。つまり文化内分散は文化間分散より大きかったというのである。これは母子関係というものは文化が異なっていても基本的な点では類似性があるのだということを示している。これに関連してランバートらの研究（1979）も興味深い。11 の国で子ども同士が一緒にいる場面で親の反応について調べたのだが，対象は中流階級と労働者階級の家族であった。国の違いにもかかわらず同じ階級同士では類似しており，主要な差は異なる国同士でみられたのではなく階級間でみられたという結果だった。この研究も親が子どもをどう扱うかについて文化を越えた一般性を示しているのである。このことは従来**文化差**といわれてきたものが**個人差**や**階級差**に過ぎないかもしれないということを示唆し，今後の研究が待たれるところである。

9.4　乳児期を対象にした比較文化的研究

運動発達　ゲバーとディーン（1957）は乳児の**運動発達**について最初の比較文化的研究を行った。彼らはアフリカのウガンダの新生児を調べた結果，西欧の乳児に比べてウガンダの乳児は 4 週から 6 週ほど早熟であるということを見出した。これはアフリカ人に対するヨーロッパ人のイメージと合致していることもあって，「アフリカ人乳児の早熟性」として広く知られることになったのである。しかし，なぜヨーロッパ人の発達の遅れではなくアフリカ人の早熟なのであろうか。今からみればこの用語自体が自文化中心主義であることがわかる。ゲバーたちの研究は方法論上のさまざまな問題点が指摘されており，後に行われた研究でもアフリカ人とヨーロッパ人の新生児において運動発達において差は見出されていない。

　新生児期以降についてはどうであろうか。この問題についてもアフリカ人乳児がよく研究されているのであるが，**発達指数**でみると最初の 1 年間はアフリカ人乳児はヨーロッパ人乳児に比べて早熟であるが，生後 2

コラム 「6つの文化」研究

ホワイティング夫妻は文化がいかに子どもたちの生活に影響を与えるかという関心から6つの文化について研究を行い，その結果は3つの本にまとめられている。この研究は，初期の頃の比較文化的研究に比べ次のような方法論上の改善がみられた。

1. 自然場面での直接観察を主な方法とした。
2. 投影法は使用されず，行動がパーソナリティの指標として用いられた。
3. 子どもの行動は複数の異なる場面での異なる活動について観察された。
4. 文化間の違いだけでなく，文化内の違いについてもデータが公表された。

このような方法論上の改善にもかかわらず，方法論上の不備を指摘するのは容易である。行動カテゴリーの分け方はかなり恣意的である。たとえば「助けを求める行動」と「注意を喚ぶ行動」というのはほとんど区別がつかないものである。また観察の信頼性もおぼつかない。調査地において現地の人の言葉を理解し，しかも研究者が話す英語を理解できる助手が一人しかいなかったので，観察の信頼性はチェックしようがないのである。

大変な時間，労力，経費を費やしたにもかかわらず，たいていの比較文化的研究と同じように新しい発見も際立った結果もあまり得られていない。このようなアプローチは何かが間違っていたのであろう。

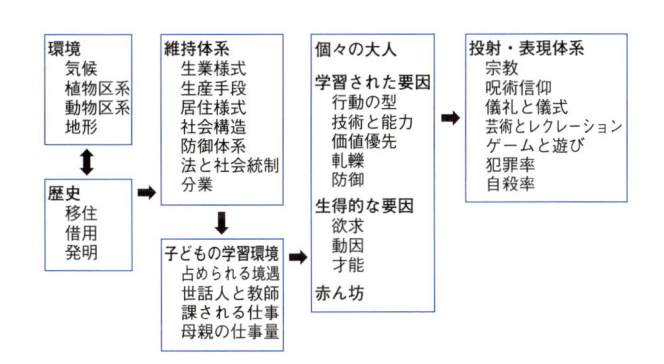

環境	維持体系	個々の大人	投射・表現体系
気候 植物区系 動物区系 地形	生業様式 生産手段 居住様式 社会構造 防御体系 法と社会統制 分業	**学習された要因** 行動の型 技術と能力 価値優先 軋轢 防御 **生得的な要因** 欲求 動因 才能 赤ん坊	宗教 呪術信仰 儀礼と儀式 芸術とレクレーション ゲームと遊び 犯罪率 自殺率
歴史 移住 借用 発明	**子どもの学習環境** 占められる境遇 世話人と教師 課される仕事 母親の仕事量		

図9.3 心理＝文化的研究のモデル (ホワイティングら，1974)

年目からはその差は急速に縮まり場合によってはヨーロッパ人乳児の標準を下回るようになるというのが多くの研究が示しているところである。なぜ早熟なアフリカ人乳児が途中からヨーロッパ人乳児に追いつかれるのかについては，長い間アフリカ人乳児のきびしい離乳が原因であると考えられてきたが，実際は発達検査自体によって作られた疑似的事実に過ぎないことがわかっている。運動能力の発達の指標に「すわる」「直立する」「一人で歩く」という項目があるのだが，これらのことは，アフリカの調査された地域の乳児は母親によって訓練されるのが普通なのである。これらは生後1年の間にみられる行動なので，結果として初めの頃はアフリカ人乳児が運動発達が早いようにみえるというわけである。全体としてアフリカ人乳児の運動発達が早いということはないのであるが，運動発達の指標となる行動のいくつかを訓練するということがアフリカの一部の地域でたまたま行われているので生後1年間ではアフリカ人乳児の発達指数が高くなるという結果になったのである。このことは標準的なテストを使用した比較文化的研究がいかに難しいものであるかを示している。

愛着研究　初期の愛着研究は主にボウルビィの**愛着理論**（attachment theory）の枠組みで行われてきたのだが，比較文化的研究はボウルビィの愛着理論のいくつかを修正しなければならないことを明らかにしている。ボウルビィは初め愛着を形成する対象が一人の人物であることの重要性を強調していた。そうでなければその後の発達にさまざまな問題が生じると考えたのである。しかし，母親だけが乳児の世話をし，乳児はその母親にだけ愛着を形成するというのは，近代化した国の都市に住む母子以外にはあまりみられないことが世界のさまざまな所で行われた研究において示されている。何人で乳児の世話をするかということは文化によって異なるのである。昔の日本がそうであったように，多くの農業を中心とした社会では女の子は6歳を過ぎた頃から昼間は，弟や妹の世話をするのが普通のことであり，祖母が乳児の世話に大きな役割を果たすというのも多くの社会でみられることなのである。

　愛着研究の分野で，ここ20年ほど強い関心がもたれているのがエインズワースのストレンジ・シチュエーション法を用いた研究（第6章 6.3.3

コラム　運動発達の比較文化的研究

　運動発達の比較文化的研究としてまずあげなければならないのが，ホピインディアンを対象にしたデニスら（1940）の研究であろう。ホピインディアンは，乳児を最初の数カ月，布できつく包み，ゆりかごの役目を果たす平らな小さな板にくくりつける習慣があった。布を解かれるのは一日のうち1，2度しかなく，布で包まれている間，乳児はほとんど体が動かせないのである。デニスはこの伝統にしたがって育てられた乳児と，そうでない乳児の一人で歩き始める時期を比較したが，両群に差はなかったのである。これは基本的な運動能力の発達には経験あるいは練習に依存しないことを示しているのである。

　しかし，このことは練習が運動発達に影響を及ぼさないということを意味しているのではない。スパー（1976）はケニアのキプシギ族の乳児を調べた。そこでは乳児に座る，立つ，歩くということを生まれて間もない頃から練習させるのである。座る練習として地面に浅い穴を掘ってそこに置く，あるいは毛布で背もたれをつくり，倒れないようにしたりするのである。歩く練習は生後2カ月頃から始められるのであるが，親が子どものわきの下に手を入れ，子どもの足が地面につくかつかないかほどもちあげ，前に歩かせるのである。このような練習は毎日繰り返されるのである。この練習の効果はどうであろうか。キプシギの子どもはアメリカの標準より5週間早く座り，3週間早く歩き出すのである。しかし，訓練しなかったことに関しては特別発達が早いということはなく，しかもこのような早期の訓練が長期間影響を及ぼすということもない。

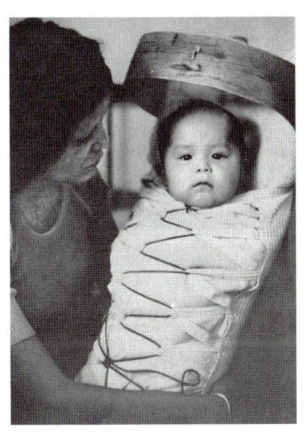

図 9.4　伝統的な仕方で育てられるインディアンの子ども
（Cole & Cole, 1989）
ほとんど体を動かすことなく成長するが，運動発達に関して大きな遅れがでることはない。

⑨発達の社会・文化的要因

参照) である。ストレンジ・シチュエーション法によって乳児は A, B, C のタイプに分類されるのであるが，この各タイプの分布の仕方が文化によって異なるのではないかということが指摘されてきた。**表 9.4** に示されているように，どの文化も **B タイプ**が多いという共通性はあるが，一方アメリカに比べるとドイツ (旧西ドイツ) では比較的 **A タイプ**が多く，日本とイスラエルでは比較的 **C タイプ**が多い。文化によって愛着の各タイプの分布が異なるかどうかという問題を検討したのがヴァン・アイジェンドーンらである (1988)。ヴァン・アイジェンドーンらは 8 カ国で行われた 32 の研究の分類に基づいて愛着の各タイプの分布に関する文化差ならびに文化内差を検討したのであるが，その結果をグラフに表したものが，**図 9.5** である。グラフの見方として，近い位置にあるのが，分布が似ているもの同士であるということをさしあたって理解してほしい。かなりばらついていることから，文化による分布の差がみてとれる。日本はイスラエルともっとも似ているのに対し，ドイツやイギリスともっとも似ていないようである。しかし，黒い丸で示されているアメリカで行われた研究の分布をみると，同じアメリカでの研究であってもたいへんばらつきがあることがわかる。アメリカでの研究には日本の研究と近い位置のものもあるし，ドイツの研究に近いものもある。ヴァン・アイジェンドーンらによると，文化内の分散は文化間の分散の 1.5 倍なのである。ここでも育児習慣の比較文化的研究から得られたように文化内の違いは文化間の違いよりも大きかったのである。したがって特定の国の人の行動をひとくくりにしたり，あるいは文化間の違いばかりを強調するのは事実を歪めることになるといえるであろう。

日米の母子関係の比較

日米の母子関係に関する比較研究は，コーディルらの研究 (1969) が最初のものであろう。コーディルらの研究は，「文化とパーソナリティ」という型の研究 (p.201 コラム参照) に属し，育児様式を国民性と直接結びつけようという現代ではあまり受け容れることのできない発想が根底にあるのだが，日米の母子関係についての最初の組織的な観察という点で貴重な資料を提供しているばかりでなく，その後の研究に大きな影響を与えたのである。コーディルた

表 9.4 アタッチメントの ABC 分類の国際比較 (三宅, 1990)

タイプ	A	B	C	備考
アメリカ	23.0%	62.0%	15.0%	いくつかの研究をまとめたもの, Campos ら(1983)による
旧西ドイツ[1]	49.0	32.7	12.2	$N=49$, Grossmann ら(1981)による
スウェーデン	21.6	74.5	3.9	$N=51$, Lamb ら(1982)による
イスラエル[2]	13.5	69.2	17.3	$N=52$, Sagi ら(1985)による
日　本(Ⅰ)[3]	.0	72.0	28.0	$N=25$, Miyake ら(1985)による
日　本(Ⅱ)[4]	.0	75.9	24.1	$N=29$, Miyake(1986)による

1) 分類不能が6.1％あった。
2) キブツの乳児が対象となっている。
3) 分類不能4名を除いた25名の比率を示した。
4) 分類不能1名を除いた29名の比率を示した。

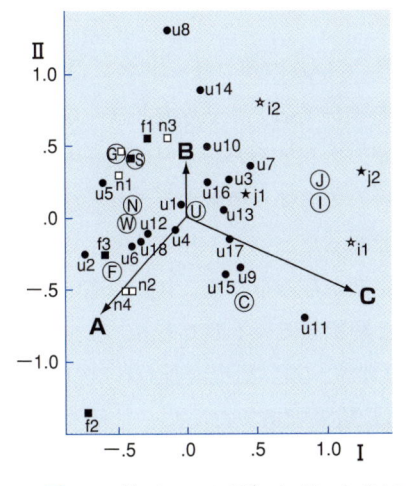

(愛着のタイプの相互の関係を2次元空間で表してみた模式図。縦軸(Ⅱ)と横軸(Ⅰ)は合成変数を表し、一義的な意味はない。)

図 9.5 ヴァン・アイジェンドーンらによる愛着の分類に関する文化差
　　　(van Ijzendoorn & Kroonenberg, 1988)
注1：●＝アメリカでの個々の研究（u1からu18まである）
　　　□＝オランダでの個々の研究（n1からn4まである）
　　　■＝フランスでの個々の研究（1からf4まである）
　　　☆＝イスラエルでの個々の研究（i1からi2まである）
　　　★＝日本での個々の研究（j1からj2まである）
　　　（1つの国で複数の研究が行われている場合は個々の研究について示している）
注2：Ⓒ＝中国、Ⓕ＝フランス、Ⓖ＝イギリス、Ⓘ＝イスラエル、Ⓙ＝日本、
　　　Ⓝ＝オランダ、Ⓢ＝スイス、Ⓤ＝アメリカ、Ⓦ＝旧西ドイツ
　　　（国全体の値）

ちは日米の中流家庭において母親と生後3カ月の第一子を観察した。アメリカの母親は声をかけたりすることによって乳児を積極的に刺激することが多いのに対し、日本の母親は乳児を抱き抱えてゆすったり、なだめたりすることが多かったのである。乳児についてはアメリカの乳児は活動的で機嫌のよい発声が多いのに対し、日本の乳児はおとなしくしかもよく泣くという結果だった。コーディルらはこれらの違いは日本では社会的統合と相互依存性、いわゆる「和」の精神を重視するのに対し、アメリカでは個人の確立を重視するといった文化の違いを反映していると考えた。すなわち、それぞれの文化にはどのような人間が好ましいのかについてのある種の信念があり、その信念が母親の行動に影響を与え、文化によって母親の行動の違いが生まれてきて、そのため子どもにも違いが生じてくるというのである。

　この解釈とまったく反対の解釈をしているのがフリードマン (1974) である。フリードマンは中国系と日系のアジア系アメリカ人とヨーロッパ系アメリカ人の新生児を比較したのだが、アジア系の新生児は検査中より落ちついた状態で、さまざまな刺激に対してあまり興奮することもなく、泣きだした場合でもなだめるのが容易であったということを見出している。このことからフリードマンは、新生児期からみられるこれらの違いが、母親から異なる反応を引き出していると解釈しているのである。

　実はコーディルらの研究から約20年後、追試研究が行われたのだが、基本的にはコーディルらの研究と同じ結果であった。ただし日米の差は1960年代よりいっそう縮まっていたのである。文化内の違いの程度が明らかでない以上、文化間の違いは誇張され過ぎていたのかもしれない。またフリードマン的な解釈も日米の差について論じている限りではもっともらしいのだが、同じ東洋でも中国と日本ではかなり育児様式が異なると考えられるのだがその違いを説明する時にはフリードマン的な解釈は役に立たないであろう。日米以外の文化を加えた広範囲な比較文化的研究が望まれるところである。

コラム 「文化とパーソナリティ」研究

「文化とパーソナリティ」研究とは，1930年代に人類学者によって始められた研究で，文化とパーソナリティがどのように関連するかを調べたものである。フロイト理論の影響を強く受け，次のような基本仮説をもっていた。

1. 幼児期の経験が大人になってからのパーソナリティを決定する。
2. 似たような経験は似たようなパーソナリティを作り出す。
3. 育児習慣は文化的に様式化されており，同じ文化に属する家族はその点に関して類似している。
4. 育児習慣は文化によって異なる。
5. 各文化にはそれぞれ基本的パーソナリティタイプというものが存在する。

このような研究は次のような欠点をもっていた。

1. 同じ文化に属しているからといってすべての人が同じパーソナリティではない。文化内の多様性を無視している。
2. パーソナリティを調べるにあたってロールシャッハテストのような投影法に依存し過ぎている。この偏りのために，
   a) 投影法は臨床心理学で主に使われるものであるため，その分析も多かれ少なかれ病的な色彩を帯びてくる。
   b) データの数量化が困難で統計的な比較も行われない。
   c) 深層心理を探ろうとするあまり，観察可能な行動を無視してしまう。
   d) 投影法は微妙な言語反応を分析するのだが，これは同じ文化に属する人を対象にした場合でも困難なものである。他の文化の人ではこの困難性はいっそう増す。

9.5 幼児教育に関する比較文化的研究

　ここではトービンら（1989）の日本，中国，アメリカの幼稚園に関する比較研究を取りあげる。単なる日米比較ではないという点で興味深いからである。トービンらはそれぞれの国の幼稚園の様子をビデオに撮り，それぞれの国の人に見せるということをしている。アメリカ人は中国の幼稚園については，「厳格で画一的に管理されている。学校というより軍隊のようだ」という感想を抱く。一方，中国人はアメリカの幼稚園を見て，子どもたちがあたかも世界は自分を中心に回っているかのようにわがままにふるまうのを見て驚いてしまう。日本人はアメリカの幼稚園の1クラスの人数の少なさ（そこでは11人）に感心し，それゆえ教師が一人ひとりの幼児にかかわり過ぎていて，アメリカの子どもたちは遊びをするにも喧嘩の仲裁にも教師に依存し過ぎるという感想を抱いたというのである。

　日本の幼稚園の特徴について，トービンらはどのように述べているかというと，まず1クラスあたりの幼児数が多い（30から40人）ことである。これはアメリカの幼稚園の先生にとって非常な驚きとなる。この人数の多さのため日本の幼稚園の先生は集団を扱うさまざまな手法を身につけなくてはならず，実際その点に関しては日本の幼稚園の先生はかなり巧みなのである。中国の幼稚園もかなり集団活動が多いのであるが，日本人からみると中国の仕方はあまりにも権威主義的で子どもが楽しく行うという配慮がかけているようにみえるのである。

　親や教師に幼児が幼稚園で学ぶべきもっとも重要なことは何か尋ねたところ（表 9.5），日本では，他人に対して共感したり同情したりすることという答が他の2カ国に比べて多く，また他人の話を聞けるようになることを重要視していた。中国では忍耐心，アメリカでは自立，自信が多いのが特徴となっている。また，幼稚園の存在理由を尋ねている（表 9.6）。アメリカ人の半分以上，中国人の67％は小学校での勉強の適切な準備をすることと答えている。このような回答をしたのは日本ではわずか2％しかいなかった。実際，日本の幼稚園では読み書きや数えることを教えるということは中国やアメリカの幼稚園に比べると少ないのである。日本の幼稚園で目立つのは勉強ではなく，遊びあるいは集団でのゲームである。ど

表 9.5 幼児が幼稚園で学ぶべきもっとも重要なことは何ですか
(Tobin et al., 1989)

	中国		日本		アメリカ	
	第1位	第3位まで	第1位	第3位まで	第1位	第3位まで
忍耐	13%	20%	2%	16%	3%	5%
協調性	37	58	30	67	32	68
他者に対する共感・同情	4	20	31	80	5	39
創造性	17	50	9	30	6	37
読み書きや計算	6	23	0	1	1	22
自立・自信	6	29	11	44	34	73
芸術	1	8	.3	4	1	3
会話能力	4	27	1	5	8	38
運動能力	1	3	.3	4	1	6
健康・衛生	11	60	14	49	1	7
優しさ	0	2	0	0	0	1

うして日本ではそうなのであろうか。一つは日本では受験競争が激しいため，せめて幼稚園ぐらいはそのような圧力のないようにしたいという理由があり，もう一つは忍耐心，集中力，集団の一員として能力を発揮することといった，より根本的な能力を養うことの方がより学校生活の適切な準備になると考えているからである。日本人の回答で一番多かったのは，子どもに集団生活を経験させるというものである。

　このような違いはトービンらによれば各社会の抱えている問題や関心の違いを反映している。中国では人口増加を抑えるため「**一人っ子政策**」が推し進められているのだが，その結果4人の祖父母に2人の親1人の子どもというような事態が生じ，祖父母，両親は子どもを極度に甘やかすようになっている。その弊害を少しでも緩和することが幼稚園に期待されているのである。

　日本においては，第2次大戦後急速に地縁血縁を中心とした社会関係が弱まっていったという社会変化が関係している。幼稚園は失われた近所づきあいや友達づきあいを補うことを期待されているのである。子どもは幼稚園で友達を見つけ，母親は話し相手を見つけるわけである。

　アメリカにおいては離婚の増加や親子の断絶などによって現れている家族の崩壊という問題がある。幼稚園はさまざまな問題を抱えた親や子どもにとってのオアシスであるよう期待されるのである。幼稚園の先生は子どもだけでなくその親に対してもセラピストのように愛情深く支える態度で接することが期待されているのである。つまり3つの文化とも，幼稚園には，社会変化の中身がそれぞれの文化で異なるものの，社会の変化に伴うさまざまな悪影響をできるだけ少なくするという補償的，保守的役割を期待する点で共通しているのである。

参考文献

コール，M.・スクリブナー，S. 若井邦夫（訳）（1982）．文化と思考——認知心理学的考察—— サイエンス社
コール，M. 天野 清（訳）（2002）．文化心理学——発達・認知・活動への文

表 9.6 幼稚園が存在するのはなぜですか
(Tobin et al., 1989)

	中国		日本		アメリカ	
	第1位	第3位まで	第1位	第3位まで	第1位	第3位まで
小学校での勉強の準備	37%	67%	.3%	2%	22%	51%
甘やかしを減らし，親の足りない点を補う	3	12	.3	2	.5	2
親が仕事や他の事をできるようにする	17	48	1	8	7	25
他の子どもと遊ぶ機会を得る	8	25	14	70	14	42
良き市民への道を始める	12	30	5	18	4	14
集団生活を経験させる	12	44	61	91	20	62
毎日楽しめる場所を提供する	1	7	3	24	4	18
独立・自立させる	11	67	14	80	23	66
親を助けたり，教育する	0	0	.3	5	6	20

9 発達の社会・文化的要因

　　　　化-歴史的アプローチ——　新曜社
小嶋秀夫（1989）．子育ての伝統を訪ねて　新曜社
ヤホダ，G. 野村　昭（訳）（1992）．心理学と人類学——心理学の立場から
　　　——　北大路書房

発達の基礎理論 10

　アメリカの実用主義哲学者パースは「優れた理論ほど実際的なものはない」といった。一般に，「理論」というと，何か非常に抽象的で，実際問題とはかけ離れた難解なものと思われている。しかし，パースにいわせると，それは逆であって，優れた理論というものは現実の個別具体の事象を効果的に記述，説明，予測し，実用的価値が高いものであるとされる。逆説的ではあるが，けだし名言というべきであろう。
　本章では人間の発達に関する代表的な心理学的理論をいくつか取りあげ概観する。それらの理論がパースのいうように「実際的」であるかどうか（換言すれば「優れた」理論といえるかどうか）についてともに考えてみることにしよう。

10.1 理論の必要性と人間存在の基本モデル

個々の理論について述べる前に，なぜ理論が必要なのか，理論というものの性格や役割は何なのか，あるいはそれぞれの理論の背後にある**人間観**はどんなものなのかといったことについて少しみておくことにする。

理論に対置される言葉は**実際**とか**事実**であろう。われわれは日常，現実世界の中で多くの事物・現象に遭遇し知覚する。人間の感覚器官はそれらの事象の形状や特性について一定の情報をもたらし，それによってわれわれは実際の世界にふれているという感じを得る。しかし，そうした形でとらえられた事実は，あくまでも表層的なものであって，事物や現象の本質的側面や背景に潜む原理・法則を教えてくれるものではない。そこで，事象を総体として記述・説明し，変化の力動を含む場合はその将来を予測するための枠組みとして理論が構成され，使われるわけである。一般に，理論というものは，一定数の基本概念と原理・法則の類からなっている（グリーン（1989）は発達理論の骨格を構成する要素的次元を**表10.10**（p. 233）のようにまとめている）。

さて，理論の性格・役割についてはどう考えたらよいであろうか。この点について，グリーン（1989）が要領よくまとめているので，参考としてその概要を**表10.1**に示す。

ところで，理論というものはすべて，その根底に，対象とする事柄についての基本的仮定を含んでいる。そこで次に，人間発達に関する諸理論が共通によりどころとする人間存在についての基本的モデルについて簡単にみておこう。シェーファー（1985）は発達理論の違いが現れる，いわば「分水嶺」となる基本的問題として「氏か育ちか」など，**表10.2**にみられるような4つをあげている。

人間の在り方に関する基本的視点の一つは，環境または外部諸力との関係において人間をどう位置づけるかということである。換言すれば，人間を主体的，能動的な存在としてみるか，それとも逆に受動的，消極的存在としてみるかで，基本的立場の違いが出る。

アメリカの人格心理学者オールポート（1962）は，3つの基本的人間観として，① **反応的存在**，② **潜在的反応的存在**，③ **生成過程**にある

表 10.1　理論の性格・役割（Green, 1989）

第1に，理論はわれわれに諸事実をどうまとめ上げ，いかにその意味を解釈したらよいかについて教えてくれる。つまり，事実というものは個別具体（specific）のものであるだけに，それ自体の姿を示すだけであって，他の事実との関連については何も語ってくれず，またそれぞれの事実が何を意味するかについてもそれ自体では示さない。諸事実を包み込んで組織化し，意味づけするのが理論である。

第2に，理論は公共の知識を代表するものである。人はそれぞれの見方で周囲の事象を捉え解釈する術をもっている。しかし個人が体験する世界には限界があり，人はそれぞれに自分の好みで事象を意味づけようとする。個人的限界を超え，バイアスを拭い去って，多くの人に是認され共有された知識体系，法則群が理論である。

第3に，理論は検証可能である。理論は多くの事実の吟味に基づいて構成されたものであるだけに一定の確証性をもつが，対象とする事象が変化する限り完全ではあり得ず，絶えず検証されなければならないし，また可能である。もし，ある理論が部分的にしろ間違っていることが判明した時は修正すればよい。理論は「混沌に秩序を与えるもの」といえるが，仮にその秩序立てに不備があったとしても，混沌よりは始末しやすい。この辺の事情を著名なイギリスの心理学者でもあるF.ゴールトンは「真理は，混沌からよりは誤謬から現れ易い」と述べている。

第4に，理論は人よりも複雑でない。一般に，人の心が作り出すものは人の心ほど複雑でない。理論は人の心が作り出したものである。人の心は知・情・意の絡む複雑な構造・機能をもっていて，時に自己反省することが難しい。理論は人の心が作り出したものでありながら，人の心を超えたレベルで事象をできるだけ単純，明快，効率的に捉えようとするものであって，人の心に付きまとう迷いや錯誤は避けられる。

第5に，理論は一般化可能である。このことは理論というものの性格からして自明であろう。理論がその力を発揮するのは，個を超えて多くの事象に当てはまる記述の用語や説明原理を含むからである。

（becoming）**存在**として人間をみる立場をあげている。

　第1の**立場**は，その名が示す通り人間を受け身の存在としてとらえ，環境条件や外側からの影響力を重視する立場であって，ジョン・ロックの**白紙説**（tabula rasa；第11章11.2参照）やワトソンの**行動主義理論**がその典型とされる。

　第2の**潜在的反応的存在**としての人間観に対応するものは**精神分析理論**である。精神分析理論の場合は，行動主義理論のようにあからさまな形で外部からの刺激作用の影響力を強調することはない。その理論体系の中では自我が重要な位置を占め，積極的**防衛機制**についても論じられている。しかし，にもかかわらず，人を行動に駆り立てるエネルギー源としての**リビドー**（libido）概念とか乳児期のしつけや人間行動の情緒的・非理性的側面に掛ける比重の重さからして，人間を潜在的には反応的な存在であるとみる立場であるとみなされる。

　第3の立場は，カウンセリングの分野ではロジャースの**非指示的アプローチ**にその典型をみることができ，発達心理学の領域ではピアジェの**知能の発達理論**やウェルナーの**分化**の概念を中心とする**有機体的発達理論**がこれにあたるとされる。

　ウェルナーに学んだランガー（1969）も，「人間モデル」について論じ，① **機械的鏡説**（mechanical mirror theory），② **精神分析理論**，③ **有機ランプ説**（organic lamp theory）をあげている。これら3つは，その呼び名からしても，先のオールポートの分類とよく対応することが一見して明らかであろう（表10.3）。

10.2　ピアジェの発生的認識論

10.2.1　背景といくつかのキーワード

　ピアジェは，1896年，スイスのニューシャテルという町に生まれた。彼は早くからその天才ぶりを発揮し，10歳の時すでに，白スズメに関する1ページほどの論文を発表し（図10.2），21歳の誕生日を迎えるまでに20篇以上もの論文をものにしていたという。また，高校在学中に（これは結果的には断わったというが）それまでの業績が認められてジュネーヴに

表 10.2 発達理論の「分水嶺」となる基本問題 (Schaffer, 1985)

氏か育ちか (nature vs. nurture)	発達の要因として生物学的素質・傾向（氏）をどれだけ重視するか。逆に，環境の影響（育ち）をどれだけ重視するか。
能動性／受動性 (activity vs. passivity)	子どもを自分の発達の能動的貢献者と見るか，それとも環境の影響の受動的受け手と見るか。
連続性／非連続性 (continuity vs. discontinuity)	人間発達を漸次的で連続的なものと見るか，それとも突発的で段階的なものと見るか。
発達の段階 (developmental stage)	同じ時期に現れ，まとまりのあるパターンを形成する一群の能力や動機，行動および情動傾向として何を考えるか。

表 10.3 発達理論の裏にある人間存在の 3 つのモデル (Langer, 1969)

機械的鏡説 (mechanical mirror theory)	Man grows to be what he is made to be by his environment.
精神分析学 (psycho-analysis)	Man is a conflicted being who is driven to action and growth both by his own passions or instincts and by external demands.
有機ランプ説 (organic lamp theory)	Man develops to be what he makes himself by his own actions.

ある博物館の軟体動物部門の主任研究員になるよう誘われたこともあったという。

ピアジェはもともとは生物学と哲学を専門としたが，自分の母親が精神疾患を患い，精神分析の治療を受けるようになったのをきっかけに，心理学の分野に足を踏み入れることになったという。1928 年に生物学の博士号を得た後，フランスでビネーの推理テストの標準化の仕事を手伝ったりしているうち，被験児の犯す誤答に関心をもち，子どもと向かい合いながら手を代え品を代え繰返し質問し，被験児の判断の根拠をあぶり出していく**臨床面接法**を編み出した。

ピアジェは 1980 年秋，「世紀の巨人」と呼ばれるその輝かしい学者としての人生を終えたが，その間，子どもの認知発達に関して数え切れないほどの実験と観察を行い，おびただしい数の論文を書いている（**表 10.4**）。扱ったトピックスは，時間や空間，数や確率，因果性，分類やクラス内包（包摂関係），1 対 1 対応や系列化，推理律，保存概念（**図 10.3**）や血縁関係語の理解，果ては道徳判断の発達まで，およそ人間の認知的機能に関する問題はすべて，といってよいほどに広範な問題に及んでいる。

ピアジェ理論の思想的背景はカントとスペンサーにあるといわれる。時間や空間，因果性などはカントのいう経験のカテゴリーに基づくものであるが，カントのようにそれらを先験的 (a priori) なものとは考えず，**構成主義** (constructivism) または**後成説** (epigenesis) の立場から，発生的にとらえようとしたところにピアジェの独自性がある。

ピアジェは，人間の知的行動または知能を「適応の最高の形態」と考え，適応の過程は基本的には**同化** (assimilation) と**調節** (accomodation) という 2 つの活動からなると考える。同化とは，生活体がすでにもっている**シェマ** (schema：行動の下書き，プラン) によって環境や対象に働きかけ，これを自分のものにする過程を指し，調節は，逆に，環境や対象からの働きかけを受けて，生活体が既有の「シェマ」を変容させることである。そして，調節と同化の間にバランスを保とうとすることを**均衡化** (equilibration) という。

生活体の適応行動は，基本的にはこの均衡化の過程に他ならず，その最

図 10.1 発達心理学の「世紀の巨人」ピアジェ

An Albino Sparrow

At the end of last June, to my great surprise, in the Faubourg de l'Hôpital at Neuchâtel, I saw a sparrow presenting all the visible signs of an albino. He had a whitish beak, several white feathers on the back and wings, and the tail was of the same color. I came nearer, to have a closer look, but he flew away; I was able to follow him with my eyes for some minutes, then he disappeared through the Ruelle du Port.

I have just seen today in the *Rameau de Sapin* of 1868 that albino birds are mentioned; which gave me the idea to write down the preceding lines.

Neuchâtel, the 22nd of July 1907

Jean Piaget
élève du Collège Latin

図 10.2 ピアジェ，10歳の時の「論文」
(Gruber & Vonèche, 1977)

高の形態が知能だというわけである。これらのピアジェ理論におけるキーワードはスペンサーに由来するものといわれる。

■ 10.2.2　ピアジェによる知能の発達段階

　ピアジェの発達段階説についてはすでに第3章でふれているので同じことの繰返しは避けるが，この発達段階についての考え方がピアジェ理論の眼目の一つでもあるので，二，三つけ加えておくことにする。

　一つは，段階というものについてのとらえ方である。ピアジェ理論における段階は，安定的で整合性あるものであり，普遍的順序性をもって出現し，後の段階はその前の段階を包み込んだ形で，また，その変形として出現するものと考えられている。どんな社会または文化集団の中に生きる子どもも，基本的には一定の年齢に達し，一定の経験を積めば，**感覚運動的段階**から**前操作期**をへて**具体的操作期，形式的操作期**へと発達をとげるものと考えられている。こうしたことから，ピアジェの理論は「普遍主義理論」（universalism）であると評される。

　二つめは，段階から段階への移行の問題である。繰返しいうが，ピアジェの最大の功績は，人間の知的行動を総体としてとらえ，一定の時期に出現する特徴的な心理的傾向性に着目して発達の段階を記述した点にある。しかし，ピアジェは，ある段階から次の段階にいたるのはいかなるプロセス，どんなメカニズムによるのかについては体系的には説明していない。このことに一番関係の深いキーワードは均衡化であろうが，では，その均衡化のプロセス的，メカニズム的内容は何かということになると判然としない。この点が，まさに「不適応」という不均衡状態に悩む患者に接し，その立ち直りを助ける仕事を職業としたワロンが不満とするところであり，その後の比較文化的研究の進展の中で批判の的となったところである。

　三つめは，ピアジェの理論が，なぜ「発生的」といわれるかという点に関してである。それは，ピアジェが，たとえばイギリス連合主義などと違って，知的行動や思考の問題を単に頭の中の観念の世界に閉じ込めず，乳幼児期の感覚運動的経験と密接に関連づけて，まさに「発生的」な視点からとらえようとしたことによる。感覚運動的経験が**内面化**（internalize）さ

表 10.4 ピアジェ略年表 （Gruber & Vonéche, 1977 を基に作成）

年	事項（身辺の変化，主な著書・論文の出版等）
1896	8月9日，スイスの Neuchâtel で，父 Arthur，母 Rachel の長男として生まれる。下に妹2人。
1907	10歳の時，初めての論文として，白スズメ（albino sparrow）に関する短い報告を発表。
1918	Neuchâtel 大学に提出した軟体動物（巻貝）に関する論文で理学博士の学位取得。
1919	Zurich で Lipps と Wrechner の指導を受け心理学実験と測定について研修。また，Bleuler のもとで精神医学の学習。さらにパリに出て，Alfred Binet 研究所で心理学の学習と現場研修（1922年まで）。
1921	Geneve の Jean-Jacques Roussseau 研究所で研究主任。児童の認知心理学の分野で数篇の論文執筆。
1923	Valentine Châtenay と結婚。*The language and thought of the child.* を出版。
1924	*Judgment and reasoning in the child.* 出版。
1925	長女 Jacqueline 誕生。
1927	次女 Lucienne 誕生。*The child's conception of physical causality.* 出版。
1929	Geneve 大学准教授（科学思想史）（1939年まで）。
同年	国際教育局所長（1967年まで）。
1931	息子 Laurent 誕生。
1932	*The moral judgment of the child.* 出版。
1933	Geneve 大学・教育科学研究所所長（1971年まで）。
1936	*The origin of intelligence in children.* 出版。
1937	*The construction of reality in the child.* 出版。
1938	Lausanne 大学教授（心理学・社会学）（1951年まで）。
1939	Geneve 大学教授（社会学）（1952年まで）。
1940	Geneve 大学教授（実験心理学）（1971年まで）。
1941	Alina Szeminska と共著で *The child's conception of number.* 出版。
1942	Bärbel Inhelder との共著 *The child's construction of physical quantity.* 出版。
1945	*Play, dreams and imitation in childhood.* 出版。
1946	運動，速度，時間，空間に関する子どもの表象能力をテーマにした著書を次々と出版（1948年まで）。
1949	*Traite de logique.* 出版。
1950	*Introduction à l'épistemologie génétique.* 出版。
1952	Sorbonne 大学教授（発達心理学）（1963年まで）。
1955	Geneve 大学・国際発生的認識論研究所所長（1977年まで）。
1967	*Biology and knowledge.* 出版。
1971	Geneve 大学名誉教授。
1975	*L'equilibration des strucutre cognitives.* 出版。
1980	9月16日，Geneve にて84年の生涯を終える。

れて**表象的シェマ**（representational schema）を生み，さらにそれらが均衡化の過程を通して論理数学的知識となって知的操作を可能にするわけである。

■ 10.2.3　知的発達の要因

ピアジェは 1964 年の論文で，知能の発達の要因として，**成熟**，**経験**，**社会的伝達**および**均衡化**の 4 つをあげている。成熟は生物学的要因と言い換えてもよいとされているが，特に神経系の成熟を意味している。経験については特に説明の必要はなかろうが，ただ，ピアジェのいう経験には 2 種類あることに注意すべきであろう。一つは物理的経験であり，もう一つは論理・数学的経験である。前者は，たとえばチューリップの花を見て，その色や形，大きさなどを知覚し，それがチューリップの花であることを知る場合のように，事象そのものの物理的属性を直接経験する場合である。

それに対して，たとえば「比重」の概念や「無限」の概念は直接対象に触れて得られるものではない。一段高い概念レベルで，新たに作り出さなければならない。そうした物理的経験の知的レベルでの再構成の過程が論理・数学的経験である。

次に，社会的伝達は，別名，教育的・文化的伝達ともいわれ，それぞれの社会，または文化集団にあって，世代（親・教師）から世代（子ども，生徒）へ伝える働きを指している。

最後に，均衡化であるが，このことについてはすでに述べたように，一般的には同化（環境に対する個体の働きかけ）と調節（個体に対する環境から作用）との間に平衡を保とうとするプロセスを意味するものと受け取られている。しかし，ここでまた注意すべきは，ピアジェはこの他に発達段階間の均衡化および部分と全体との間の均衡化をあげている点である。

段階間の均衡化については，たとえば，具体的操作期における保存概念獲得のプロセスにおいて，未保存→移行期→保存期の 3 つの下位段階が区別されるが，それらの下位段階の間の均衡化（葛藤，混乱とその克服の努力）のことであり，また**具体的操作期**から**形式的操作期**に移行する場合も均衡化の働きが生じると考えるわけである。

液量の保存	 2つの同形同大のビーカーに水などの溶液を同じ量入れ，子どもに同じ量であることを確認させる。	▶ 片方のビーカーの溶液を違った形の容器に注ぎ，水面の高さが違うようにして，水の量が等しいかどうか尋ねる。	保存概念のできている子どもは，入れ替え後のどちらの容器にも同じ量の水が入っていると答える（通常，6〜7歳で正答する）。
物質量の保存	 同形同大の粘土のボールを2つ作って子どもに示し，同じ量（多さ）であることを確認させる。	▶ 片方の粘土ボールを伸ばしてソーセージ状に変形し，2つの形の粘土の多さが同じであるかどうかを尋ねる。	保存概念のできている子どもは，形が変わっても粘土の量は変わらないと答える（通常6〜7歳で正答する）。
数の保存	 同じ数のビーズを2列に並べ，子どもにどちらの列にも同じ数のビーズがあることを確認させる。	▶ 片方の列のビーズの間隔を広げるか縮めるかして，一見しただけでは数の異同が分からないようにする。	保存概念のできている子どもは，長さが変わったように見えても，数は変わらないと答える（通常，6〜7歳で正答する）。
長さの保存	 長さの等しい2本の棒を図のように並べて子どもに示し，長さが同じであることを確認させる。	▶ 片方の棒を右か左にずらして，2本の棒の端と端が合わないようにして子どもに見せる。	保存概念のできている子どもは，端がずれていても長さは同じであると答える（通常，6〜7歳で正答する）。
面積の保存	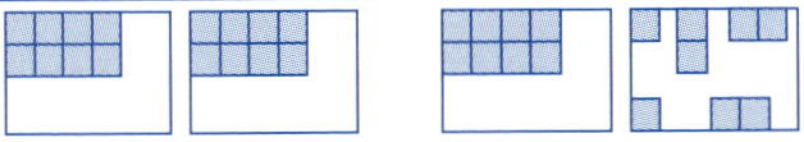 同じ大きさの2枚の台紙の上に，図のように色厚紙を並べ，厚紙が敷かれていない部分が同じであることを確認させる。	▶ 片方に台紙の色厚紙の配列を図のようにバラバラにし，一見しただけでは，面積が同じかどうか分からないようにする。	保存概念のできている子どもは，配置が変わっても厚紙のない余白の部分の面積は変わらないと答える（通常，9〜10歳で正答する）。
容積の保存	 等量の水の入った2つのビーカーの中に同形同大の2つの粘土球を入れ，水面が同じであることを確認させる。	▶ 片方の粘土球を取り出し，形を変えて，水の中に戻したら水面の高さが変わるかどうかを尋ねる。	保存概念のできている子どもは，粘土の形を変えても水面の高さは変わらないことを知っている（通常，9〜12歳で正答する）。

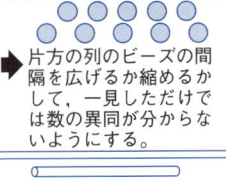

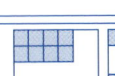

図10.3　保存概念のテスト課題（Schaffer, 1985）

部分と全体の均衡化としては，たとえば，どう見てもサルに見えない動物が間違いなくサルの仲間だといわれた時に，サルというものの基本属性についての見方や定義の仕方が変わり，動物や生物を分類する枠組みが全体として根本的に変わってくる場合を考えることができよう。

　均衡化は，ピアジェが4つの要因の中でもっとも重視する要因であり，他の3つの要因の統率者的な役割を与えられているものである。

　ところで，ピアジェは1966年の論文でも知能の発達の要因として4つあげているが，そこでは経験の要因の代わりに**社会的対人的協調**が含まれている。これは，質問と応答，情報の交換，議論と反論，共同作業などを意味する。これも一種の経験であるといえばそうもいえるし，また何かの理由でピアジェがこの2年間のうちに社会文化的要因をより重視する立場に身を移すようになったというのであれば，それも納得できないわけではないが，ピアジェ自身はこの点については何ら説明していない。結局，ピアジェがもっとも大切と考えたのは，その発達段階説にあったということになろう。

10.3　精神分析理論

　フロイトの創始した**精神分析理論**は，単に精神医学の分野だけでなく，心理学や社会学，文化人類学，文学はいうに及ばず，映画作りの手法にいたるまで，広範な領域に多大な影響を及ぼしている。フロイトは，精神医学者として多数の神経症患者やヒステリー患者の治療にあたっているうちに，そうした精神疾患や適応障害を深く理解し適切な治療を行うには，患者自身が語らない願望や意識されない欲求とか葛藤に目を向けなければならないことに気づき，**自由連想法**や**夢の分析・解釈**などの手法を編み出し，治療の実践から得た知見を理論化して精神分析の立場を確立した。

　しかし，フロイトの場合，一般に理解されているものより広義ではあるが，性の問題にあまりにも大きな比重をかけすぎたために，後に弟子たちに反旗をひるがえされることになり，いくつかの「新フロイト派」と呼ばれる分派を生み出す結果を招いた（**表 10.5**）。

　このように，同じく精神分析の理論といっても，その内実はさまざまで

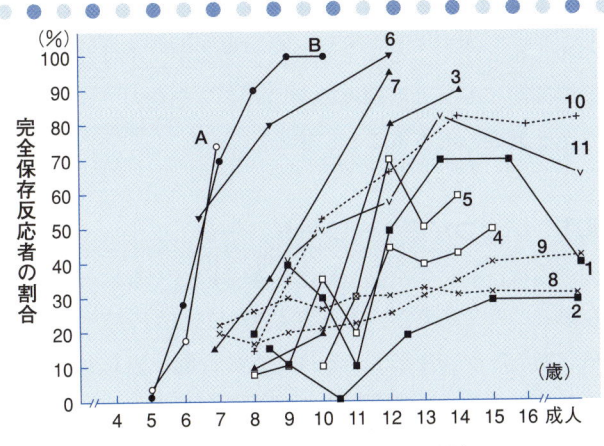

図 10.4 量の保存概念達成者の割合
(Dasen, 1977 を基に作成)

A：ジュネーブ児（Piaget & Inhelder, 1963）
B：キャンベラ児（Dasen, 1974）
1：オーストラリア原住民，西洋文化との接触は中程度（Dasen, 1974）
2：オーストラリア原住民，西洋文化との接触は低い（Dasen, 1974）
3：アフリカ象牙海岸，エプリエ族（Dasen, 1975）
4：オーストラリア原住民（Hermennsburg）（de Lemos, 1969）
5：オーストラリア原住民（Elcho Island）（de Lemos, 1969）
6：セネガル・ウォロフ族，僻地就学児（Greenfield, 1966）
7：セネガル・ダカール・ウォロフ族就学児（Greenfield, 1966）
8：パプアニューギニア不就学児（Kelly, 1970）
9：パプアニューギニア就学児（Kelly, 1970）
10：パプアニューギニア就学児（Prince, 1961）
11：パプアニューギニア就学児（Wadell，私信）

図 10.5 精神分析理論の創始者フロイト

10 発達の基礎理論

あり，影響力も広範に及んでいて，扱われる問題も多種多様であるため，単純にまとめて紹介することは至難の技であるが，ここでは乳幼児期の子どもの発達の問題にもっとも関連の深いところを選んで，フロイトとエリクソンの考えを概観してみることにする。

■ 10.3.1　いくつかのキーワード

　精神分析理論は，独自の用語や概念の多さの点でも他の心理学的理論の遠く及ばないところであるが，もっとも基本的なキーワードの一つは**リビドー**(libido)であろう。リビドーとは，人を行動に駆り立てる本源的エネルギーのことである。フロイトによれば，人間の赤ん坊は一定の本源的または本能的エネルギーの貯えをもって生まれてくる。その量には個人差はあるが，生涯を通じて変わらない。しかし，その発現の方向や形態はさまざまに変わりうる。この本源的エネルギーには2種類ある。一つはプラスの方向性をもつ**生の欲動**(エロス；eros)で，人を生や活動に向かわせ，希望や性的願望をもたせる力となっている。もう一つはマイナスの方向性をもつ**死の欲動**(タナトス；thanatos)で，死や破壊，失望や攻撃につながる。

　次に注目されるのは，**無意識**(unconscious)および**下意識**(subconscious)の世界にメスを入れたことであろう。当時，心理学の分野では，人間の心の問題は，もっぱら内省でとらえられ言葉で表現される意識化された観念の問題であった。しかしフロイトは，社会的に受け容れ難いとされる欲求や願望は意識下に**抑圧**され，それが時に不適応や精神的障害をもたらすことがあると考えて，人間の行動をより力動的に理解する道を開いたのである。こうした考えは，いわば「意識の3重構造モデル」ということができ，意識現象そのものの理解をはるかに厚みのあるものにしたといえる。

　最後に，人格の3層構造についてみておこう。フロイトは人格の根底部分に**イド**(id)または**エス**(es)というものがあると仮定する。イドはもっとも原始的で非理性的，動物的な部分であり，常に本能的衝動に突き動かされて行動しようとする部分であって，**快楽原理**によって支配されている。イドと対極をなすのが**超自我**(super ego)である。超自我は**理想原理**に基づいて人を振る舞わせようとし，絶えず社会からの期待や要求を気に

表 10.5　フロイト略年表（ジャカール，1987 などを参考に作成）

年	事項（身辺の変化，著書・論文の出版等）
1856	5月6日，もとオーストリアの一州，モラヴィア（Moravia）のフライベルクに8人兄弟の長男として生まれる。
1860	2月，一家はウィーンのレオポルトシュタットにあるユダヤ人地区に移る。
1873	ウィーン大学で医学の勉強を始める。
1885	10月，シャルコーの勤務するパリのサルペトリエール病院で研修を始める。半年ほどでウィーンに戻る。
1887	11月，ヴィルヘルム・フリースと知り合いになり，文通を始める。この出会いが精神分析理論の完成に多大な影響を与えたといわれる。
1888	7月，催眠技術を磨くためにフランス北東部の町ナンシーにベルネームとリエボーを訪ねる。
1895	5月，ヨーゼフ・ブロイアーとの共著『ヒステリー研究』を出版。神経症の性的病因論を提唱。
1897	体系的な自己分析を始める。幼児性欲，幻想的生活の重要性，エディプス・コンプレックスの役割を強調。
1899	11月，『夢判断』出版。しかし，注目されず。
1902	5月，フランク・ユーゼフ皇帝より員外教授に任命される。フリースとの文通停止。「水曜心理学協会」を創立。
1904	『日常生活の精神病理学』を発表。
1905	『性の理論に関する3つの論文』『機知――その無意識との関係』『或るヒステリー患者の分析の断片（ドラ）』を発表。
1907	3月，C. G. ユングとL. ビンスワンガーの訪問を受ける。続いて，S. フェレンツィ，K. アブラハム，E. ジョーンズが訪れる。
1908	4月，ザルツブルクで第1回国際精神分析学会。
1909	『或る5歳男児の恐怖症分析（ハンス少年）』『強迫神経症の一例に関する考察（鼠男）』発表。ユングとフェレンツィを伴いアメリカ訪問。クラーク大学で講演。
1911	アドラーの脱退。『自伝的に記述されたパラノイアの一症例に関する精神分析的考察（シュレーバー控訴院長）』発表。
1913	『トーテムとタブー』出版。
1914	ユングの脱退。
1917	『精神分析入門』出版。
1918	『或る幼児期神経症の病歴より（狼男）』発表。
1920	『快感原則の彼岸』『集団心理学と自我の分析』発表。
1923	上顎癌の診断，最初の手術。『自我とエス』発表。
1927	『或る幻想の未来』発表。
1929	『文化への不満』発表。
1930	ゲーテ賞受賞。
1933	5月，ナチス，ベルリンでフロイトの本を焼く。
1938	3月，ドイツ，オーストリアを併合。6月，フロイトはイギリスへ。『精神分析概説』執筆。『モーゼと一神教』出版。
1939	9月23日，ロンドンにて83年の生涯を終える。

し，行動を監視する役割を担う。そして，イドと超自我の中間に位置するのが**自我**(ego)である。自我は，勝手に振る舞おうとするイドと，禁欲的な超自我の板挟みにあって，時に苦悩し，時に失敗したり不適応に陥ったりすることもあるが，多くの場合，適切な**防衛機制**(**表 10.6**)によって適応的な生活を営む。自我のよりどころは**現実原理**である。

■ 10.3.2　精神分析理論における発達の段階

　精神分析理論における中心的なキーワードの一つとしてあげたリビドーは，時に，本能的エネルギーとか動因エネルギー，あるいはより一般的に心的エネルギーなどと呼ばれるが，この力は一定の時期に一定の対象に向かって発射される。この作用をカセクシス(cathexis，備給などと訳される)と呼ぶ。フロイトの場合，リビドーが主として向けられる体の部分によって発達段階を区分した。

　しかし，新フロイト派の一人，エリクソンは基本的にはフロイトの考えを取り入れながら，子どもの主体性，能動性を強調し，特に自我機能に注目しながら，社会・文化的要因を重視する立場から独自の発達理論を提唱した。エリクソンによれば，人は誰でも，それぞれの人生周期(life cycle)において一定の危機(crisis)を迎える。人間にとって一番大切なものは自我であり，**自我同一性**(ego identity)の確立であるが，しかし，それは相手や社会との関係において機能し，形成されるものである。したがって，信頼感や自尊，恥，勤勉さ，親密感などの社会的感情が人の精神生活と人間的成長にとってもっとも大切なものとなる。

　ところで，エリクソンのいう危機とは，個人の人生周期のそれぞれの段階において克服すべき課題ということであり，その意味では発達心理学でよく話題にする**発達課題**(developmental task)という言葉に置き換えても構わない。フロイトとエリクソンの発達の段階について簡単にまとめたものが**表 10.7**である。

■ 10.3.3　乳幼児の発達と精神分析理論

　精神分析理論は，乳幼児期の子どもの心理的発達の問題にとってどんな

表 10.6　主な防衛機制（村田，1979）

機制	機能	機制	機能
現実否認	知覚を拒絶することによって不快な現実から自己を守る。	反動形成	願望と逆の態度や行動の型を誇張し，それを障壁とすることによって危険な願望が表出されることを防ぐ。
白昼夢	阻止された願望を空想による達成で満たす。	転置	しまっておいた感情（ふつう敵意のある）を，もともとその情緒を引き起こしたものよりも危険でない対象に対して吐き出す。
補償	望ましい特性を強調することによって弱点を隠すとか，ある領域の欲求不満を他の領域を堪能することで補う。	情緒分離	傷つくことから自己を守るために受動状態にひっこんでしまう。
同一化	自分をすばらしい地位の人や制度と同一化することによって価値感を増す。	孤立	痛ましい場面から感情を断絶したり，両立し難い態度を厳格な区切りで分離してしまう。
取入れ	外部の価値や規準を自我構造の中に結合する。そうして外部からの脅威としてそれにもてあそばれぬようにする。	退行	より未成熟な反応をもつ発達水準，そして通例低い要求水準へと退いてしまう。
投射	困難を人のせいにしたり，自身の非倫理的な願望を他人に転嫁する。	昇華	満たされない性的願望を，性的でない代償的行動でもって満たす。
合理化	自分の行動が「合理的」かつ正当であり，りっぱであり，社会的承認にあたいすることを証明しようとする。	取消し	非道徳的な願望や行動のつぐないをし，取り消す。
抑圧	痛ましいあるいは危険な考えが意識に上ってくることを阻止する。		

表 10.7　フロイトとエリクソンの発達段階
（Clarke-Stewart & Koch, 1983）

年齢	フロイト	エリクソン
1歳	口唇期（oral stage） 乳児は口や唇を使っての吸ったり嚙んだりする経験を通して満足を得る。	信頼 対 不信 (trust vs. mistrust) 乳児は自分の欲求が外界から，特に母親によってどのように満たされるか，または満たされないかによって，信・不信を学習する。
2歳	肛門期（anal stage） 子どもは排便やそれを我慢する時の肛門筋の運動を通して満足を得る。	自立性 対 恥，疑惑 (autonomy vs. shame, doubt) 子どもは自分の意志の行使，選択の仕方，自己制御の仕方を学習するか，あるいは自分で何ができるかについて不安をもつか疑問を抱くようになるかを学習する。

→225ページに続く

関連性，意義をもつであろうか。それは一つには，この理論では**初期経験**が重視される点である。

フロイトにあっては，成人期の不適応や精神疾患も，そのもとをたどれば乳幼児期の体験に由来するとされる。人生最初の段階である**口唇期**にあっては，赤ん坊はリビドーの発散先を唇や口に求め，何でも嘗めたり噛んだりしようとする。この口唇期的欲求が満足されないと**固着**(fixation)現象が起こり，幼児期の指しゃぶり・爪噛みや成人期の喫煙，パイプ常習癖となって跡を残すと説明される。また2歳前後の**肛門期**に親が排泄のしつけを誤ると子どものパーソナリティに歪みが生じることになると考えられている。すなわち，厳しすぎるトイレット・トレーニングは，きれい好きだが几帳面すぎて堅苦しい人間を作るか，それとも何事にもいい加減で浪費好きな人間を作ってしまうとされる。

成人後の性格が乳幼児期のしつけによってほぼ決ってしまうというほど人間は単純ではなく，フロイトの説を裏づける実証的データがそろっているわけではない。しかし，乳幼児期の経験の重要性に着目し，リビドーやカセクシス，固着，防衛機制などの概念で人間の行動とパーソナリティの形成をフロイトほど力動的に説明した理論家はそれまでにはいなかった。その点で，精神分析の理論は発達心理学にとってもきわめて示唆的であるといえる。

エリクソンの場合は，主たる関心が青年期の問題に向けられていたため，乳幼児期の子どもの発達の問題に直接かかわる部分はフロイトほど多くはないが，しかし乳幼児期にあっても自我はそれなりに成立していて，小さな子どもといえども主体的・能動的探索者であることや，親との間の**基本的信頼**の重要性の指摘，老後にいたるまでの人の生涯にわたる発達をより巨視的な観点から体系的に論じている点で大いに参考になるものを含んでいる。

10.4 ヴィゴツキーの社会・歴史的人間発達理論

いわゆる欧米の心理学者やその隣接の分野の研究者にとって，人間の発達の問題は結局は個人の問題であった。たとえばピアジェについていえば，

表 10.7　フロイトとエリクソンの発達段階（続き）　（Clarke-Stewart & Koch, 1983）

年齢	フロイト	エリクソン
3歳〜5歳	**男根（エディプス）期** **（phallic/oedipal stage）** 子どもは性的好奇心に目覚め，自慰行為で満足を得る。また，異性の親に対する性的空想に耽けり，そのことに罪障感を覚える。	**主導性 対 罪悪感** **（initiative vs. guilt）** 子どもは自分で活動を開始し，やり遂げることを学習し，行為に方向性や目的をもたせることを学習する。主導性を発揮することが許されないと，自力でいろいろな試みをすることに罪障感を抱く。
6歳〜思春期	**潜伏期（latency period）** 子どもの性衝動は水面下に押し込まれた形になり，彼らのエネルギーは文化的技能の獲得に向けられる。	**勤勉さ 対 劣等感** **（industry vs. inferiority）** 子どもは勤勉性の意識と好奇心を発達させ，学ぶことに熱心になる。でなければ，劣等感をもち，自分の前にある課題にも興味を示さなくなる。
青年期	**性器期（genital stage）** 青年期に入ると大人らしい異性への願望をもつようになり，それを満足させようとする。	**同一性 対 役割の混乱** **（identity vs. role confusion）** 青年は自分の中に一定の思想をもった独目的で統一のとれた人間の姿を求める。そうでなければ，自分の生活に何を求めるのかの点で混乱した状態に陥る。
成人期初期		**親密性 対 孤立** **（intimacy vs. isolation）** 自分を自分以外の人とかかわらせることができるようになる。でなければ，孤立感を深め，この世には自分以外には何物も存在しないというような感じを抱くようになる。
中年期		**生産性 対 停滞** **（generativity vs. stagnation）** 子どもをもち世話することや，仕事や共通の善のために尽くすことに意欲を示す。それとも，自己中心的で，非活動的な人間になる。
老年期		**十全性 対 失望** **（integrity vs. despair）** 自分の人生が有意味であったと確信し，静かな気持で死を迎えられる心境になる反省の時期。でなければ，目的を果たさなかったことや失敗，無為な人生を悔いる失望の時期。

10 発達の基礎理論

知能の発達の要因として**教育的・文化的伝達**や**社会的・対人的協調**をあげているが，知的行動の発達とは要するに「個体の発明」(individual invention)であると考えられていた。またフロイトにとっても最大の関心は個人の内面の葛藤の体験とその克服の方法にあった。

ところが，かつてのソ連の心理学者たちの考えは，その基本的思想的立場や社会的背景を反映して，ピアジェやフロイトと大きく異なる。彼らに共通な基本的立場は，人間の発達を，一方で人類の発生（系統発生）と人間社会の発展の歴史という縦軸に沿ってとらえ，他方で個人や集団を取り巻く社会文化的条件という横軸に深くかかわらせて理解しようとするところにある。そうした社会歴史的人間発達理論を代表するのがヴィゴツキーである。ヴィゴツキーによれば，人間の発達とは，人類がその長い発生・進化の過程と社会的発展の道のりをたどる中で，歴史的に形成してきた人間的諸能力や諸属性（言語や知識，技術など）を再生産する過程である。

ヴィゴツキーの発達理論は2つの基本的な仮説の上に成り立っている。第1の仮説は，人間の**心理的機能の間接的性格**または**被媒介性**である。すなわち心理的機能は，その発達の初期の段階では，いわば「むき出し」の形で，直接的・自然的な過程として立ち現れるが，発達の過程で言語や記号などの**中間的環**によって媒介されて文化的な過程に転化し，間接性を帯びたものになっていくと考える。

第2の仮説は，「内面的知的過程は外面的・精神間的過程から発生する」というものである。すなわち，意図的注意とか論理的意味的記憶や概念的思考など，いっさいの高次精神機能は子ども（の精神，心）と親や教師（の精神，心）との間の相互作用的活動を通して発達するとみる。

この第2の仮説から**発達の最近接領域**（または最近接発達領域）という有名な概念が出てくる（**表10.8**）。この概念を理解するには，ヴィゴツキーが子どもの発達を論じる時，2つの水準を区別していることを見なければならない。その一つは，いわば**今日の発達水準**と呼べるもので，子どもが現在の時点で誰の助けも借りず独力で一定のことをやりとげる力を備えている状態にあることを示すものである。ヴィゴツキーは，これとは別に明日の発達水準とでも呼べるレベルを考え，むしろこの方を重視する。**明**

図 10.6　ヴィゴツキー
ロシア（旧ソ連）の心理学者。歴史・社会的な観点から独自の精神発達理論を提唱した。その中核部分としての「発達の最近接領域」の概念は世界的にも注目されている。

表 10.8　発達の最近接領域（ヴィゴツキー，1962）

（……前略……）　ようやく最近になって初めて発達過程と教育の可能性との真の関係を規定しようとするときには，発達水準を明らかにすることだけに終わってはならないことに注意が向けられるようになった。われわれは，少なくとも子どもの発達の二つの水準を明らかにしなければならない。この知識なしには，ひとつひとつの具体的な状況において，子どもの発達過程とその教育の可能性との正しい関係を見出すことはできないのである。その一つを，われわれは，子どもの現在の発達水準と呼ぶ。ここでわれわれが考えているのは，一定のすでに完結した発達サークルの結果として子どもに形成されたある精神機能の発達水準である。

（……中略……）

子どもが今日，大人の助けを受けてできることは，明日には，自主的にできるようになるだろう。このように，発達の最近接領域は，われわれが，発達においてすでに到達したものだけでなく，成長過程にいまあるものを考慮しつつ，子どもの明日，子どもの発達の動的状態を明らかにすることを助ける。上述の二人の子どもは，すでに完結した発達サークルの点では同一の知能年令を示す。だが，かれらの発達の動態は，まったく異なっている。このようなわけで，子どもの知能の発達状態は，少なくとも二つの水準——現在の発達水準と発達の最近接領域——を明らかにすることによって，明確にされることができる。（……後略……）

日の発達水準とは，子どもは今現在の時点では親や教師の援助を要するが，自立の一歩手前のレベルまで達していることを示す，いわば可能性の発達水準である。

発達の最近接領域とは，この2つの発達水準の間にあるゾーンを意味し（というよりは，むしろ明日の発達水準に近い部分を指すものと考えてもよいが），子どもの発達を考える際の最大のポイントはこの領域をいかに正確にみきわめ，ふさわしい援助や教育的働きかけを用意してやれるかということであると考える。

レオンチェフらは，ヴィゴツキーの理論に学びながら，教育実践と心理学研究の密接なかかわりを重視する立場から表10.9に示すような「知的行為の多段階形成理論」を提唱している。

ところで，発達の最近接領域という考え方は，スキナーの**シェーピング**（shaping）または漸次的接近（successive approximation）の概念に一脈通じるものがある。シェーピングとは，目標とする行動を学習させるために学習者が現在行いうる行動の種類を詳しく調べ，現在のレベルには近いが確かに目標につながる行動の生起確率を強化によって次第に高めていく手続きである（図10.7）。

ヴィゴツキーとスキナーの間には，もちろんその基本的理念や研究の対象および方法論の面で多くの違いがあるとはいえ，発達の最近接領域とシェーピングの考え方のように，部分的にしろ相通じる点があることは興味深い。

10.5 学習の諸理論

人間の発達の問題は，時間軸に沿って考えた時，**系統発生**，**個体発生**，**現実発生**の3つのレベルが区別される。系統発生の問題は，いうまでもなく，種としての人類の出現とその発達的変化の軌跡をたどることで，主として生物学の守備範囲に入るものである。個体発生は一個の人間の誕生とその成長の姿を追うことで，心理学で問題とする発達は，ほとんどもっぱら，この個体発生の問題であった。しかし発生という用語を厳密に解釈すれば，個体発生を研究対象にしうるのはやはり生物学であって，心理学

表 10.9 知的行為の多段階形成理論 (柴田, 1963より作成)

レオンチェフらは，理論的根拠をヴィゴツキーに求めながら，実際に体を使った感覚運動的な行為の段階から真に知的な行為（概念的思考や論理的操作）が可能になるまでの精神発達の道のりを，次のような「知的行為の多段階形成理論」としてまとめ上げた。

第1段階（予備的定位の段階）
学習しようとする知的行為をどのように行うかを親や教師などの指導者がモデルとして示し，子どもがそれに「定位」する段階。

↓

第2段階（外的対象を扱う行為の段階）
実際にモノを使って学習し考える段階で，子どもの行為は事物そのものの統制下におかれているが，将来の知的行為の内容や構造は，まさにこの段階で最初に学習される。指導者は，目標とする知的行為の物質的形式が何であるかを的確に把握し，学習のプログラムに構成するという，重要な役割を担っている。

↓

第3段階（「外言」における行為の段階）
モノに頼ることなく，声を出して考えたり計算したりする段階で，行為が事物との直接的関わりなしに，それから解放された形で遂行されることになる。つまり，対象の操作が言語的に遂行されることを意味し，物質的行為にまつわっていたさまざまな制約を超えられることになる。

↓

第4段階（「外言」的行為の「内言」への移行の段階）
「外言」がその音声をなくし，周りの人の耳には聞こえない「内言」として学習者（考える人）としての子どもの頭の中だけで展開することになる。ややもすれば声として外に出そうになる思考のプロセスを頭の中だけにとどめておく「内言」化の過程は実際にはかなりの努力を要する作業である。この段階で，「内言」の聴音メカニズムが新たに習得されねばならない。

↓

第5段階（「内言」の段階）
もはや他人（あるいは「他人」としての自分自身にも）声を聞かせる必要のない形で知的行為が遂行される。思考の過程で意識に上るのは，ごく断片的な，縮約された内容でしかない。本来の意味の「内言」は，自動的に，基本的には自己観察の外で進行するものである。この段階で，知的行為は完成する。

が扱うのは行動的レベルの問題に過ぎない。

さて，現実発生という言葉は，日常，あまり耳にすることはないが，要するに「現在，目の前で実際に起こっている発生的変化」のことである。ただ，この場合の「現在」は必ずしも秒や分や時間を意味しない。数日，数カ月，時によっては数年の幅をもつ変化と理解すべきである。現実発生とは，馴染みのある心理学用語に翻訳すれば**学習**(learning)ということにほかならない。

学習の理論は通常，大別して**強化説**と**認知説**に分けられる。強化説は，別名 **S—R 説**とも呼ばれ，S（刺激）と R（反応）の結びつきを**強化**する（reinforce）ことで新しい習慣，行動様式が獲得されると考える。この学習の積み重ねが発達にほかならず，言語の習得も性格の形成も強化のメカニズムで説明される。ただ，一口に強化説といっても，より詳しくみれば，ソーンダイクの試行錯誤説からハルの強化説，スキナーのオペラント条件づけなど，多くの立場がある。

次に認知説の立場からすれば，学習の問題は表面的で部分的な S と R の結合であるというよりは，認知的な場の再体制化であると考える。この立場の理論的バックボーンはゲシュタルト心理学であり，その代表的人物がケーラーである。ケーラーはチンパンジーなどの動物の問題解決場面での行動を丹念に観察し，解決（新しい行動）が得られるのは知覚の場の再体制化，換言すれば**洞察**が生じることによってであるという説を立てた。洞察は部分的行動の積み重ねによって生じるのではなく，突然訪れる（**図 10.9**）。

認知説の陣営に入れられるもう一人の心理学者にトールマンがいる。トールマンの立場は，いってみればゲシュタルト心理学とアメリカの強化説的学習理論の間に橋をかけようとしたものといえる。トールマンによれば，**学習**とは記号—形態—期待（sign-gestalt-expectation）の形成である。換言すれば，**仮説**（hypothesis）の形成である。また別の言い方をすれば，学習とは手段と目標との間の意味関係を把握することであり，**認知地図**（cognitive map）の形成である。

トールマンは，このように，形態とか認知地図などのゲシュタルト派の

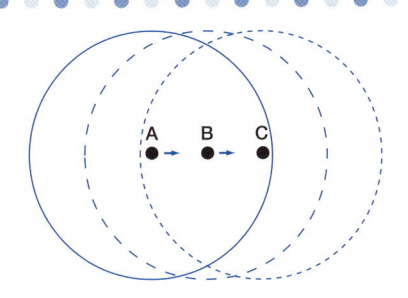

図 10.7　シェーピング（shaping）

スキナーらの強化説では，行動の生起を確率論的に考えるのが一つの特徴である。学習者は，人間も動物も，現在，いくつかのオペラント行動のレパートリーをもっているが，それらはいずれも一定の確率で生起すると考える。

上図において，目標とするオペラントをGで示し，左側の実線で囲んだ円が現在のオペラントのレパートリーを示すとしよう。円内の中心部に近いほど生起確率は高いとすると，現在のレパートリーの中ではAが一番起こりやすい行動ということになる。Bは現在のところAほどには確率は高くないが，強化することによって高めることができる。Bの生起確率を高めれば，その近くにあるCの生起確率も，それにつれて高くなる。その上，さらにCを強化してやれば，Cの生起確率をもっとも高いものとすることができる。このように，強化の手続きによって，Aに近いところから始めて次第にGの近くにあるレパートリーの生起確率を高めていくことで，ついには，目標とするGの行動が容易に遂行できるようになる。この手順を「シェーピング」または「漸次的接近（successive approximation）」という。

図 10.8　徹底した行動主義者スキナー

図 10.9　道具を作るチンパンジー
（Köhler, 1917）
片方の棒では餌に届かないとわかると，細い方の棒を太い棒に継ぎ足して，1本の長い棒を作った。

10 発達の基礎理論

概念を使いながら，その一方で**行動空間**（behavior space）を説明するための方程式として，強化説の中心人物ともいえるハルと似たようなものを用いている。

ところで，強化説，認知説とは違った視点から学習の問題にアプローチしている立場に**社会的学習理論**がある。社会的学習理論はその名の通り，社会的場面，つまり複数の人間のいる場面での学習行動，あるいは個人の学習行動の社会的側面を扱い，ここでの主なテーマは同一視やモデリング，模倣および観察学習などである。この分野の研究の中で**代理的強化**（vicarious reinforcement）というような，行動の発達的変化を考えるうえで便利な用語も提唱されてきた。

人は確かに，一人でいる場合と同じように，あるいは時として，一人の場合より以上に，相手がいる時や集団の場でいろいろなことを経験し学習する。従来，心理学の分野で学習というと，個人の枠内の問題とみるのが主流であった。しかし人間の学習は，実際，対人的場面や集団の中でも生起しており，最近の発達研究の特徴の一つは相互作用的観点の強調である。その意味で，社会的学習研究の成果は，これまで以上に注目されてよかろう。

10.6　生態システム論的人間発達論

近年，人間発達に関する心理学的研究をめぐって新たな観点からの理論化の動きが目立つようになってきた。発達心理学の分野では世界的リーダーと目されていた研究者でさえも「まず，データの蓄積が先。理論のことなど考える時ではない」といっていた数十年前の状況を考えると，まさに昔日の感がある。発達心理学の領域での最近の理論化への動きの背景には，この数十年の間に実証的データの積み上げが進んだことと，生物学や物理学など心理学がモデルとすることの多い学問分野での理論化作業の進展があると考えられる。

最近のこうした動きの中で注目される一つがブロンフェンブレンナーの**生態システム論的人間発達論**である。彼は個人の発達を取り巻く生態学的システムとしてマイクロ・システム（micro-system：家や学校など，個人

表 10.10　発達理論の構成要素（Green, 1989）

基本的仮定（assumptions）
　一般に，理論というものは，その理論が記述・説明しようとする事象についての基本的仮定ないし暗黙の前提を含んでいる。人間発達に関する理論の場合，人間の赤ん坊の本来の性質（nature），生活体と環境との相互作用などについての仮定が含まれていることが多い。多くの場合，こうした仮定は，明示的な形で述べられていることはないので，読者は「行間から読み取る」必要がある。

研究の課題と方法（problems for study and methods）
　どんな理論も，それだけで人間発達に関するすべての問題をカバーし得るものではない。そこで，それぞれの理論は，それが主な「守備範囲」とする問題領域を限定する。そして，研究すべき問題が決まると方法も決まる。

内部原理（internal principles）
　すべての発達理論には，基本的なコアとなる概念が含まれている。こうした概念は通常，① 構造的定義（辞書的定義），② 操作的定義（その概念を測る方法），③ その概念がどういうはたらきをするかについての例または類比，という3つの角度から記述されている。

橋渡し原理（bridge principles）
　ある理論が説明しようとする現象に「内部原理」を結びつけるための諸概念。換言すれば，その理論の全体または一部，もしくは「内部原理」をどのように拡張し，重ね合わせ，投映したらよいかを示すルール。

変化のメカニズム（change mechanism）
　発達理論の一つの特徴は，発達的変化を生じさせるプロセスやメカニズムを特定する部分があること。

が生活する直近の場），メゾ・システム（mezo-system：2つまたはそれ以上のマイクロ・システムが交わるところ），エクソ・システム（exo-system：個人に直接かかわる場ではないが，何らかの形で影響する場），およびマクロ・システム（macro-system：他の3つのシステムを包括するシステムで，国や社会全体など）の4つを区別する（図10.11）。

個人はこれら4つの「入れこ細工」のようなシステムの中で生活し発達する。ブロンフェンブレンナーによれば，子どもにとっては父親の職場はエクソ・システムであり，直接何ら関係がないようにみえるかもしれないが，たとえば帰宅後の子どもが居る場での妻との会話の中で職場の話をする場合とか，父親がそれとなく家の中で表す職場なり同僚に対する感情や態度を通して子どもに一定の影響を及ぼす。まして配転やレイ・オフが起これば，家庭生活は大きく変わり，親子関係や子どもの生活自体も変わらざるを得ないであろう。

国や社会全体も下位のシステムを包摂する単位システムとして，間接的にしろ子どもにも何らかの影響を及ぼす。システムの中に生きる限り，その影響は避け得ないのである。

ブロンフェンブレンナーは，一方ではこうした理論化を試みながら，他方で「発達の機関車は，活動経験の質およびその経験を共にした相手である」とするヴィゴツキーの考えをモデルにして，「認知発達の経験的文脈」に関する研究など実証的な研究も精力的に進めている。

生態システム論的人間発達論は，まだ，その骨組みを与えられたばかりというところであり，発達のメカニズムについての説明を含む肉付け作業は終わっておらず，実証的データによる裏づけもこれからの課題であるが，やはり人間発達の問題を正しく理解するためには忘れてはならない基本的視点であるといえよう。

参考文献

エリクソン，E. H. 仁科弥生（訳）（1980）．幼年期と社会Ⅰ・Ⅱ　みすず書房
コール，M., スクリブナー，S. 若井邦夫（訳）（1982）．文化と思考——認知

図 10.10　ブロンフェンブレンナー

図 10.11　ブロンフェンブレンナーによる人間発達の生態学的モデル
（Berns, 1985）

心理学的考察——　サイエンス社
ソンプソン，C. 懸田克躬（訳）（1957）．精神分析の発達　角川書店
ヒルガード，E. R.，バウアー，G. H. 梅本堯夫（監訳）（1972・1973）．学習
　　の理論　上・下　培風館
ピアジェ，J. 波多野完治・滝沢武久（訳）（1961）．知能の心理学　みすず書
　　房
フロイト，S. 安井徳太郎（訳）（1951）．精神分析入門　上・下　角川書店
若井邦夫（1982）．文化と認知発達——ピアジェ理論の比較文化的検証——
　　無藤　隆（編）ピアジェ派心理学の発展　I　言語・社会・文化　国土社

発達研究法 11

　「学問は方法なり」といわれる。真理を究めるには手続き・方法がしっかりしていなければならないことを説く言葉である。乳幼児心理学は，赤ん坊や小学校入学前後の時期の子どもの発達とそれに関連する諸問題を心理学的観点から研究する学問分野である。それは，心理学の一分野であるから，一般心理学の方法はもちろん使う。しかし，対象が乳児や幼児であるだけに，固有の方法・手段もあるし，一般心理学の方法を使う場合でも，注意しなければならない問題もある。本章では，そうしたことを心に留めつつ，乳幼児の発達を研究する際の方法について考えてみることにする。

11.1 「研究」のいろいろ，「方法」のいろいろ

ところで研究といい方法といっても，少し考えてみるといろいろなレベル，次元のものがあることに気がつく。「研究」はある時には「調査」と同義であるし，時には「実験」を意味することもある。

「方法」についても同じように，手続き，手段，技術，方法論など，かなりの数の同義語，類縁語が頭に浮かぶ。

このことはたとえば英語に直してみると，よりはっきりする。「研究」にあたる単語としては study, research, investigation, work, survey, inquiry, approach などがある。「方法」についてみれば，method に始まって，procedure, technique, methodology があり，そして approach は方法の意味でも使われる。

こんなふうにあげつらうと，言葉遊びをしているように思われるかもしれないが，必ずしも枝葉末節のことではない。それぞれの言葉はそれぞれの意味，ニュアンスの違いがあるからこそ存在するわけであるし，実際の研究の展開に沿って，はっきり区別して使われるものもあるわけである。また，学問研究の世界では，可能な限り，分明・適切な用語や概念を使うことに慣れておかなければならないという点からしても，こうした言葉の整理・分析は軽視できないのである。

11.2 観 察

さて，具体的に発達研究の方法についてみることにして，まず，観察 (observation) について述べてみよう。観察は，ある意味では，心理学の方法としてもっとも基本的・普遍的なものであり，またもっとも重要なものといってよいだろう。子どもの本性に関して「白紙説」(tabula rasa) を唱えたことで有名なイギリス経験論の代表的哲学者ジョン・ロックは『人間悟性論』の中で「経験と観察が真理へのただ一つの道である」といっている（表 11.2）。

ロックの主張が，どこまで正しいかについてはいまだ哲学の世界でも決着のついていない問題であるが，観察することの大切さは否定しようもな

表 11.1　研究の方法

「仮説実験授業」の提唱者板倉聖宣は，その著『科学と方法』（季節社，1978）で研究の方法について理論的，実践的な視点から論じ，「自分の頭で考え」「自分をごまかさず」「分からないことは分からないと言う勇気をもつこと」が科学的精神の核心であるといい，さらに続けて，現実社会の実践的問題との関連性を十分考えたうえで研究の問題を立てることの重要性を強調して，次のように述べている。

> ……このような「科学的精神」によって，分からないことを分からないとはっきりさせようとするときに重要なことは，「それはなぜ，どういう意味で明らかにさせる必要があるか」という問題意識である。この社会には実に多くの「問題」があるが，しかしそのようないわゆる「問題」は多くの場合，解かるべき問題そのものを表わしてはいず，その実践的課題との関連が知らぬ間に断ち切られている。それは既に問題をなしていないのである。だから我々は先ず「何で，どういう意味でそれを問題にし，明らかにしようとするのか」という問から出発しなければならないのである。この実践との関連が充分明らかにされなくては，問題の提起がされたとはいえ，解決の方向は一向に出てこないのである。根本において解決すべきものが明らかでないのだからそれも当然であろう。従って，我々の研究は，先ず問題意識の明確化，（我々の幸福を増進させ，研究を進める）実践的・前進的な観点から問題の根本的な新しい定式化を試み，新たな角度からまた広い視野のもとに問題を提出することから始めねばならない。……（中略）……「正しい問題提起は，半ば問題を解決したに等しい」のである。

表 11.2　タブラ・ラサ（tabula rasa）

タブラ・ラサとは，「何も刻み込まれていない滑らかな板」または「白紙」を意味するラテン語。イギリス経験論哲学者ジョン・ロックの用語として有名とされている。ロックはこの用語を，彼の代表的著述の一つ『人間悟性論』の中で用いたと一般には理解されているが，これは事実と異なる。この辺の事情を『哲学事典』（平凡社，1971）では次のように説明している。

> ……かれはデカルトの生得観念説に反対して，生まれながらの人間の心は，いわば白紙のようなもので，最初の観念が外から刻みつけられるまでは，その上には何ものも印されていないと主張した。かれは観念の起源を問うて，「一言のもとに経験から」と断じている。生まれたときはタブラ・ラサであった心に，その後「感覚」と「反省」という経験の2作用により，さまざまな観念という文字が書きこまれていくというのである。ロックの立場を「経験論」というのも実はこれに由来している。ところでかれの哲学上の主著 An Essay Concerning Human Understanding，1689（加藤卯一郎訳：人間悟性論，上下巻，岩波文庫）の中にはこの言葉が見当たらず，white paper という類似な表現が用いられているために，この『人間悟性論』を批判して書かれたライプニッツの『人間悟性新論』Nouveaux essais sur l'entendement humain（1765）によって有名になった語と従来は解されてきた。しかし1664年にロックが書いた未刊のラテン語論文集『自然法論』Essays on the Law of Nature が1954年にようやく出版されるに及んで，『人間悟性論』の公刊26年前からすでにロックが同様な考えを展開していたことと，この言葉も幾個所にもわたって使用されていることが判明した。

い。ただ，問題なのは，「見る目」を特にもたなければ「見れども見えず」になりかねないことである。「見る目」とは内的枠組みであり，経験の結晶化によって練り上げられた洞察力である。

さて，観察の方法をより詳しくみれば，**自然観察法**と**統制的観察法**がある。前者は，文字通り，日常的な自然な場で子どもを観察することであり，後者はたとえば，大学のプレイ・ルームに赤ん坊と母親を呼んで一定のおもちゃで自由に遊んでもらい子どもの行動をチェック・リストに記入するというような場合である。

研究の場合，観察したことは筆記やビデオ収録などの形で資料が残される。専門的な研究にあっては，観察は計画的に，比較的長時間なされるが，もっと手軽な形で偶発的に行われることもある。その例として，ある「観察」記録と，世界で最初の系統的観察記録ということでよく引き合いに出されるティーデマンの記録の一部を資料として示そう（**表11.3**，**表11.4**）。

子どもの実際の行動は，多面的複合的であり，しかも，流れにおいて展開するので，そのすべてを観察することはできない。そこで，特定の時間や場面を観察する方法として**時間見本法**，**場面見本法**あるいは**行動見本法**などの便法も考案されている。

11.3 実　験

この世にあるものは，すべて，物も人も出来事も，他との関連において存在し，生成・発展する。特に人間の場合，高度に発達した生命体として，複雑な構造と機能をもち，多様な環境条件の中で変化に富んだ動きをみせる。そうした複雑で力動的な人間の行動を丸ごととらえる方法があれば，それに越したことはないが，実際には不可能である。そこで**実験**（experiment）という手法により，関連のない要因・条件をできるだけコントロールして，特定の変数間のつながりを明らかにしようというのが実験である。ロシアの著名な生理学者パヴロフは「条件をコントロールせよ。そうすれば，法則が現れる」といった。

一般に実験というと研究者が，場面や独立変数を人為的に操作する**実験室実験**を考えることが多いが，必ずしも人の手で構成されたわけではない

表11.3　ある母親の観察記録から

1. 1歳半を過ぎたばかりの女児M。雨上がりの公園で，ゴム長靴をはいて水溜りに入り，嬉しそうに水を跳ね上げて遊ぶ。スカートはビショビショ。いつまでも飽きずに続けるので，母親が「Mちゃん，もういいでしょ。いっぱい遊んだでしょ。もう，やめよう。いつまでもやっていると，ママもう帰るよ」と声をかける。Mは見向きもしないで，「いいよ」そして，ダメ押しのように「バイバイ」母親，唖然。2歳にもならない小さい子にこれほどの意志があろうとは……。

2. 1歳10カ月になったM。ある日，母親に連れられて買い物に出かける。帰ってきて母親が車から降ろそうと抱き上げると，何を思ったのか母親の手をほどいてスルスルと自分から降りる。そして足早に，少し離れたところでアイスクリームを食べていた4歳くらいの女の子3人の前に行き，1人の子の前で深々とお辞儀をし，「こんにちは」と言ってじっと相手の顔を見つめる。相手が困ったような顔をして何も言わないでいると，隣の子の前に立って同じことを繰り返す。アイスクリームが欲しかったらしい。誰からももらえないことがわかると，Mは手を後ろで組んで，「フー」と深い溜め息。

表11.4　ティーデマンの観察記録（英訳版）の一部
(Dennis, 1972)

DIETRICH TIEDEMANN (1748–1803)

Observations on the mental development of a child (1787)

2. The boy with whom the following monograph deals was born August 23, 1781; which fact is stated for this reason, that the determination of time-periods is of fundamental importance in the progress of development and just this matter has been least observed. I grant that what has here been observed cannot be taken as a general law, since children, just like adults, progress variously, the one with speed, the other more slowly; but at least it informs us of *one* among the possible rates of progress, and allows us to put some determination upon the previously indefinite subject. When we shall have several such records it will be possible by means of comparison to strike an average for the common order of nature.

「実験」もある。たとえば，大恐慌や戦争とか，干ばつなどの天災は，人間にとって一種の実験である。これを**自然（的）実験**という。それに対して，コントロールする実験室実験は，**統制実験**とか**操作的実験**と呼ばれる。

ここで実験と自然観察を極端な形で対比させ，実験の「非自然性」を批判する一部の意見について一言コメントしておきたい。結論からいって，この種の批判は的外れであることが多い。確かに実験的手法は，被験者である子どもにとっては，馴染みのない (unfamiliar) 場面で馴染みのない人によって，馴染みの薄い課題を出されることが多い。

そうした場面での子どもの行動は，特に実験室的場面でのそれは，確かに，文字通り自然な日常的場面でのそれと多分に違うであろう。しかし，それは日常的場面ではあまり見られない行動であるというだけであって，実験室場面での行動としては「自然な」行動である。つまり，日常場面の行動も，実験室場面の行動も，子どもの側からすれば等しく「自然な」行動であるという考えは十分成り立つはずである。

ただ，そういったからといって，実験室場面の行動を見れば日常場面での行動もすべてわかるという意味ではない。限定された場面での行動が一般的な場面での行動をそのまま示すなどということは論理的にもあり得ない。しかし，実験室的場面は「自然な」場面でないから，そこでの行動，反応は「不自然」だと考えるのは非論理的であるし，実態にもそぐわない。この議論は「自然」と「日常性」を混同した議論だといえる。

さて，日本の学校制度では，4月1日を境目にして「早生まれ」と「遅生まれ」に分け，1日違いで1年間の就学経験の差が生じる仕組みになっているが，こうした社会制度による経験の差が子どもの発達にどのような影響を及ぼすかについて調べる研究は自然実験を巧みに利用した研究といえる。

このように，一口に実験といっても，コントロールの度合によってさまざまな形のものが考えられるわけである。

11.4 質問紙法

研究したい内容を文章化し，研究協力者に意見や評定を求める方法を**質**

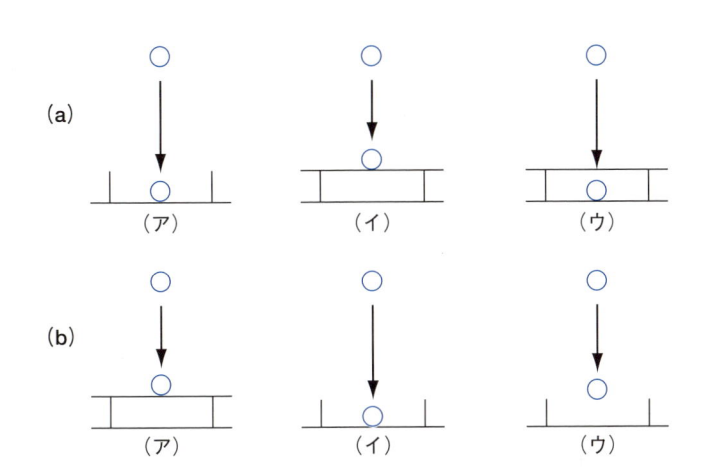

図11.1　乳児の認知発達をみる実験課題の例（Spelke, 1978）
図の○印はボールを示し，（ア）は「慣れ」，（イ）は「途中で止まる」，（ウ）は「あり得ない現象」を示す。(a) と (b) は基本的には同じ実験課題であるが，(b) は「重力の知識をみる課題」と名づけられている。

A. あり得る現象

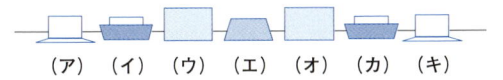

（ア）（イ）（ウ）（エ）（オ）（カ）（キ）

B. あり得ない現象

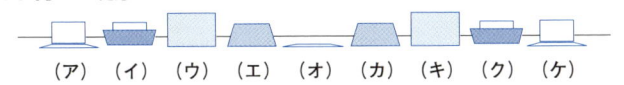

（ア）（イ）（ウ）（エ）（オ）（カ）（キ）（ク）（ケ）

図11.2　乳児の物体概念の発達を調べる実験課題（Baillargeon, 1985）
Aは実際に「あり得る現象」で，「移動板」が起き上がり（イ→ウ），向こう側に倒れるが，背後のブロックで遮られて止まり（エ），再び手前に引き起こし（オ）倒すと，ブロックが見える。
Bは，「あり得ない現象」を示し，「移動板」が向こう側に倒されていっても（イ→ウ→エ），「移動板」は動きを止めず，ブロックを押しつぶした形で底面につき（オ），再び手前に引き起こされると（カ→キ），背後のブロックが見えてくる。

11 発達研究法

問紙法（questionnaire）という。したがって，文章を正しく読み理解できる人を対象とするという条件がつく。乳幼児を対象とする場合，この方法を直接適用することはもちろんできない。しかし，対象とする乳児や幼児についてよく知っている人には，当然，実施可能である。質問紙を作成する場合に心がけるべき点としては表 11.5 のようなものがある（岡本，1973）。

質問紙法をより細かく分類すれば，自己報告法（self-report），チェック・リスト法，意見調査法（opinionnaire），目録法（inventory）などがある。

質問紙法は，ある意味では，とても便利な方法である。調べたいことがはっきりしていれば質問項目は容易に決まるし，協力的な対象者がみつかれば一度に大量のデータが得られる。しかし実際には，多くの制約条件と困難を伴うことが少なくない。

質問紙法は，回答者が質問内容を正確に理解し，ありのままに，また一貫した態度で答えてくれることを絶対的条件にしている。ところが，このことはそう簡単には保証されない。実施する側で相当入念に吟味して質問項目を作ったとしても，質問の意味の取り違いが起こり，社会的望ましさとかハロー効果，論理的誤差などによって回答が歪められることが少なくないのである（表 11.6）。また，実施前によほどよく考えておかないと，結果の整理や解釈に困り，労多くして実り少ない結果になってしまいかねないので注意を要する。

乳幼児を対象とする研究にあっては，子どもから直接データを取ることが原則である。気質（temperament）とか知的能力など，いわゆる子どもの個体的特質に関するデータを得るのに質問紙法に頼っている研究もしばしばみられるが，これは大いに疑問である。質問紙法によるデータは，一次的直接的データと組み合わせて使われてこそ，その価値が生きてくるものであることをしっかり認識しておく必要があるだろう。

11.5 テスト法

テスト法とは，一連の課題や刺激を与えて，それによって得られる成績（performance）や反応を一定の規準・尺度に照らして判定する方法である。テストする内容によって知能テスト，運動能力テスト，性格テスト，学業

表 11.5　質問紙作成の一般原則（岡本，1973，説明の部分は筆者による要約）

1. **被調査者の言語能力に応じた質問構成**：質問の意味を理解するのは，もちろん調査を受ける者の言語能力の範囲内のことであるから，被調査者の言語能力を十分考慮した上で質問項目を作らなければならない。そのためには，平素から調査対象者と話し合ったりして，相手の言葉の理解力や表現力を的確に理解しておく必要がある。
2. **否定または反対の意味の明確化**：意味や判断等について尋ねる質問の場合，その質問に対して肯定したり，賛成したりする時の意味は明らかであるが，否定したり，反対したりする場合には，回答の真意が判然としないことが起こる。たとえば，「土曜日の夜も勉強しますか」という質問の場合，「はい」という回答の意味は明らかであるが，「いいえ」の意味は不明確である。こうした場合，「土曜日の夜も勉強しますか，それとも好きなことをして遊びますか」とすれば，質問の方向ははっきりしてくるし，回答の意味も明確となる。
3. **質問票の焦点を1つに絞ること**：1つの調査票の中にいろいろなねらいを盛り込むと調査の目的が曖昧となり，回答者の側に余計な憶測を生むことにもなって回答に歪みが生じるおそれがあるので，質問票の焦点を絞るよう心がけなければならない。
4. **判断の基準を示すこと**：程度や頻度について問う場合，その判断の基準が，被調査者によって異なることは当然考えられる。程度や頻度の判断基準が被調査者によってどれほど異なるかを研究するのが目的の調査もありうるが，一般には，さまざまな基準によって判断された応答が返ってくるのであり，しかもそれぞれの判断基準をさぐる手掛かりはないのである。そこで，できるだけ判断基準を一様化することが必要になる。
5. **被調査者の最低レベルに合わせた作成**：調査はテストではないので，被調査者となる人々全員に質問の意味が理解され，意図に沿った応答が出てくるようでなければならない。したがって，質問紙の作成は応答を求めたい被調査者たちのうち，最低のレベルの者でも理解でき応答できるという条件を満たさなければならないことになる。
6. **調査者にふさわしい質問紙であること**：一般に，調査を受ける側の人は，調査を実施する者の役割・立場・意図等を考えながら自分の回答を決めるものである。たとえば，担任の教師が受持ちの児童に対して調査をする場合，児童は良かれ悪しかれ，「担任の先生」の質問に対して答えるのであり，質問内容に関しては「担任の先生らしい質問」を期待しており，応答する場合，「この担任の先生への答え」をしようとする構えを伴うのが普通である。したがって，調査の目的にふさわしい回答をありのままの形で得るためには，質問の内容・形式も調査者にふさわしいもの（被調査者から見ても）でなければならない。

テストなどに分けられ，実施の形態によって個別テスト，集団テストなどの別がある。また，被験者に求める反応様式の違いによって，**作業検査法**と**投影法**(projective method)に分けられることもある。言葉によって質問したり回答を得たりすることが難しい小さな子どもを対象にする場合は投影法が有用性を発揮する。具体的には，**CAT**(児童用絵画統覚検査)，**P–Fスタディ**(絵画欲求不満テスト)とか，治療と結びついた**ドル・プレイ**(doll play)や**箱庭療法**，その他がある。

乳幼児専用に考察された発達診断尺度としては，比較的早い時期のものでは，ゲゼルの「発達診断検査」(Gesell's Developmental Schedule)やビューラーらによる「小児テスト」(Kleinkinder Tests)，ベーリーの「乳児発達尺度」(Bayley Scales of Infant Development)，最近のものとしては，ブラゼルトンの「新生児行動測定尺度」(Neonatal Behavioral Assessment Scale)，およびアズギリスとハントによる「乳幼児心理発達順序尺度」(Assessment in Infancy: Ordinal Scales of Psychological Development)などが代表的なものである。

日本のものとしては，遠城寺式「乳幼児分析的発達検査法」や質問紙形式の津守・稲毛式「乳幼児精神発達診断法」がある。また，田中昌人らによる「乳幼児の発達診断法」は長年にわたる地域乳児検診や障害児教育の実践を背景とした独自の発達理論に基づいて考案された詳細な内容の診断テストであって注目に値する。

さて，こうした発達検査や診断尺度は，多くの被験児対象と標準化の手続きをへて作成されたもので，その作業自体大変なことであり，一人ひとりの子どもの発達の到達レベルについて有益な情報を与えてくれるものとして価値がある。しかし，医学の場合もそうであるように，テストや尺度による診断はその後の教育的・治療的働きかけに役立てられてこそ意味をもつ。教育や治療は，学問研究の分業の面からみれば，心理学の域を出るところがあるが，単なる診断のための診断，テストのためのテストは，本来の目的からはずれるものであることを発達心理学関係の人間も心に銘記しておく必要があるだろう。

表 11.6　判断や評定における誤差要因（岡部・澤田，1974）

1. **寛大性の誤差**：自分がよく知っている相手に対しては過大評価しやすい。
2. **中心化傾向**：評定者になる人は一般に，極端な評定を避ける傾向がある。
3. **光背（後光）効果（halo effect）**：個々の項目についての評定が，評定の対象についての一般的印象によって影響される傾向がある。
4. **論理的誤差**：評定者が論理的に関係あると思った項目に類似の評定を与える傾向がある。
5. **対比効果**：評定者は，自分の性質と反対の方向に対象者を評定する傾向がある。
6. **近接誤差**：空間的，時間的に接近している項目には似たような評定をする傾向がある。

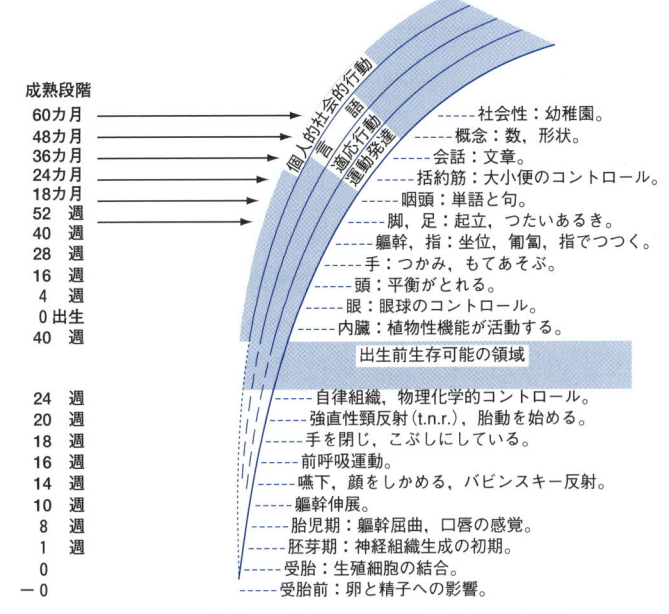

成熟段階		
60カ月		社会性：幼稚園。
48カ月		概念：数，形状。
36カ月		会話：文章。
24カ月		括約筋：大小便のコントロール。
18カ月		咽頭：単語と句。
52週		脚，足：起立，つたいあるき。
40週		軀幹，指：坐位，匍匐，指でつつく。
28週		手：つかみ，もてあそぶ。
16週		頭：平衡がとれる。
4週		眼：眼球のコントロール。
0 出生		内臓：植物性機能が活動する。
40週		出生前生存可能の領域
24週		自律組織，物理化学的コントロール。
20週		強直性頚反射(t.n.r.)，胎動を始める。
18週		手を閉じ，こぶしにしている。
16週		前呼吸運動。
14週		嚥下，顔をしかめる，バビンスキー反射。
10週		軀幹伸展。
8週		胎児期：軀幹屈曲，口唇の感覚。
1週		胚芽期：神経組織生成の初期。
0		受胎：生殖細胞の結合。
− 0		受胎前：卵と精子への影響。

（曲線の領域ラベル：適応行動，言語，個人的社会的行動，運動発達）

図 11.3　ゲゼルによる発達診断テストの基本構造
（ゲゼル・アマトルーダ，1978）

ゲゼルは乳幼児の発達を（1）適応行動，（2）粗大運動行動，（3）微細運動行動，（4）言語行動，（5）個人・社会的行動，の5つの分野に分け，月齢，年齢に沿った診断基準を作成した。上の図では，粗大運動行動と微細運動行動は一括されて「運動行動」として示されている。乳幼児の発達に関するテストの開発は容易ではなく，その使用もいろいろ注意を要するといわれているが，適切・妥当なテストが開発されれば，発達研究も大きく進展するであろう。

11.6 双生児研究法

発達心理学の中心的研究課題の一つとして**遺伝**と**環境**あるいは、「氏か育ちか」(nature vs. nurture) の問題がある。**双生児研究法** (co-twin control method) はこの問題に迫るための有力な方法である。一卵性双生児と二卵性双生児のペアの心理発達面の測度と環境条件についての情報をうまく組み合わせて分析することで、人間の行動や能力のどの面が遺伝または環境によって、どの程度規定されるかを知ることができる。この方法をより徹底し、養子縁組によって違った環境下で育てられる一卵性、二卵性の双生児間で比較するのが**交差養育法** (cross-fostering method) である。

双生児法は、一般的にはそう多くないケースによる研究方法であって、誰でも簡単にできる方法ではない。よく考え抜かれた問題を、十分な専門的訓練を受けた研究者が行う場合にのみ採用される方法といえるが、正しく実施された双生児による研究は発達研究全体にとって寄与するところ大である。

11.7 事例研究法

特定の事例について多角的集約的にデータを集積し、分析する方法を**事例研究法** (case study) という。この場合、事例というのは、単一のケース、一人の人間を必ずしも意味しない。類似の複数ケースを対象にすることもあるし、個人を単位とするよりは、心理学的出来事を取りあげる場合もある。しかし、いずれにしても、研究者の目は、個々のケースに注がれ、ケースの数が限られているだけに、それを見る目は多角的多面的であることが要請される。

多くの対象を同時に扱う研究は、事例研究に対して「群団研究」とでも呼べるであろうが、「群団研究」の場合、対象が多いだけに、扱う変数や測度は少なくても多くの情報が得られるが、事例研究の場合は対象が限られているだけに、そこに焦点化されるサーチライトの光源、つまり対象を見る目、変数・測度の種類と数は多くなければならないことになる。

同一の対象者を長期にわたって追跡的に調査・測定を繰り返す手法は**縦断的研究** (longitudinal study) と呼ばれ、多数の被験者を同一時点で研究す

表11.7 アズギリスとハントの発達診断尺度（アズギリス・ハント，1983）

尺度Ⅰ：追視と物の永続性の発達
　　　　A．ゆっくりと動く対象物の追視
　　　　B．単純に隠されている対象物の探索
　　　　C．さらに複雑に隠されている対象物を探す
　　　　D．目に見えないところで移動する対象物の探索
　　　　E．目に見えないところで，連続して移動する対象物の探索
尺度Ⅱ：望ましい環境事象を獲得する手段の発達
　　　　A．目と手の協応動作の発達
　　　　B．手段と結果の分化の発達
　　　　C．対象物の使用と手段としての対象物間の関係の使用の発達
　　　　D．洞察を用いた問題の解決
尺度Ⅲa：音声の模倣
　　　　　A．音声における分化
　　　　　B．音声の模倣の発達
尺度Ⅲb：動作の模倣
　　　　　A．見なれた動作の模倣
　　　　　B．見なれない動作の模倣
尺度Ⅳ：操作的因果律の発達
　　　　A．興味ある入力を引き延ばす努力
　　　　B．興味ある光景にもどす行動
尺度Ⅴ：空間における対象関係の構成
　　　　A．空間における対象物の位置の発達
　　　　B．対象物間の空間的関係の認知の発達
尺度Ⅵ：対象関係把握のシェマの発達
　　　　1．単純な対象物への働きかけ
　　　　2．一緒に使用する数個の対象物への働きかけ
　　　　3．社会的な意味をもつ対象物への働きかけ

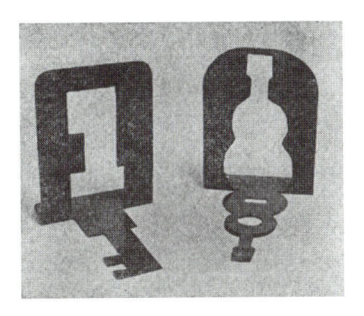

図11.4　双生児の作品例（東京大学教育学部附属中・高等学校，1978）

る方法を**横断的研究**（cross-sectional study）と呼ばれる。

　縦断的発達研究は時間的にも労力的にも多大な負担を要するので，本格的な形で行われた例は数少ないが，アメリカでは比較的早く取り組まれており，日本でもいくつかの例がある。アメリカの代表的な縦断研究についてはケーガンのレビューがある。それを簡単にまとめたのが**表 11.8** である。

　ここで**法則定立的**（nomothetic）と**個性記述的**（ideographic）ということに言及しておこう。法則定立的とは，個々の事例間の違い（個人差）を越えて，一定の集団の成員に共通な傾向や，どのケースにもあてはまる法則・原理の解明を主な目的とする研究につけられる名で，「群団研究」は法則定立的アプローチの形態だといえよう。個性記述的研究は，その名の通り，個別的な特性を丹念に調べあげ，対象ケースのまとまりのある全体像を描き出そうとする迫り方である。事例研究は個性記述的アプローチの典型である。

　ただ，ここで注意しなければならないのは，法則定立的アプローチと個性記述的アプローチがあらゆる面からみて 180 度違うというように考えるのは正しくないということである。後者の場合も，あるケースを詳しく研究して得られた結果は，どこかで他のケースを理解する際の手がかりなり枠組みを提供してくれるであろうことを，暗々裡にも含んでいる。共通の土俵または尺度なしには個性の発見，記述は不可能である。

　法則定立的アプローチと個性記述的アプローチは，確かに性格が異なり，違った役割ももっているが，根本においてはどこかでつながっており，また両々相まってこそ，より実り多い知見が得られると考えるのが正しいだろう。

11.8　相関分析法

　これまでは発達研究の方法について，その一局面であるデータを収集する際の方式を中心に述べてきた。ここで，得られたデータの分析の手法に話を移そう。しかし，データ処理法や統計分析について全面的に論じることはここでの本旨ではないので，特に発達研究にとって有力な武器となる

表 11.8　アメリカの代表的縦断研究（Kagan, 1964）

研究プロジェクト名	開始年／期間	研 究 対 象	方法／測度／変数等
オークランド発育研究 （カリフォルニア大学 人間発達研究所）	1931～現在 継続中	開始当時，11，12歳の児童200名（男女半々）。その内，100名以上を38～40歳時に再度観測。	知能テスト，投影法，母子面接，医学的検診，ソシオメトリー，行動観察，家族背景等。
バークレー発育研究 （カリフォルニア大学 人間発達研究所）	1928～現在 継続中	生後2ヵ月内の乳児61名（男31名，女30名）。25～30歳まで。	知能テスト，投影法，興味，食べ物の好悪，母子面接，身体発育等。
ガイダンス研究 （カリフォルニア大学 人間発達研究所）	1928～現在 継続中	1928～29年生まれの男児123名，女児125名，計248名を生後21ヵ月～18歳になるまで。その内2／3は30歳時点でもデータ収集。	知能テスト，投影法，面接，行動観察，身体発育，手と膝のX線，初潮年齢，栄養，心拍，血圧，歯の成長等。
人間発達研究 （コロラド大学医学部 児童研究委員会）	1923～現在 継続中	1923～1930年予備登録し，1940年以降に誕生した乳児と母親50組。1947～1955年にデータ収集開始。	知能テスト，投影法，興味，母子面接，担任教師面接，行動観察，発育，典型事例分析等。
人間発達研究 （フェルス研究所）	1929～現在 継続中	1929～1944年まで毎年6～8名の新生児。1964年までに計300名（男女半々）。	知能テスト，投影法，MMPI，母子面接，行動観察，両親行動評定，生理・発育，自律反応等。
児童から成人へ研究 （ミネソタ大学 児童発達研究所）	1925～現在 継続中	（厳密な意味での縦断研究ではない）。1925年当時，2～5歳だった対象者の約計158名の25年後の追跡調査。第2グループ：103名（男児47名，女児46名）。	幼児期：知能テスト，計算能力，空間概念，行動観察（臆病，恥ずかしがり，向性等）。児童期：IQ，父学歴等，成人期：職業，収入等。
健康・発達研究 （ハーバード大学 公衆衛生学科）	1929～1961	乳児309名(男152，女157)その内，男子111名，女子117名を6歳まで追跡。さらに男女各67名を18歳まで。	ゲゼル発達尺度，知能テスト，ロールシャッハ，健康診断，趣味・興味等に関する面接資料等。
英才児研究 （スタンフォード 大学・心理学科）	1920～現在 進行中	男児857名，女児671名，計1,528名（3～18歳，平均11歳）。	知能テスト，性格診断目録，職業興味テスト，本人面接，親の面接等。
コーピングと 精神衛生研究 （メニンジャー財団）	1920～現在 進行中	乳児期：128名。 幼児，児童期：32名（128名中）。 思春期：50名（128名中）。	知能テスト，投影法，認知スタイル（Witkin），精神医学的検診，面接，行動観察（家庭，学校，テスト場面，来所途上等）。
行動発達研究 （ニューヨーク 州立大学・医学部）	1956～現在 進行中	現在4～6歳になる男女各63名の幼児。生後，2ヵ月から観測。	家庭での親の面接（睡眠，食事，トイレ，衣服着脱，注射への反応，知能テスト，学校での行動観察等。

（注）　期間のところの「現在」とは，論文の書かれた1963年時点のこと。

11 発達研究法

ことが期待される**交差時差的相関分析法**(cross-lagged panel correlation technique)について簡単にふれてみることにする。

この方法は，要するに，複数の時点で同じ手続きによる測定を繰り返し，測定値間の相関を比較することによって，一定の因果関係を推定しようとする方法であって，キャンベルらによって提唱されたものである。たとえば，母親の感受性(sensitivity)と子どもの知的課題能力の発達の関係をみようとする場合，子どもが3歳の時と4歳の時の2つの時点で，その2つの変数の指標となるような測度をとって，組み合わせてできる6つの相関を比較分析し，母親の感受性と子どもの知的達成の間に因果関係があるかを吟味することができる。キャンベルら自身による実例を**図11.5**に示した。

関数関係は必ずしも因果関係を意味するものでないことはいうまでもないが，この方法は子どもの発達の要因・条件を探る研究にとって，もっとも有用性の高い方法の一つであるといえる。経済恐慌や戦争とか飢饉または疫病の大流行などのネガティブな現象，あるいはその逆に，高度な経済的繁栄や独特の文化的風潮の蔓延がみられた時，子どもの発達に対してそれらの現象がどんな影響を及ぼすかという問題について研究する場合にこの交差時差的相関分析法を用いれば**コホート効果**(図11.7)をみる研究となる。

11.9 発達研究を支える視点

これまでは，発達研究における狭義の心理学的方法を中心にみてきた。しかし，学問研究というものはすべて，それぞれに独自の対象やテーマ，方法をもちつつも，他の隣接領域と深くかかわっており，時に大きな発展をとげるのは学際的研究によってであることも少なくない。

そこで，本節では，心理学プロパーの方法から少し離れて，もう少し広く，子どもの発達をみる視点なり方法論に関する事柄について考えてみることにする。

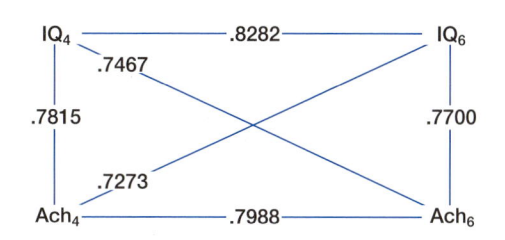

図 11.5 交差時差的相関分析の例（Crano et al., 1972）

一般に，交差時差的相関分析では，2つ（またはそれ以上の）要因または変数について2つ（またはそれ以上の）時点で測定を繰り返し，それらの測度間の相関から因果関係を推定する。この図の場合，対象児が4年生の時のIQと6年生の時の学業成績との相関（$rI_4・A_6 = .7467$）と，4年生の時の学業成績と6年生の時のIQとの相関（$rA_4・I_6 = .7273$）の比較から，「IQが学業成績を規定する」と推定する。

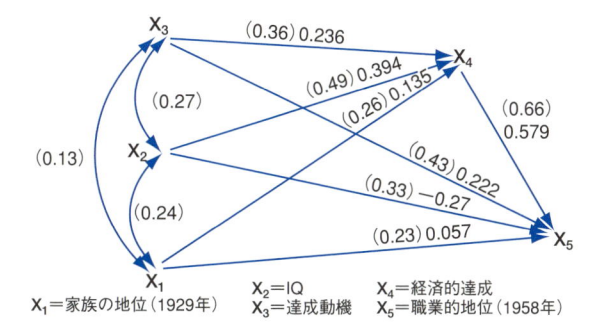

$X_1 = $ 家族の地位（1929年）　$X_2 = $ IQ　$X_3 = $ 達成動機　$X_4 = $ 経済的達成　$X_5 = $ 職業的地位（1958年）

図 11.6 「大恐慌期」（1929年）の家族の社会的地位，子どもの達成動機，知能指数と学歴および成人後の職業的地位の関係を見るパス・ダイアグラム（エルダー，1986）

図中，左辺部の曲線は，説明される必要のない変数間の2方向的関係を表し，他の直線は説明しようとする変数間の非対称的・直線的関係を示す。（ ）内の数値は相関係数，（ ）の外の数値は因果的規定度を表すβ係数。この図では，成人後の職業的地位（X_5）には学歴（X_4）と達成動機（X_3）が利いていることが示されている。

11 発達研究法

■ 11.9.1　生態学的視点

　近年，発達研究の中で目立つ一つの傾向は生態学的観点の強調である。生態学とは，もともとは生物学の一部門で生物とその生活環境との関連を研究する分野であり，「飼ったり，切り取ったりしない学問である」ともいわれる（表 11.9）。つまり，自然の生態系の中に自分のテリトリーと生活の場 (habitat) をもっている生物を捕らえてきて，人工的な環境の中で飼育して観察したり，その生物の体や機能の一部を切り取って調べるような学問ではないということである。

　人間に飼い慣らされた動物の振る舞いがいかに野生の動物のそれと違い，いったん人になついてしまった動物を自然に戻すことの困難さはよく知られている。生態学的観点は，対象をできるだけ自然のままに，システミック (systemic) に，そして対象の側に立って理解しようとする立場であるといえよう。子どもの発達について考える場合もこの視点を忘れてはなるまい。

■ 11.9.2　比較文化的アプローチ

　比較文化的アプローチは，ある意味では生態学的視点の延長とみることもできるが，近年，発達心理学研究者の目が文化人類学の成果などにも向けられるようになってきたことに伴い，よく話題となる問題である。

　比喩的に，「人は環境の子である」といわれる。人に限らず，生あるものにとって環境は測りしれない影響を及ぼす。発達途上の小さな子どもにとっては，環境のあり方は特に重要である。

　人は一定の社会または文化集団に属し，その言語や慣習に従って行動し，それぞれの社会・経済的，政治的制度の中で生き，独自の価値観や信念を身につける。ある文化でみられる子どもや親の行動や特性が他の文化でもみられるとは限らないし，一方で「よし」とされることが他方でも受け容れられるとは限らない。

　比較文化的アプローチは，それぞれの文化に特有な通文化的普遍性の発見に寄与する方法といえる。発達心理学の分野では，この種の研究はまだ始まったばかりであるが，今後の発展が期待される。

生まれた年＼調査の年	一九六〇年	一九六五年	一九七〇年	一九七五年	一九八〇年	一九八五年	一九九〇年
1960年	0歳						
1965年	5	0					
1970年	10	5	0				
1975年	15	10	5	0			
1980年	20	15	10	5	0		
1985年	25	20	15	10	5	0	
1990年	30	25	20	15	10	5	0
1995年	35	30	25	20	15	10	5

縦断的研究／時代差研究／横断的研究

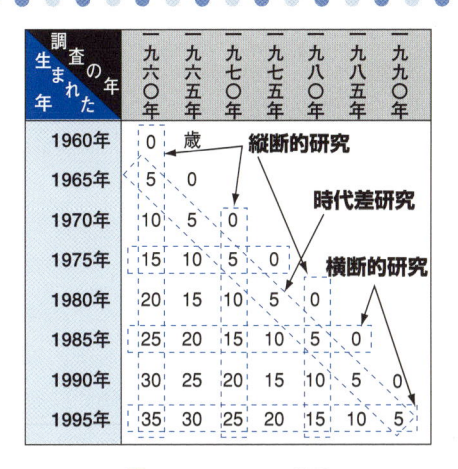

図11.7 コホート効果

「コホート」（cohort）とは「グループ」「一団」の意味であるが，発達心理学や社会学で使う場合は「同一年（代）に生まれた人たち」という特別な意味で用いられる。同じ年，似たような時代に生まれ育つことで同じような経験をし，そのことによって行動や物の見方，考え方が似てくる傾向が予想される。「コホート効果」を組織的に調べようとする研究を時代差研究と呼ぶ。記述の縦断的研究および横断的研究と，この時代差研究の3つの関係を図で表すと上のようになる。

表11.9 生態学とは

「生態学」（ecology）とは，動物や人間の行動や特性の一部を切り取ってその部分だけ細かく分析したり，研究対象を人工的な場面に押し込めて飼い慣らし実験的に観察するのではなく，できるだけ行動の全体，生活の実態をその対象の日常的条件の中で捉えようとする立場である。より専門的には，次のように説明される（『哲学事典』（平凡社，1990）より）。

> ……ふつう「生物と環境との関係を研究する」生物学の一分科と規定され，対象によって個生態学 autecology と群生態学 synecology に分けられる。しかし近来は生理学，分類学などの従来の生物学 Idiobiologie に対して，生物の集団，共同体，社会の諸現象に関する法則性を探究する広義の生物社会学 Biosoziologie としての方向をとりつつある。歴史的には自然史 natural history の伝統をうけたもので，初期の生物学はきわめて生態学的なものであった。biology を一種の生態学の意味につかう場合（plant biology というふうに）のあるのはそのなごりである。また一方で bionomics（Bionomie）とよぶ場合もある（最初は Comte, 1830）。さらに，人口問題から文明・文化現象にいたる諸変化の環境学的な探究領域を特に人間生態学 human ecology とよぶ。最近は公害問題に絡んで，こうした生物と環境との関係に新しい視野が開けつつある。

■11.9.3　歴史的観点

　第10章でみたように，ヴィゴツキーの発達理論は，人間発達の歴史性を強調する点でユニークである。確かに，子どもはそれぞれに発達の歴史を刻んで，その人生を生きる。そして，人類が営々として築いてきた文化遺産の恩恵に浴し，それを糧として発達の「自分史」をたどる。歴史的に蓄積された社会文化的環境の影響を受けて育ちつつ，時に環境に働きかけてこれを変え，文化を残す。

　子どもの発達を総体として正しく理解しようとする時，ヴィゴツキーの**文化・歴史的発達理論**の立場はきわめて重要である。しかし，理念として，その正しさ・必要性が認識されても，具体的な研究にその視点を活かすことはそう簡単なことではない。子どもの個々の行動やテスト場面での課題が「歴史」の顔をそのまま見せるわけではもちろんない。「文化・歴史性」は，むしろ，視点の問題として，研究する側の胸の内に位置づくべき事柄といえよう。

　さて，しかし，歴史的観点ということは，子ども自体，心理学的課題自体に限る必然性はまったくない。というのは，子どもの発達に関する心理学的研究は，子どもとその直近の人間や環境に関する事柄に限らず，それらを取り巻くあらゆる要因，条件，事象を含むと考えてよいからである。

　そうなると，研究すべきテーマは無数にあることになり，また，そう考えるのが事実に合っていることになるが，際限ないものをここで論じるわけにもいかないので，歴史的観点からの発達研究の領域に入る最近の一つの動きについて少しふれてみることにする。

　それは，古文書に残る幼児観や教育思想とか育児日記の分析である。この種の研究はまだ始まったばかりでその数は多くはないが，ここで特に注目したいのは小嶋秀夫の一連の研究である。

　とりわけ興味を引かれるのは，『桑名日記』『柏崎日記』と呼ばれる史料の分析である。これは，幕末の頃，越後の柏崎に派遣された渡辺勝之助という桑名藩士が，桑名に残って第1子の世話をしてくれている父親との間で交わした書簡集を発達心理学的観点から分析，考察したものである。

　この2つの日記の中には，子どもの発育の様子や日々の振舞いとかし

表 11.10　比較文化的研究法

いくつかの文化集団の構成員について，その意識や行動傾向およびその発達を比較検討し，普遍性と特殊性を割り出そうとする研究の方法を総称して比較文化的研究法または**交叉文化的アプローチ**（**cross-cultural method or approach**）という。比較文化的研究法は「研究法」といっても単独な技法から成っているわけではなく，実際には，観察や面接，テストや質問紙，実験的課題場面の設定など，一般の心理学研究でとられる方法を工夫して用いていることが多い。「等価な測定方法を用いて２つまたはそれ以上の文化集団に属す被験者について研究し，一般的心理学理論がどこまで通用するか，また，その理論を普遍性あるものにするにはどんな修正が必要かを明らかにするもの」という定義もある（トライアンディス）。

代表的な研究の一例として，ホワイティングらの「６つの文化プロジェクト」がある。これは，1955年から1956年にかけて沖縄のタイラ（平良）やフィリピンのルソン島西北部のタロンという村など，世界各地の６カ所で，３歳から11歳までの子どもの日常生活行動を綿密に観察した研究である。下の表は結果の一部をまとめたものである。（詳しくは第９章9.3を参照。）

６つの文化集団別に見た子どもによる雑用または仕事（Whiting & Whiting, 1974）

地域 雑用 仕事	単純文化			複雑文化		
	ニャンソンゴ （ケニア）	フストラウアカ （メキシコ）	タロン （フィリピン）	タイラ （沖縄）	カラプール （インド）	オーチャードタウン （アメリカ）
薪集め	44	27	58	13	13	—
水汲み	75	64	20	18	29	—
飼葉集め	0	5	13	8	17	—
掃　除	31	41	59	59	33	92
食事の用意	19	5	42	0	4	0
野菜の取り入れ	25	14	36	0	9	0
穀物ひき	38	9	8	0	0	—
調　理	31	5	29	0	0	4
菜　園	75	14	12	13	4	—
家禽の世話	0	9	29	25	—	13
家畜の世話	0	23	33	21	13	—
家畜をつなぎ縄でつなぐ	0	9	29	0	0	—
家畜の番	50	5	37	4	33	—（単位%）

表 11.11　歴史とは

> 歴史という言葉には，「出来事の経過そのもの」と「出来事の経過についての記述」という２つの意味があるといわれる。つまり，「出来事（存在）としての歴史」と「叙述（認識）としての歴史」という２つの意味である。もちろん，前者なくしては後者は成立し得ない。しかし「出来事としての歴史」は，そのままでは出来事の偶発であり事象の羅列に過ぎず，一つのまとまりをもった意味のある「歴史」にはならない。すなわち，「出来事としての歴史」は人間の認識とは独立に生起するものではあるが，それが「歴史」として意味をなすためには「叙述としての歴史」または「認識としての歴史」として捉え直されねばならないのである。こうしたことから，イギリスの著名な歴史家カーは「歴史とは，歴史家と事象との間の不断の相互作用の過程であり，現在と過去との間の尽きることを知らぬ対話なのである」といった。

つけをめぐる父と祖父の思いが克明に記されていて，一つの発達のモノグラフ，育児書の性格を帯びている。

　子どもの発達の問題を従来の心理学的観点よりもずっと長い時間軸と遥かに広い国際的視点からとらえようとする小嶋は，頻繁に海外にも足を運び，機会あるごとに図書館や博物館とか歴史の長い研究所に立ち寄って史料を発掘し，縁者を訪ねて聞き取り調査をする。1989年に出版された『子育ての伝統をたずねて』という書物の中には「松町千百四番」という一節がある。これは，明治7年に翻訳出版された育児書の内容を紹介するとともに，この本の生い立ちを探るために英語版の原著者の住所を訪ねる旅についても記されている。そして，翻訳本の「松町千百四番」という原著者の住所はフィラデルフィアの 1104 Pine Street であることを突き止める。

　筆者も，かつて，幼稚園教員養成課程の教員として勤務していた頃指導した学生の卒業論文のテーマの一つとして，明治期の幼稚園教育に科学的裏付けを求めて心理学に接近し，独自の保育観と指導法を提起して影響力を発揮した望月クニという人物について調べる課題を出し，2人の学生を岐阜県まで赴かせて調べさせたことがある。

　こうした実地調査と史料分析の作業は，地道で時に苦労の多い仕事であるが，その一方で，多くの人々との新たな出会いの場でもあり，楽しい発見の旅でもある。長年求めていた資料が思わぬところで見つかった時の喜びは，名状しがたい満足感を与えてくれるし，無関係と思われていた事実や人物の間につながりを発見した時の驚きは優れた推理小説を読む時の心境であろう。とかく，堅苦しく思われる発達心理学の研究の世界にも，こうした楽しみがあってもよいであろう。

11.10　エピローグ

　最後に，発達研究を進める際の基本的な心構えといったことについて，これまでふれられなかった点をいくつかまとめてみることにする。

■ 11.10.1　理解することと教えること

　「子どもに教えるには，子どもを理解していなければならない。しかし，

図 11.8 大正末期か昭和初期の絵はがきに描かれた，いたずら盛りの子どもたち

図 11.9 『桑名日記』の一部とその翻刻（小嶋，1989）
翻刻版11行目から家族のことが書かれており，風邪をひいて病み上がりの祖父（日記の著者・渡辺平太夫）の身を案じて，お風呂になど行くなと言い張っている孫の遼太郎の姿（右側の中央部分）が愛情を込めて描かれている。

子どもを理解するには子どもに教えてみなければならない」といわれる。
　一般に，心理学という学問の目的・役割は，人間（特に意識と行動）についての理解をもたらすものだと考えられている。この見方は，一応，基本的には妥当といえよう。しかし，発達心理学の分野では，それで満足しきってしまうわけにはいかない。特に，乳幼児心理学の場合は，子どもを理解すれば，それでこと足りるというものではない。そもそも理解するとは，いったいどういうことなのか，たまさか訪れる傍観者の目には，子どもの表層的行動しか映らないだろう。
　子どもについてより深く理解するためには，その子と話し合ったり，一緒に遊んだり，努力を要する課題にともに取り組んだりするプロセスが必要であろう。一定の時間をかけての密度濃い相互作用を通してこそ，より多面的で深層の部分が見えてくるものであることを考えてみる必要があるだろう。その意味で，冒頭の言葉は重要である。
　ここでいう「教えること」とは，狭義の教育場面に限定されると考える必要はない。話しかけたり，遊びに誘ったり，本を読んで聞かせたりするごく日常的な働きかけ行動を含むものと受けとめてよいだろう。要するに，傍観者的・第三者的立場からでは，相手としての子どもの正しい認識，理解は得られないことを教えてくれる警句として，この言葉の意味をかみしめてみたいものである。
　世界的にも著名な日本の理論物理学者・武谷三男は，かつて，物理学における認識の方法論として「現象—実態—本質」という三段階論を提唱した。最初に目にするのは現象であるが，いくつかの現象を通して一段深めたレベルで対象をとらえると，その実態が浮かんできて，実態をさらに突き詰めて背後に働いている法則や原理，一般性がつかめたところで本質的理解にいたる。
　この三段階論は形式的すぎるという批判もあるが，子どもの発達研究に携わる者にとっても示唆的な提言といえよう。子どもについての深い本質的理解は，働きかけを通してこそ得られるものであることを，しっかりと認識しておきたいものである。その意味では，親や教師など日常的に子どもの近くにいて広狭両義の教育的働きかけをする立場の人たちは，子ども

表 11.12　子どもについての理解とは

「理解」という言葉は日常生活の中でもよく使われる言葉であり，その意味は自明のように思われるかもしれない。しかし，一歩踏み込んで考えた時，その言葉のもつ意味は広く深く，真の「理解」にいたる作業の容易ならざることに気付かされる。姿・形に特徴がよく出ていて動きのない事物について理解することは比較的容易であるだろう。しかし，状況によって違った行動をとり，時間とともに発達・変化する生活体の本質的な部分を理解することは，一朝一夕にできることではなく，ただ傍観者的に腕をこまねいて眺めているだけで果たせるものではない。まして人間の子どもを理解するということは，多面的に，また時間をかけて縦断的に，しかも一定の働きかけ行動を介して初めて可能となるものである。それは，人間の子どもの場合，その行動や生活および発達的変化に影響する要因・条件の中で，教育の指導あるいは<u>しつけ</u>というものが（その当・不当は別として）極めて大きな比重を占め，役割を果たしているからである。この点に関して，岡本（1973）は次のように述べている。

> ……教育における児童理解とは，発達的存在としての児童の理解であり，その可能性の理解であって，それは現実の指導過程を通しての理解であるところに特色があるわけである。……（中略）……児童についての理解は，ただちに指導・教授過程にフィードバックされ，現実に新たな指導計画や教授活動の展開へとつながっていかねばならない。児童に達成させようとする目標や，形成させようとする行為を実現させるために，最もふさわしいと思われる教授活動や指導方法をとりあげ，その教授（指導）前の各児童の状態と，学習活動後の結果（目標へどれだけ近づいたかの実現値）との間の関係をみること，すなわち教授（指導）条件と，その効果の関連づけの中にこそ，ひとりひとりの児童は可能になっていくのであり，またそうした研究を通した理解こそが，その児童にとってより適した次の教授（指導）方法を次の局面でとり出しうるのである。その意味では，児童の理解は，アクションリサーチ的研究と一体となってくる。
> 　児童理解とは，単に子どもの現状を知ることではなくて，その状態をささえている諸条件を明らかにするとともに，さらに，その子どもにどのような条件を与えるとき，その子どもはどう変化し，どう前進しうるかという可能性の理解であり，またその可能性をひきおこしうる条件の理解ともいえるだろう。

をもっともよく理解できる有利な立場に身をおいているということになるだろう。

■ 11.10.2　事実に対する謙虚さと健全な懐疑の重要性

　学問や研究をする人間にとって，何よりも大切なことは，事実に対する謙虚さであろう。これはあまりにも自明なことのようにみえるが，実は，そうではないのである。自然科学の歴史をみても，名の通った学者が自説や先入観の虜囚となって事実に対していかに傲慢，不遜な態度をとったかという例を見出すことはそう難しいことではない。時には，自分の研究にとって不都合なデータは，意図的に除外したり，逆に，こしらえあげたりすることもあったという。

　事実に対する謙虚さは，実は，逆説的ではあるが，懐疑の心，批判的精神と分かちがたく結びついている。もちろん，ここでいう懐疑と批判は，健全な懐疑，建設的な批判のことである。科学の発展の歴史は，懐疑と批判の歴史であった。

　手を尽くして得られた研究的事実は，たとえそれが，著名でない人によるものであっても謙虚に受け容れる心の寛さを一方でもちつつ，有名な研究者がいうことだからと，よく考えもせずに無批判的に信じ込んでしまうことのないようにしたいものである。これは，ひとことでいえば「学問的誠（まこと）」(academic integrity) の問題である。

　このことについて，いろいろ考えさせてくれる格好の例として，イギリスの著名な心理学者バートの研究（**表 11.13**）に対する疑惑と，アメリカの学究の間では「コーネル・ホークス」(Cornell hoax) として有名になっている事件を紹介しておこう。

　バートは**双生児法**を用いて知能の**遺伝規定性**に関する研究を長年にわたり手がけ多くの業績を発表して，イギリスを代表する心理学者として不動の地位を確立した人物であるが，研究の第一線を退いてから，彼の発表してきたデータの信憑性に疑問が投げかけられるようになったのである。その主な根拠は，サンプルが増えても双生児の対偶者間の知能の相関が普通では考えられないほどの高さで一定していることや，論文の共著者とされ

表 11.13　バートのデータの一例 (Burt, 1955)

Measurement	A—BURT AND CONWAY					
	Identical Twins reared together	Identical Twins reared apart	Non-identical Twins reared together	Siblings reared together	Siblings reared apart	Unrelated children reared together
MENTAL (INTELLIGENCE)							
Intelligence:							
Group Test	·944	·771	·542	·515	·441	·281
Individual Test	·921	·843	·526	·491	·463	·252
Final Assessment	·925	·876	·551	·538	·517	·269
SCHOLASTIC							
General Attainments	·898	·681	·831	·814	·526	·535
Reading and Spelling	·944	·647	·915	·853	·490	·548
Arithmetic	·862	·723	·748	·769	·563	·476
PHYSICAL							
Height	·957	·951	·472	·503	·536	-·069
Weight	·932	·897	·586	·568	·427	·243
Head Length	·963	·959	·495	·481	·536	·116
Head Breadth	·978	·962	·541	·507	·472	·082
Eye Colour	1·000	1·000	·516	·553	·504	·104

表 11.14　バートの研究についての疑惑を報じる 1976 年 12 月 6 日付 *Time* 誌の記事の一部

A Taint of Scholarly Fraud

The late British psychologist Cyril Burt was eminent in his profession: he held the psychology chair at London's University College, was knighted by King George VI and won the Thorndike award from the American Psychological Association. As a government adviser, he helped restructure the British educational system in the 1940s. Now, five years after his death, Burt is the object of a growing scandal. He has been accused of doctoring data and signing the names of others to reports that he wrote. If the charges are proved true, said *Science* magazine last week, "the forgery may rank with that of the Piltdown man."

Much of Burt's reputation rested on his prominent role in the debate about heredity and intelligence. His studies of identical twins who grew up apart indicated that heredity—rather than environment—explains most of the differences in IQ scores. But shortly before Burt's death in 1971 at the age of 88, there were academic murmurs that the psychologist's data were suspect. For one thing, the statistical correlation between IQ scores of his identical twins remained the same to the third place after the decimal point as more and more twins were studied—an extraordinary and highly unlikely coincidence. Yet most experts assumed it was an honest and unimportant mistake. "As he got old," said British Psychologist G.C. Drew, "he was remembering old figures that got stuck in his mind."

The doubts became public knowledge when the London *Sunday Times* reported that Burt's co-authors of the later twin studies—Margaret Howard and J. Conway—are not listed in London University records and are unknown to 18 of Burt's closest colleagues. The revelation is crucial: the two women were presumably Burt's field investigators on the twin research at a time when the psychologist was becoming feeble and deaf. It thus seems increasingly possible that the women never existed, that their investigations were never carried out and that Burt invented them and their reports.

TIME, DECEMBER 6 1976

る2人の人物が実在したかどうか確認されていないことである。表11.14は，その辺の事情を紹介している *Time* 誌の記事の一部である。

次に，「コーネル・ホークス」というのは，アメリカのコーネル大学にまつわる奇想天外な話である。時は1927年初頭，コーネル大学理学部の月例研究会で大勢の聴衆を前にして，鳥類古生物学教授のフォザリンガム博士なる人物がニュージーランド大学から招かれて記念講演をした。演題は博士らがゴビ砂漠で発見した「エヨーニス」(Eoörnis)という世にも稀な鳥の新種についてであった。講演の内容は，部分的にすぐには信じがたいところもあったが，非常に興味深いものであり，博士の話っぷりも実に堂々とまた雄弁であったという。この講演をきっかけに，フォザリンガム博士は，あちこちのラジオ局から講演の依頼を受けることになり，また，翌年にはこの講演は論文の形で多くの人に読まれるようになった。

ところが，この講演の中身はまったくの作りごとだったというのである。講演の聴衆の中には，この鳥が平均時速400キロメートル以上の速さで飛ぶとか，クロマニヨン人の洞窟画にも描かれているなどというあまりにも意想外の話に，警戒心をもって聞いていた人もいたというが，多くの人は疑うこともなく信じ込まされたようである。周到に用意されたフィクションは専門家といえども欺くことができるのである。

■11.10.3 発達研究の倫理規準

最後に，発達研究における狭義の方法や個々のテクニックの次元からすれば，随分，距離のある問題であるが，研究的作業に携わる者にとってもっとも根本的な態度に関する問題を取り上げる。

近年，発達心理学研究は日進月歩の発展をとげている。研究する側の人の数も飛躍的に増えたし，協力する立場の人たちも多種多様となった。そうした変化の中で，研究者と協力者の間の信義の問題，人権の問題が注目されるようになった。心理学界もこのことに無関心ではいられなくなった。そこで，アメリカ心理学会・発達心理学会部会では，発達研究者のための倫理綱領をもうけるにいたった。参考までに，その概要を表11.15に示す。

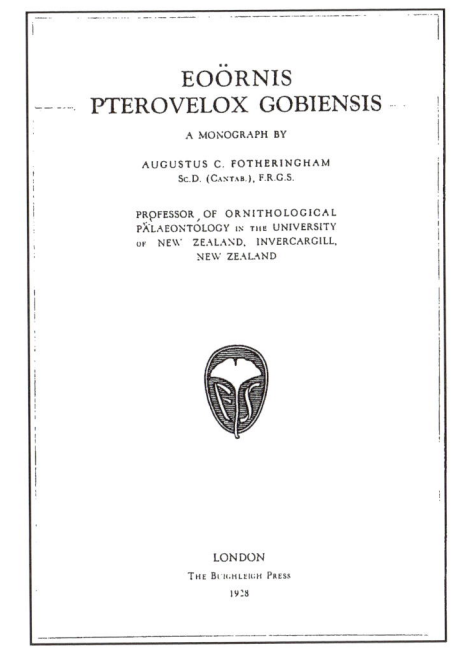

図 11.10 「コーネル・ホークス」の主人公「エヨーニス」(上) と「エヨーニス」に関する科学論文の表紙 (下)

発達研究はいかなる形のものであっても，究極的には人間理解に寄与し，子どもとその関係者のためになるはずである。子どもを文字通りモルモット扱いして「研究のための研究」に終始し，人道を踏み外して子どもやその関係者に迷惑や害を及ぼしてしまうことのないよう十分戒心しなければならないであろう。

参考文献

藤永　保・三宅和夫・山下栄一・依田　明・空井健三・伊沢秀而(編)（1977）.
　　テキストブック心理学3　乳幼児心理学　有斐閣
黒田実郎（監修）（1985）. 乳幼児発達事典　岩崎学術出版社
マッセン, P. H., コンガー, J. J., ケーガン, J.　三宅和夫・若井邦夫（監訳）
　　（1984）. 発達心理学概論Ⅰ・Ⅱ　誠信書房
岡本夏木・三宅和夫（編）（1976）. 心理学（5）発達　有斐閣

表 11.15 発達研究者のための倫理綱領：アメリカ児童発達研究協会（SRCD）のガイドライン（抄訳）

子どもを研究の被験者とする場合，大人を被験者とする場合とは違った倫理的問題が生じる。子どもはストレスに耐える力が弱いだけでなく，知識も経験も少ないために，研究への参加が何を意味するかを判断する能力も十分でない。子どもについて研究する場合，親の同意が必要であるばかりでなく，子ども自身の同意も必要である。

1. 子どもは，いかに幼かろうと，研究者の権利に代えることのできない権利を有する。
2. 研究上の最終的な道義的責任は，当該の研究者の側にある。彼はまた，同僚や助手，学生や職員が関わる道義的問題についても責任を負い，同僚その他の人たちにも同等の責任を負う。
3. 研究者は，被験児とする子どもに対して，その子の研究参加への意志に影響することが考えられる研究上のいっさいの事項について知らしめる義務を負う。
4. 研究者は，研究への参加の可否，あるいは進行中の研究からの参加の中断の問題は子どもの自由であることを尊重しなければならない。
5. 親，または親に代わることのできる立場にある人（たとえば教師，教育長）からの「知らしめられた同意」(informed consent) が，できれば，書面によって得られているべきである。informed consent には，親または他の責任ある大人が当該の研究に子どもを参加させてよいと思うかどうかに影響すると考えられる研究上のいっさいの事項についての説明がなければならない。
6. 子どもと他の人物の相互作用が研究の中身になっている場合，子どもの相手をするその人物からも informed consent が得られていなければならない。
7. 研究者は，身体的または心理的に子どもに害をおよぼすおそれのある研究的操作はいっさい行ってはならない。
8. 止むを得ない研究上の理由で情報の秘匿や偽装を要する場合でも，研究者はその判断が正当であることを同業者の委員会に満足いく形で説明しなければならない。
9. 研究者は，研究参加者から得たいっさいの情報を秘匿する義務を負う。
10. 研究について何らかの誤解が生じることが考えられた場合，研究者はデータの収集が完了した後，速やかに，そのことについて参加者に明らかにしなければならない。研究者は，また，その研究の一般的知見を参加者が理解するにふさわしい言葉で報告する義務があることを自覚していなければならない。科学的または人道的理由で研究に関する情報の開示を留保する場合でも，そのことのために参加者が被害を被ることのないようあらゆる努力をしなければならない。
11. 研究の途中で，子どもの安寧に重大な支障となるような情報がもたらされた場合，研究者はその分野の専門家と協議し，親が子どもに対して必要な援助を行える対策を構じる責任を負う。
12. 研究手続きが参加者に対して，事前に予見できなかったような望ましからざる結果を招来することが考えられる場合，研究者はこうした結果を回避する対策を構じ，手続きの手直しを考えなければならない。
13. 研究者は，自らの研究の社会的，政治的，および人道的意義に十分意をもちいなければならず，結果の提示に関しては特に注意を払わなければならない。しかし，この規準は，研究者がいかなる領域の研究を行おうが，その権利をいかなる形においても否定するものではなく，また，適正な規準に従って学術上の報告をする権利を否定するものでもない。
14. ある実験的処理が，それを受ける児童に利益となることが考えられる場合，統制群の児童に対しても，その実験的処理とは別の，他の利益となる処理が施される必要がある。

引用文献

第 1 章

Ames, L. B. (1989). *Arnold Gesell-Themes of his work*. Human Sciences Press.
Dennis, W. (1972). *Historical readings in developmental psychology*. Appleton Century Crofts.
波多野完治（1969）．幼児とは何か　思想　8月号　岩波書店
Havighurst, R. J. (1953). *Human development and education*. Longmans.
　　（ハヴィガースト, R. J. 荘司雅子（訳）(1958). 人間の発達課題と教育　牧書店）
Jersild, A. T. (1965). *Child psychology*. 5th ed. Prentice-Hall.
Lorenz, K. Z. (1943). Die Angeboren Formen mögicher Erfahrung. *Zeitschrift für Tierpsychologie*, **5**, 233–409.
森正義彦（編著）(1986). 教育心理学要論　有斐閣
永野重史・依田　明（編著）(1984). 乳幼児心理学入門　新曜社
ピアジェ, J. 大伴　茂（訳）(1968). ピアジェ臨床児童心理学 I　児童の自己中心性　同文書院
総理府青少年対策本部（編）(1981). 国際比較日本の子供と母親──国際児童年記念調査最終報告書──　大蔵省印刷局
富本佳郎・古厩勝彦（編著）(1983). 教育心理学　福村出版
梅津耕作・大久保康彦・大島貞夫・袴田　明（1989）．教育心理学入門　サイエンス社
Waddington, C. H. (1957). *The strategy of the genes*. Mcmillan.
若井邦夫（編著）(1985).乳幼児の発達と心理　三晃書房

第 2 章

Bertenthal, B. J., Campos, J. J., & Barrett, K. C. (1984). Self produced locomotion: An organizer of emotional, cognitive, and social development in infancy. In R. N. Emde & R. J. Harmon (Eds.), *Continuities and discontinuities in development*. Plenum. pp. 175–210.
Campos, J., Langer, A., & Krowitz, A. (1970). Cardiac responses on the visual cliff in prelocomotor infants. *Science*, **170**, 196–197.
Eimas, P. D. (1975). Speech perception in early infancy. In L. B. Cohen & P. Salapatek (Eds.), *Infant perception: From sensation to cognition*. Vol. 2. Academic Press. pp. 193–231.
Ganchrow, J., Steiner, J., & Daher, M. (1983). Neonatal facial expression in response to different qualities of gustatory stimuli. *Infant Behavior and Development*, **6**, 189–200.
Gesell, A., & Thompson, H. (1941). Twins T and C from infancy to adolescence: A biogenetic study of individual differences by the method of co-twin control. *Genetic Psychology Monographs*, **24**, 3–121.
Gibson, E. (1967). *Principles of perceptual leraning and development*. Meredith Corporation.
Held, R., & Hein, A. (1963). Movement produced stimulation in the development of visually guided behavior. *Journal of Comparative and Physiological Psychology*, **56**, 872–876.
岩田浩子・森下はるみ（1979）．幼児の動作メカニズムとその発達──指示のしかたによる跳躍動作の変容について──　体育学研究, **24**, 185–200.
加我牧子（1990）．聴覚　周産期医学　臨時増刊号　周産期医学からみた出産・育児の原点, **20**, 371–375.
片岡なつ恵・二瓶健次（1990）．味覚　周産期医学　臨時増刊号　周産期医学からみた出産・育児の原点, **20**, 376–379.
厚生労働省（2001）．平成 12 年乳幼児身体発育調査結果報告書
Mussen, P. H., Conger, J. J., & Kagan, J. (1974). *Child development and personality*. 4th ed. New York: Harper & Row.

（マッセン，P. H., コンガー，J. J., ケーガン，J. 三宅和夫・若井邦夫（監訳）（1984）．発達心理学概論 I　誠信書房）
夏山英一（1985）．生命の誕生――受精から誕生まで――　小林　登・小嶋謙四郎・原ひろ子・宮澤康人（編）新しい子ども学　第 1 巻　育つ　海鳴社　pp. 85–129.
大平勝馬（1976）．乳幼児発達心理学　建帛社
Portmann, A. (1951). *Biologische Fragmente zu einer Lehre vom Menschen*. Basel: Verlag Benno Schwabe & Co.
　　（ポルトマン，A. 高木正孝（訳）（1961）．人間はどこまで動物か――新しい人間像のために――　岩波新書）
Restak, R. M. (1986). *Infant mind*. New York: Doubleday & Co.
　　（レスタック，R. M. 河内十郎・高城　薫（訳）（1989）．乳児の脳とこころ　新曜社）
Salapatek, P. (1975). Pattern perception in early infancy. In L. B. Cohen & P. Salapatek (Eds.), *Infant perception: From sensation to cognition*. Vol. 1. Academic Press. pp. 133–248.
Salapatek, P., & Kessen, W. (1966). Visual scanning of triangles by the human newborn. *Journal of Experimental Child Psychology*, **3**, 155–167.
下條信輔（1983）．乳児の視力発達　基礎心理学研究, **2**, 56–67.
多田　裕（1992）．胎児期の発達　髙橋道子（編）新・児童心理学講座　第 2 巻　胎児・乳児期の発達　金子書房　pp. 35–55.
高石昌弘（1985）．子どものからだの発育　小林　登・小嶋謙四郎・原ひろ子・宮澤康人（編）新しい子ども学　第 1 巻　育つ　海鳴社　pp. 379–400.
時実利彦（1962）．脳の話　岩波新書

第 3 章

Bandura, A. (1965). Influence of models' reinforcement contingencies on the imitative responses. *Journal of Personality And Social Psychology*, **1**, 589–595.
Bandura, A., & Menlove, F. L. (1968). Factors determining vicarious extinction of avoidance behavior through symbolic modeling. *Journal of Personality And Social Psychology*, **8**, 99–108.
Bower, T. G. R. (1974). *Development in infancy*. San Francisco: W. H. Freeman.
　　（バウアー，T. G. R. 岡本夏木・野村庄吾・岩田純一・伊藤典子（訳）（1979）．乳幼児の世界――認識の発生・その科学――　ミネルヴァ書房）
Elkind, D., Koegler, R. R., & Go, E. (1964). Studies in perceptual development. III: Part-whole perception. *Child Development*, **35**, 81–90.
Fantz, R. L. (1961). The origin of form perception. *Scientific American*, **204** (5), 66–72.
Frith, U. (1989). *Autism: Explaining the enigma*. Blackwell.
　　（フリス，U. 冨田真紀・清水康夫（訳）（1991）．自閉症の謎を解きあかす　東京書籍）
Guilford, J. P. (1967). *The nature of human intelligence*. McGraw-Hill.
Holland, J. G., & Skinner, B. F. (1961). *The analysis of behavior*. McGraw-Hill.
Inhelder, B., & Piaget, J. (1964). *The early growth of logic of the child*. Norton.
勝井　晃（1971）．方向認知に関する発達的研究　風間書房
Kendler, H. H., & Kendler, T. S. (1962). Vertical and horizontal processes in problem solving. *Psychological Review*, **69**, 1–16.
Munn, N. L. (1956). *Psychology*. 4th ed. Houghton Mifflin.
Nelson, K. D. G. (1984). The effects of intention on what concepts are acquired. *Journal of Verbal Learning and Verbal Behavior*, **29**, 734–759.
Piaget, J., & Inhelder, B. (1956). *The child's conception of space*. Routledge and Kegan Paul.

城谷ゆかり（1989）．幼児における判断の誤りに関する研究——フェノメニズムと知的リアリズム——　筑波大学修士論文

田崎権一・松村ひろ子・横山正幸（1978）．幼児における生活空間の認知の発達過程　日本教育心理学会第20回総会発表論文集，188–189.

Thompson, G. G. (1952). *Child psychology*. Houghton Mifflin.

Trehub, S. E., & Rabinovitch, M. S. (1972). Auditory-linguistic sensitivity in early infancy. *Developmental Psychology*, **6**, 74–77.

Zaporozhets, A. V. (1965). The development of perception in the preschool child. In P. H. Mussen (Ed.), European research in cognitive development. *Monographs of the Society for Research in Child Development*, **30**, 82–101.

第 4 章

Braine, M. D. S. (1963). The ontogeny of English phrase structure: The first phase. *Language*, **39**, 1–13.

Brown, R., & Bellugi, U. (1964). Three processes in the child's aquisition of syntax. *Harvard Educational Review*, **34**, 133–151.

Brown, R., & Fraser, C. (1963). The acquisition of syntax. In C. N. Cofer & B. S. Musgrave (Eds.), *Verval behavior and learning: Problem and processes*. McGraw-Hill.

Clarke-Stewart, A., Friedman, S., & Koch, J. (1985). *Child development: A topical approach*. John Wiley & Sons.

Crystal, D. (1987). *The Cambridge encyclopedia of language*. Cambridge University Press.

Dore, J. (1979). Conversational acts and the acquisition of language. In E. Ochs & B. B. Schieffelin (Eds.), *Developmental pragmatics*. Academic Press.

Eimas, P. D., Siqueland, E. R., Jusczyk, P., & Vigorito, J. (1971). Speech perception in infants. *Science*, **171**, 303–306.

Lenneberg, E. H. (1967). *Biological foundations language*. John Wiley & Sons, Inc.
　　（レネバーク，E. H. 佐藤方哉・神尾昭雄（訳）（1977）．言語の生物学的基礎　大修館書店

Lightfoot, D. (1982). *The language lottery: Toward a biology of grammers*. MIT press.

McNeill, D. (1966). Developmental psycholinguistics. In F. Smith & G. A. Miller (Eds.), *The genesis of language: A psycholinguistics approach*. MIT Press.

Nelson, K. (1973). Structure and strategy in learning to talk. *Monographs of the Society for Research in Child Development*, **38**, (2, Serial No. 149).

Shatz, M. (1978). On the development of communication understandings: An early strategy for interpreting and responding to messages. *Cognitive Psychology*, **10**, 271–301.

Shatz, M., & Gelman, R. (1973). The development of communication skill: Modification in the speech of young children as a function of listner. *Monographs of the Society for Research in Child Development*, **38**, (5, Serial No. 152).

de Villiers, P. A., & de Villiers, J. G. (1979). *Early language*. Harvard University Press.

第 5 章

Bowlby, J. (1973). *Attachment and loss*. Vol. 2. Separation. New York: Basic Books.
　　（ボウルビィ，J. 黒田実郎ほか（訳）（1976）．母子関係の理論 II　分離　岩崎学術出版社）

Bridges, K. M. B. (1932). Emotional development in early infancy. *Child Development*, **3**, 324–341.

Campos, J. J., Hiatt. S., Ramsay, D., Henderson, C., & Svejda, M. (1978). The emergence of fear on the visual cliff. In M. Lewis & L. A. Rosenblum (Eds.), *The development of affect*. Vol. 1. Genesis of behavior. Plenum.

Cole, P. M. (1986). Children' s spontaneous control of facial expression. *Child Development*, **57**, 1309–1321.
Cole, M., & Cole, S. (1989). *The development of children*. W. H. Freeman.
Darley, J. M., Glucksberg, S., & Kinchla, R. A. (1991). *Psychology*. 5th ed. Prentice Hall.
Darwin, C. R. (1872). *The expression of the emotions in man and animals*. John Murray.
Eibl-Eibesfeldt, I. (1975). *Ethology: The biology of behavior*. Holt, Rinehart and Winston.
Ekman, P. (1973). *Darwin and facial expression*. Academic Press.
Ekman, P. (1980). *Face of man: Universal expressions in New Guinea village*. Garland.
Ekman, P., & Friesen, W. V. (1968). The repertoire of nonverbal behavior-categories, origines, usage and coding. *Semiotica*, **1**, 49–98.
Ekman, P., & Friesen, W. V. (1971). Constants across cultures in the face and emotion. *Journal of Personality and Social Psychology*, **17**, 124–129.
Ekman, P., & Friesen, W. V. (1975). *Unmasking the face: A guide to recognizing emotions from facial clues*. Prentice Hall.
Ekman, P., & Friesen, W. V. (1978). *The facial coding system (FACS)*. Consulting Psychologist Press.
Ganchrow, J. R., Steiner, J. E., & Daher, M. (1983). Neonatal facial expressions in response to different qualities and intensities of gustatory stimuli. *Infant Behavior and Development*, **6**, 189–200.
Haviland, J. M., & Lelwica, M. (1987). The induced affect response: 10-week-old infant's responses to three emotion expressions. *Developmental Psychology*, **23**, 97–104.
Hebb, D. (1946). On the nature of fear. *Psychological Review*, **53**, 259–276.
Izard, C. E. (1979). *The maximally discriminative facial movement coding system (Max)*. University of Delaware, Instructional Resources Center.
Izard, C. E., Hembree, E. A., Dougherty, L. M., & Spizzirri, C. L. (1983). Changes in facial expression of 2- to 19-month-old infants following acute pain. *Developmental Psychology*, **19**, 418–426.
Johnson, W., Emde, R. N., Pannabecker, R. B., Stenberg, C., & Davis, M. (1982). Maternal perception of infant emotion from birth through 18 months. *Infant Behavior and Development*, **5**, 313–322.
Kagan, J. (1971). *Change and continuity in infancy*. Wiley.
Klinnert, M. D. (1984). The regulation of infant behavior by maternal facial expression. *Infant Behavior and Development*, **7**, 447–465.
Lewis, M., Stanger, C., & Sullivan, M. W. (1989). Deception in 3-year-olds. *Developmental Psychology*, **25**, 439–443.
Rosenblith, J., & Sims-Knight, J. E. (1985). *In the beginning: Development in the first two years of life*. Brooks / Cole.
Sorce, J. F., Emde. R. N., Campos. J. J., & Klinnert, M. D. (1985). Maternal emotional signaling: Its effects on the visual cliff behavior of 1-year-olds. *Developmental Psychology*, **21**, 195–200.
Sroufe, L. A. (1979). Socioemotional development. In J. D. Osofsky (Ed.), *Handbook of infant development*. Wiley.
Sternberg, C. R., Campos. J. J., & Emde, R. N. (1983). The facial expression of anger in seven-month-old infants. *Child Development*, **54**, 178–184.
Waters, E., Matas, L., & Sroufe, L. A. (1975). Infants' reactions to an approaching stranger: Description, validation, and functional significance of wariness. *Child Development*, **46**, 348–356.
Wolff, P. H. (1969). The natural history of crying and other vocalizations in early infancy. In B. M. Foss (Ed.), *The determinants of infant behaviour*. Vol. 4. Methuen.

第 6 章

Ainsworth, M. D. S., Blehar, M. C., Waters, E., & Wall, S. (1978). *Patterns of attachment*. Lawrence Erlbaum Associates.
Bell, S. M., & Ainsworth, M. D. S. (1972). Infant crying and maternal responsiveness. *Child Development*, **43**, 1171–1190.
ベルスキー，J. (1986)．乳児の探索的コンピテンスにおよぼす親の影響――その家族分析―― ペダーセン（編）依田　明（監訳）父子関係の心理学　新曜社　pp. 101–126.
Belsky, J. (1981). Early human experience: A Family perspective. *Developmental Psychology*, **17**, 3–23.
Bernstein, B. (1960). Language and social class. *British Journal of Sociology*, **11**, 271–276.
Bowlby, J. (1958). The nature of the child's tie to his mother. *International Journal of Psychoanalysis*, **39**, 350–373.
Bowlby, J. (1969). *Attachment and loss*. Vol. 1. Attachment. Basic Books.
（ボウルビィ，J. 黒田実郎ほか（訳）(1976)．母子関係の理論 I　愛着行動　岩崎学術出版社）
Condon, W. S., & Sander, L. W. (1974). Neonate movement is synchronized with adult speech: Interactional participation and language acquisition. *Science*, **183**, 99–101.
Field, T. (1978). Interaction behaviors of primary versus secondary caretaker fathers. *Developmental Psychology*, **14**, 183–184.
Fogel, A. D., & Melson, G. F. (1989)．子どもの養護性の発達　小嶋秀夫（編）乳幼児の社会的世界　有斐閣　pp. 170–186.
数井みゆき・遠藤利彦・田中亜希子・坂上裕子・菅沼真樹 (2000)．日本人母子における愛着の世代間伝達　教育心理学研究，**48**, 323–332.
小林　登・石井威望・高橋悦二郎・渡辺富雄・加藤忠明・多田　裕 (1983)．周生期の母子間コミュニケーションにおけるエントレイメントその母子相互作用としての意義　周産期医学，**13**, 1883–1990.
小嶋秀夫 (1989)．養護性の発達とその意味　小嶋秀夫（編）乳幼児の社会的世界　有斐閣　pp. 187–204.
ラム，M. (1986)．2歳までのアタッチメントの発達　ペダーセン（編）依田　明（監訳）(1986)．父子関係の心理学　新曜社　pp. 27–52.
Main, M., & Solomon, J. (1990). Procedures for identifying infants as disorganized/disoriented during the Ainsworth strange situation. In M. T. Greenberg, D. Ciccheti & E. M. Cummings (Eds.), *Attachment in preschool years: Theory, research, and intervention*. Chicago: University of Chicago Press. pp. 121–160.
三宅和夫 (1990)．シリーズ人間の発達5　子どもの個性　東京大学出版会
森下正康 (1988)．児童期の母子関係とパーソナリティの発達　心理学評論，**31**, 60–75.
斎藤　晃 (1985)．乳児期　田島信元・西野泰弘・矢澤圭介（編）子どもの発達心理学　福村出版
Sameroff, A. J. (1975). Early influences on development: Fact or fancy? *Merrill-Palmer Quarterly*, **21**, 267–294.
Schuengel, C., Bakermans-Kranenberg, M. J., van Ijendoorn, M. H., & Blom, M. (1999). Unresolved loss and infant disorganization: Luinks to frightening maternal behavior. In J. Solomon & C. George (Eds.), *Attachment disorganization*. NewYork: The Guilford Press. pp. 71–94.
高橋道子 (1973)．新生児の自発的微笑反応と覚醒水準，自発的運動，触刺激との関係　心理学研究，**4**, 46–50.
高橋道子 (1974)．乳児の微笑反応についての縦断的研究――出生直後の自発的微笑反応との関連において――　心理学研究，**45**, 256–267.

高橋道子 (1992). 笑う——微笑の発達を中心にして—— 心理学評論, **35**, 474–492.
高橋道子・斎藤浩子 (1988). 幼児を持つ母親の就業と父親のかかわり及び意識——小金井市父親・母親調査からの報告(1)—— 東京学芸大学紀要第1部門, **39**, 95–107.
Trevarthen, C. (1977). Descriptive analyses of infant communicative behaviour. In H. R. Schaffer (Ed.), *Studies in mother-infant interaction*. Academic Press. pp. 227–270.
氏家達夫 (1992). 愛着の発達 木下芳子 (編) 新・児童心理学講座 第8巻 対人関係と社会性の発達 金子書房 pp. 83–128.
Vondra, J., & Barnett, D. (1999). Atypical attachment in infancy and early childhood among children at developmental risk. *Monographs of the Society for Research in Child Development*.
Wissenfield, A. R., & Malatesta, C. Z. (1982). Infant distress: Variables affecting responses of caregivers and offers. In L. M. Hoffman, R. J. Gandelman & H. R. Schiffman (Eds.), *Parenting: Its causes and consequences*. Lawrence Erlbaum Associates.
山岸明子 (1980). 役割取得能力の発達に影響する社会的経験の検討——"役割取得の機会"の観点からの分析—— 心理学研究, **52**, 289–295.

第 7 章

Buss, A. H., & Plomin, R (1984). *Temperament: Early developing personality traits*. Erlbaum.
Amsterdam, B. (1972). Mirror self-image reactions before age two. *Developmental Psychology*, **5**, 297–305.
Broughton, J. M. (1978). Development concept of self, mind, reality, and knowledge. In W. Damon (Ed.), *Social cognition*. Jossey-Bass.
Clarke-Stewart, A., Friedman, S., & Koch, J. (1985). *Child development: A topical approach*. John Wiley & Sons.
Cole, M., & Cole, S. (1989). *The development of children*. W. H. Freeman.
Darley, J. M., Glucksberg, S., & Kinchla, R. A. (1991). *Psychology*. 5th ed. Prentice Hall.
Ernst, C., & Angst, J. (1983). *Birth order: Its influence on personality*. Springer-Verlag.
Gallup, G. G. (1977). Self-recognition in primates: A comparative approach to the bidirectional properties of consciousness. *American Psychologist*, **32**, 329–328.
Goldsmith, H. H. (1983). Genetic influences on personality from infancy to adulthood. *Child Development*, **54**, 331–355.
Goldsmith, H. H., & Campos, J. J. (1982). Genetic influence on individual differences in emotionality. *Infant Behavior and Development*, **5**, 99.
Kagan, J. (1981). *The second year: The emergence of self-awareness*. Harvard University Press.
Keller, A., Ford, L., & Meacham, J. (1978). Dimensions of self-concept in preschool children. *Developmental Psychology*, **14**, 483–489.
Lewis, M., & Brooks-Gun, J. (1979). *Social cognition and acquisition of self*. Plenum.
Matheny, A. P., Jr. (1980). Bayley's infant behavior record: Behavioral components and twin analyses. *Child Development*, **51**, 1157–1167.
Plomin, R., & Defries, J. C. (1985). *Origins of individual differences in infancy: The Colorado adoption project*. Academic Press.
Plomin, R., & Foch, T. T. (1981). Sex differences and individual differences. *Child Development*, **52**, 383–385.
Plomin, R., & Rowe, D. C. (1979). Genetic and environmental etiology of social behavior in infancy. *Developmental Psychology*, **15**, 62–72.
Thomas, A., & Chess. (1977). *Temperament and development.* Brunner/Mazel.

第 8 章

ベネッセ未来教育センター（2004）．第 2 回子育て生活基本調査報告書（幼児版）
Halverson, M. H. (1931). An experimental study of prehension in infants by means of systematic cinema records. *Journal of Genetic Psychology Monograph*, **10**, 107–286.
服部祥子・原田正文（1991）．乳幼児の心身発達と環境——大阪レポートと精神医学的視点——　名古屋大学出版会
北空知保健協議会（2004）．北空知における乳幼児の生活習慣・生活環境に関する調査
国民統計協会（2004）．国民衛生の動向，**51**（9）．
NHK 放送文化研究所（編）（1997）．放送研究と調査　11 月号　日本放送出版協会
日本体育・学校健康センター（2000）．学校管理下の災害—17
西本　脩（1965）．幼児における基本的生活習慣の自立の年齢基準　大阪樟蔭女子大学論集，**3**, 42–78.
杉原一昭・大川一郎・丹羽洋子・城谷ゆかり・山本博樹（1990）．幼児の認識形成に及ぼす実体験の効果（1）——動物飼育経験の効果——　筑波大学心理学研究，**12**, 137–144.
高野清純・深谷和子（編）（1990）．乳幼児心理学を学ぶ　有斐閣選書
時実利彦（1969）．目で見る脳　東京大学出版会
内山三郎・光岡攝子・金城　悟・日高精二（1993）．幼児のための精神保健　建帛社
Vandell, D. L., Henderson, V. K., & Wilson, K. S. (1988). A longitudinal study of children with day-care experiences of varying quality. *Child Development*, **59**, 1286–1292.
山下俊郎（1970）．改訂幼児心理学　朝倉書店
谷田貝公昭・高橋弥生（2005）．着脱衣の習慣の発達基準に関する研究　目白大学短期大学部紀要，**42**, 67–80.

第 9 章

Barry, H., Bacon, M., & Child, I. (1957). A cross-cultural survey of some sex differences in socialization. *Journal of Abnormal and Social Psychology*, **55**, 327–332.
Barry, H., Child, I., & Bacon, M. (1959). Relation of child training to subsistences economy. *American Anthropologist*, **61**, 51–63.
Berry, J. W. (1969). On cross-cultural comparability. *International Journal of Psychology*, **4**, 119–128.
Caudill, W., & Weinstein, H. (1969). Maternal care and infant behavior in Japan and America. *Psychiatry*, **32**, 12–43.
Cole, M., & Cole, S. (1989). *The development of children*. W. H. Freeman.
Dennis, W., & Dennis, M. (1940). The effect of cradling practices upon the onset of walking in Hopi children. *Journal of Genetic Psychology*, **56**, 77–86.
Freedman, D. G. (1974). *Human infancy: An evolutionary perspective*. Lawrence Erlbaum Associates.
Geber, M., & Dean, R. F. (1957). The state of developement of newborn African children. *Lancet*, **727**, 1216–1219.
Hendrix, L. (1985). Economy and child training reexamined. *Ethos*, **13**, 246–261.
van Ijzendoorn, M. H., & Kroonenberg, P. M. (1988). Cross-cultural patterns of attachment: A meta-analysis of the strange situation. *Child Development*, **59**, 147–156.
Lambert, W. E., Hamers, J., & Frasure-Smith, N. (1979). *Child rearing values*. Praeger.
三宅和夫（1990）．子どもの個性——生後 2 年間を中心に——　東京大学出版会
Super, C. M. (1976). Environment effects on motor development: A case of African infant precocity. *Developmental Medicine and Child Neurology*, **18**, 561–567.
Tobin, J., Wu, D. Y. H., & Davidson, D. (1989). *Preschool in three cultures: Japan, China, and the United States*. Yale University Press.

Whiting, B. B., & Whiting, J. W. M.（1974）. *Children of six cultures: A psycho-cultural analysis*. Harvard University Press.
　（ホワイティング，B. B.，ホワイティング，J. W. M. 綾部恒雄・名和敏子（訳）（1978）．六つの文化の子供たち――心理―文化的分析――　誠信書房）
Whiting, J. M.（1981）. Environmental constraints on infant care practices. In R. H. Munroe, R. L. Munroe & B. B. Whiting（Eds.）, *Handbook of cross-cultural human development*. Garland.

第10章

Allport, G. W.（1962）. Psychological models for guidance. *Harvard Educational Review*, **32**（4）373–381.
Berns, R. M.（1985）. *Child, family, community*. Holt.
Clarke-Stewart, A., & Koch, J. B.（Eds.）（1983）. *Children: Development through adolescence*. John Wiley.
Dasen, P. R.（1977）. Are congnitive processes universal?: A contribution to cross-cultural Piagetian psychology. In N. Warren（Ed.）, *Studies in cross-cultural psychology*. Vol. 1. Academic Press.
Green, M.（1989）. *Theories of human development: A comparative approach*. Prentice-Hall.
Gruber, H., & Vonèche, J. J.（1977）. *The essential Piaget: An interpretive reference and guide*. Basic Books.
Köhler, W.（1917）. *Intelligenzprüfungen an Menschenaffen*. Springer.
Langer, J.（1969）. *Theories of development*. Holt.
村田孝次（1979）.教養の心理学　改訂版　培風館
Schaffer, D. R.（1985）. *Developmental psychology: Theory, research and application*.　Brooks / Cole.
柴田義松（1963）．授業の思考心理　学習心理　1月号，19–26.
Выготский, Л. С.（1934）. Мышле́ние и Речь. Госуда́рственно Социа́льно—Экономи́ческое Изда́тельство（国立社会経済出版社）.
　（ヴィゴツキー，L. S.柴田義松（訳）（1962）．思考と言語　上・下　明治図書）
Jaccard, R.（1983）. *Freud*. Presses Universitaires de France.
　（ジャカール，R. 福本　修（訳）（1987）．フロイト　法政大学出版局）

第11章

Baillargeon, R., Spelke, E. S., & Wesserman, S.（1985）. Object permanence in five-month-old. *Cognition*, **20**, 191–208.
Burt, C.（1955）. The evidence for the concept of intelligence. *British Journal of Educational Psychology*, **25**, 158–177.
Cole, M., & Cole, Sh.（1989）. *The development of children*. Scientific American Books.
Crano, W. D., Kenny, D. A., & Campbell, D. T.（1972）. Does intelligence cause achievement?: A cross-lagged panel analysis. *Journal of Educational Psychology*, **63**, 258–275.
Dennis, W.（1972）. *Historical readings in developmental psychology*. Appleton Century Crofts.
Elder, G. H. Jr.（1974）. *Children of the great depression: Social change in life experience*. The University of Chicago Press.
　（エルダー，G. H. Jr. 本田時雄ほか（訳）（1986）．大恐慌の子どもたち――社会変動と人間発達――　明石書店）
Gesell, A. L., & Amatruda, C. S.（1974）. *Developmental diagnosis: The evaluation and management of normal and abnormal neuropsychologic development in infancy and early childhood*. Harper & Row.

（ゲゼル，A. L.，アマトルーダ，C. S. 新井清三郎（訳）（1978）．新発達診断学　日本小児医事出版社）

林　達夫（監修）（1990）．哲学事典　改訂新版　平凡社

板倉聖宣（1978）．科学と方法　季節社

Kagan, J. (1964). American longitudinal research on psychological development. *Child Development*, **35**, 1–32.

小嶋秀夫（1989）．子育ての伝統を訪ねて　新曜社

岡部弥太郎・澤田慶輔（編）（1974）．教育心理学　東京大学出版会

岡本夏木（1973）．教育における児童理解　岡本夏木ほか（編）児童心理学講座　別巻　児童理解の方法　金子書房

Spelke, E. S. (1978). *Where knowledge begins?: Physical concepts in infancy.* 国際行動発達学会第9回大会（於東京）招待講演記録

田中昌人・田中杉恵（1982）．子どもの発達と診断　大月書店

東京大学教育学部附属中・高等学校（1978）．双生児―― 500組の成長記録から――日本放送出版協会

Uzgiris, I. C., & Hunt, J. McV. (1975). *Assessment in infancy, ordinal scales of psychological development.* University of Illinois Press.
（アズギリス，I. C.，ハント，J. McV.白瀧貞昭・黒田健次（訳）（1983）．乳幼児の精神発達と評価　日本文化科学社）

若井邦夫（1991）．発達研究の方法論についての一断章：科学的知のあり方について――"Cornell hoax"を通して思うこと――　北海道大学教育学部紀要，**55**，145–155.

Whiting, B. B., & Whiting, J. W. M. (1974). *Children of six cultures: A psycho-cultural analysis.* Harvard University Press.
（ホワイティング，B. B.，ホワイティング，T. W. M. 綾部恒雄・名和敏子（訳）（1978）．六つの文化の子供たち――心理―文化的分析――　誠信書房）

人名索引

ア行
イザード　Izard, C. E.　98, 106, 110
ヴィゴツキー　Vygotsky, L. S.　224, 226, 228
ウォルフ　Wolff, P. H.　110
エイマス　Eimas, P. D.　41, 76, 78
エインズワース　Ainsworth, M. D. S.　128, 129
エクマン　Ekman, P.　98
エリクソン　Erikson, E. H.　222, 224

カ行
ガンチュロー　Ganchrow, J. R.　98
ギブソン　Gibson, E.　47, 52
ギャラップ　Gallup, G. G.　156
キャンポス　Campos, J. J.　112
クリナート　Klinnert, M. D.　104
ケーガン　Kagan, J.　158
ケーラー　Köhler, W.　230
ゲゼル　Gesell, A.　42
コーディル　Caudill, W.　198, 200
ゴールドスミス　Goldsmith, H. H.　148
小嶋秀夫　256
コンドン　Condon, W. S.　116

サ行
サメロフ　Sameroff, A.　124, 125
サンダー　Sander, L. W.　116
スキナー　Skinner, B. F.　70
スルーフ　Sroufe, L. A.　106
ソース　Sorce, J. F.　102

タ行
ダーウィン　Darwin, C.　96

武谷三男　260
チェス　Chess, S.　142
チョムスキー　Chomsky, N.　84, 92
トービン　Tobin, J.　200
トーマス　Thomas, A.　142
トールマン　Tolman, E. C.　230

ナ行
ネルソン　Nelson, K.　80

ハ行
バリー　Barry, H.　116, 190, 192
バンデューラ　Bandura, A.　72
ピアジェ　Piaget, J.　62, 210, 212, 214, 216, 218
フロイト　Freud, S.　218
プローミン　Plomin, R.　148, 150
ブロンフェンブレンナー　Bronfenbrenner, U.　232
ヘッブ　Hebb, D. O.　108
ベルスキー　Belsky, J.　132
ボウルビィ　Bowlby, J.　110, 126, 196
ポルトマン　Portmann, A.　26–29
ホワイティング　Whiting, B. B.　192
ホワイティング　Whiting, J. M.　190

マ行
メイン　Main, M.　128

ラ行
ルイス　Lewis, M.　114, 156
レオンチェフ　Leontiev, A. N.　228
ロック　Locke, J.　238

事項索引

ア行

愛着（アタッチメント）　18, 126, 127, 130
愛着行動　126
愛着の世代間伝達　130
愛着理論　196
明日の発達水準　226
アタッチメント（愛着）　18, 126
アニミズム　14, 66
アフリカ人乳児の早熟性　194
安全　176

怒り　110
育児習慣　190
育児態度　150
育児様式　150
意見調査法　244
意識　8
一語文期　80
一語文発話　80
一卵性　144
一斉保育　170
遺伝規定性　262
遺伝係数　148
遺伝と環境　16, 248
イド　220
インプリンティング（刻印づけ）　28

氏か育ちか　142
運動発達　194

エクソ・システム　234
エス　220
エスノグラフィー　170

横断的研究　250
恐れ　104, 108
オペラント条件づけ　70

カ行

階級差　194
下意識　220
外傷の経験　16
概念　58
外発的動機　72
開放クラス　82
快楽原理　220
会話のスキル　86
学習　16, 68, 230
学習理論　88
覚醒　164
格文法　84
学問的誠（まこと）　262
家系研究　145
カセクシス　222
仮説　230
家族の崩壊　204
カタルシス　172
カテゴリー化　58
感覚運動的段階　214
感覚運動的知能期　63
感覚モダリティ　54
環境　150
観察　238
観察学習　72
関心　106

機械的鏡説　210
気質　124, 142, 244
喜怒哀楽　96
基本的信頼　224
基本的生活習慣　166
記銘　56
客我　154
逆転移行　70
旧皮質　36
教育的・文化的伝達　226
鏡映像　156

強化　70, 230
強化説　230
共感覚　54
兄弟姉妹　152
今日の発達水準　226
均衡化　62, 212, 216

具体的操作期　63, 214, 216
桑名日記　256

経験　16, 216
形式的操作期　63, 214, 216
系統発生　26, 228
嫌悪　106
研究　238
健康　176
言語の創造性　90
現実原理　222
現実発生　228
原始反射　42

交差時差的相関分析法　252
交差養育法　248
向社会的行動　136
恒常性　54
口唇期　224
構成主義　212
後成説　212
行動空間　232
行動主義理論　210
行動見本法　240
肛門期　224
コーネル・ホークス　264
刻印づけ　28
心の理論　68
個人差　194
個性記述的　250
個体発生　228
固着　224
古典的条件づけ　68
古皮質　36
コホート効果　252

コミュニケーションの道具　102
語用論　84
コンピテンス　133

サ行

再生的記憶　56
再認的記憶　56
作業検査法　246
三段階論　260
サンプリング　188
サンプルの代表性　190

シェーピング　228
自我　8, 222
視覚的自己再認　154
視覚的自己再認能力　156
視覚的断崖　44, 52, 102
自我同一性　222
時間見本法　240
軸―開放文法　82
軸クラス　82
軸索　36
自己中心性　14, 66
自己報告法　244
自己理解　154
自然観察法　240
自然（的）実験　242
自尊心　158
しつけ方略　137
実験　238, 240
実験室実験　240
実際　208
実体験　182
実念論　66
質問紙　148
質問紙法　4, 242
死の欲動　220
自発的微笑　106, 118
社会化　186
社会的・対人的協調　226
社会的学習　72
社会的学習理論　232

社会的コンピテンス　170
社会的対人的協調　218
社会的伝達　216
社会的望ましさ　244
社会的微笑　108
就巣性　26
集団生活　204
縦断的研究　248
自由保育　170
自由連想法　218
主我　154
馴化法　41, 76, 81
消去　70
象徴的遊び　62
情動　96
情動表出　96
初期体験　224
自立志向型　192
事例研究法　248
信号行動　127
人口論　66
信念　200
新皮質　36
心理的機能の間接的性格　228

随意運動　42
推移律　64
髄鞘　36
髄鞘化　36
睡眠　164
ストレンジ・シチュエーション法　126

性　152
生活リズム　164
性差　114
成熟　16, 216
精神衛生　178
精神分析理論　4, 210, 218
生成過程　208
生態学　254
生態システム論的人間発達論　232
生得理論　92
生の欲動　220

接近行動　127
前概念的思考段階　63
潜在的反応的存在　208, 210
前操作期　63, 214
選択的組み合わせ　151

想起　56
相互交渉　120, 123
操作期　63
操作的実験　242
相乗的相互作用モデル　124
双生児研究　144
双生児研究法　248
双生児統制法　42, 45
双生児法　262
相貌的知覚　54

タ行
第1発育急進期　32
第2発育急進期　32
対象の永続性　56
大脳半球　36
大脳皮質　36
大脳辺縁系　36
代理的学習　72
代理的強化　232
探索的コンピテンス　132

チェック・リスト法　244
知的リアリズム　68
知能指数　60
知能偏差値　60
中間的環　226
超自我　220
調節　62, 212
直観的思考段階　63

定位行動　127
低出生体重児　34
転導的推理　62
電文体発話　82

投影法　246

同化　62, 212
同期性　116
道具的条件づけ　70
洞察　230
統制実験　242
統制的観察法　240
特徴検出器　78
ドル・プレイ　246

ナ行
内発的動機　72
内面化　214
泣き　110, 122
習いごと　174
慣れ　56
喃語　78

二語文期　82, 88
二次的就巣性　30
二卵性　144
人間観　208
認知説　230
認知地図　230

ノンバーバル・コミュニケーション　118
ノンレム睡眠　164

ハ行
白紙説　210, 238
箱庭療法　246
罰　70
発育曲線　32
発育速度曲線　32
発生的認識論　4
発達課題　222
発達研究の倫理規準　264
発達指数　194
発達の原理　14
発達の最近接領域　226
発達の段階　6, 8
発話コード　135
話せないもの　76

母親語　90
場面見本法　240
ハロー効果　244
般化　70
反射　10, 62
反応的存在　208

ピアジェの知能の発達理論　210
比較文化的研究　188
比較文化的心理学　186
非逆転移行　70
非指示的アプローチ　210
微笑　104, 106, 118
人見知り　112
一人っ子政策　204
被媒介性　226
表象的シェマ　216
表象的思考期　63
評定法　148
敏感性　122

フェノメニズム　68
不機嫌さ　106
服従志向型　192
普遍文法　92
文化　186
文化・歴史的発達理論　256
文化化　186
文化差　194

変形文法　84

防衛機制　210, 222
報酬　70
法則定立的　250
保持　56

マ行
マイクロ・システム　232
マクロ・システム　234

未熟児　34
未分化性　14

事項索引　281

無意識　220
「6つの文化」研究　192

メゾ・システム　234

目録法　244
モデリング　72

物の永続性　12
模倣　88

ヤ行
役割取得能力　138

有機体的発達理論　210
有機ランプ説　210
夢の分析　218

養護性　118
養子研究　144, 146
幼児心性　12
抑圧　220

ラ行
理想原理　220
離巣性　26
リハーサル　56

リビドー　210, 222
理論　208
臨床面接法　212

レスポンデント条件づけ　68
レム睡眠　164

論理的誤差　244

ワ行
笑い　108

英字
AFD　34
Aタイプ　128
（becoming）存在　210
Bタイプ　128
CAT　246
Cタイプ　128
Dタイプ　128
FACS　98
HRAF　190
MAX　100
P–Fスタディ　246
SFD　34
S─R説　230

執筆者略歴

若井　邦夫（第1章・第10章・第11章）
1967年　東京大学大学院教育心理学博士課程修了
　　　　北海道大学，共立女子大学教授を歴任
　　　　北海道大学名誉教授
2009年　逝去
主要著書・訳書
「学習心理学」新曜社（共著）
「教育心理学」新曜社（共著）
「文化と思考」サイエンス社（訳）
「ライフコースの心理学」金子書房（共著）

高橋　道子（第2章・第6章）
1975年　東京教育大学大学院教育学研究科博士課程修了
現　在　東京学芸大学教育学部教授　博士（心理学）
主要編著書
「発達心理学入門Ⅰ　乳児・幼児・児童」東京大学出版会（分担執筆）
「新・児童心理学講座　第2巻　胎児・乳児期の発達」金子書房（編著）
「子どもの発達心理学」新曜社（共著）

高橋　義信（第4章・第5章・第7章・第9章）
1989年　北海道大学大学院発達心理学博士課程修了
現　在　札幌医科大学保健医療学部准教授
主要著書・訳書
「乳幼児の人格形成と母子関係」東京大学出版会（分担執筆）
「人間発達の認知科学」ミネルヴァ書房（分担訳）

堀内　ゆかり（第3章・第8章）
1991年　筑波大学大学院心理学研究科博士課程中退
現　在　北海道医療大学心理科学部准教授　Ph.D
主要著書・訳書
「心を育てる幼児教育」教育出版（分担執筆）
「知能心理学ハンドブック」田研出版（分担訳）
「学校だからできる生徒指導・教育相談」北樹出版（共著）

グラフィック 乳幼児心理学

2006年10月10日 ©	初 版 発 行
2011年2月10日	初版第5刷発行

著 者	若井邦夫	発行者	木下敏孝
	高橋道子	印刷者	小宮山恒敏
	高橋義信		
	堀内ゆかり		

発行所　株式会社　サイエンス社
〒151-0051　東京都渋谷区千駄ヶ谷1丁目3番25号
営業　☎(03) 5474-8500(代)　振替 00170-7-2387
編集　☎(03) 5474-8700(代)
FAX　☎(03) 5474-8900

印刷・製本　小宮山印刷工業(株)
《検印省略》

本書の内容を無断で複写複製することは、著作者および出版者の権利を侵害することがありますので、その場合にはあらかじめ小社あて許諾をお求め下さい。

ISBN 4-7819-1137-4

PRINTED IN JAPAN

サイエンス社のホームページのご案内
http://www.saiensu.co.jp
ご意見・ご要望は
jinbun@saiensu.co.jp　まで.